Table of Contents （目　次）

Preface (序文)

This book lists approximately **4,800 core Chinese (Mandarin) words with Japanese and Korean equivalents.** Main entries are in **Pinyin** (Romanized standard Chinese pronunciation) followed by Chinese characters (both simplified and traditional if applicable) and parts of speech. In the secod line, Romanized Japanese equivalents with **Kana** (Japanese character) and Chinese characters. In the third line, entry's Romanized Korean equivalents with **Hangul** (Korean character) and Chinese characters, if any. This book is ideal for learners of Chinese, Japanese, and Korean as a second language who want to build up vocabulary most effectively with common Chinese characters.

各学校の授業や各種試験はもちろん、日常生活及びビジネスに必要な一般語彙などおよそ **4,800 個の中国語及び韓国語の語彙を収録**した。 見出し語はピンイン(pinyin 併音: 公定のローマ字発音表記)順に表し、語彙を楽に検索できるようにした。また、『見出し語』、『語彙の簡体字及び繁体字(該当する場合)』、『品詞』を第一行に、ローマ字で書かれた『日本語の発音』と『日本語』を第二行に、ローマ字で書かれた『韓国語の発音』と『ハングル及び漢字』をを第三行にまとめた。本書では"同一漢字の発音はほぼ同じ"である中国語の特性を生かし効率的な語彙学習が出来る様、**最初に出る漢字は bold 体**で表し、語彙を漢字別に収録した。

각급 학교의 수업, 각종 시험은 물론 일상생활 및 비즈니스에 필요한 일반어휘 등 **4,800 여개의 중국어 및 일본어 어휘를 수록**하였다.   표제어는 **성조(聲調)별 pinyin(倂音)순**으로 표기하여 발음학습을 통한 효과적인 어휘력 향상은 물론 어휘를 쉽게 검색할 수 있도록 하였다.   또한 『표제어』, 『어휘의 간체자 및 번체자(해당하는 경우)』, 『품사』를 첫째 줄에, 로마자로 표기한 『일본어의 발음』과 『일본어』를 둘째 줄에, 로마자로 표기한 『한국어의 발음』과 『한국어』를 셋째 줄에 정리하였다. 본서에서는 "동일 한자 발음은 거의 같은" 중국어의 특성을 살려 효율적인 어휘학습이 가능하도록 **최초에 나오는 한자는 볼드체로 표시**하여 어휘를 한자별로 수록하였다.

Samples (例):

ài 爱 (愛) [n.]; [v.]
 ai 愛; **aisuru** 愛する
 sa rang 사랑; **sa rang ha da** 사랑하다
ài chēng 爱称 (愛稱) [n.]
 aishō 愛称
 ae ching 애칭(愛稱)
ài guó 爱国 (愛國) [n.]
 aikoku 愛国
 ae guk 애국(愛國)

Syllable structure of standard Chinese　(標準中国語音節構造)

A typical Chinese syllable is composed of three parts: a **consonant**, **vowel**, and a **tone**. Tones are the pitch of a syllable. The main function of the tones is to distinguish the meanings of the characters; therefore, they are very important elements of Chinese syllable. Standard Chinese (Mandarin) has four basic tones and a neutral tone. Standard Chinese pronunciation is written in **Romanized Pinyin**.

中国語は子音と母音の組み合わせで一つの音節を成し、音節の初めの子音を**声母**、その他の部分を**韻母**(母音の一種)ど呼ぶ。ほぼすべての韻母には音調の高低の変化のある声調が付く。同じ発音でも声調が異なると意味が違う。発音は**ピンイン**(併音; 公定のローマ字)で表記する。

중국어는 자음과 모음의 조합으로 하나의 음절을 구성하며, 음절의 처음 자음을 **성모(聲母)**, 나머지 부분을 모음의 일종인 **운모(韻母)**라고 호칭한다. 거의 대부분의 운모에는 움조의 고저 변화가 있는 **성조(聲調)**가 붙는다. 같은 발음이라도 성조가 다르면 의미가 다르다. 발음은 **pinyin(병음; 공인된 로마자)**로 표기한다.

(1) Consonant　子音 (声母)

b　bā　(八)　eight

p　pí　(皮)　skin

m　mǎ　(馬)　horse

f　fá　(罰)　punishment

d　dí　(敵)　opponent

t　tǎ　(塔)　tower

n　nán　(南)　south

l　lí　(梨)　pear

g　gē　(歌)　song

k　kě　(渇)　thirsty

h　hú　(湖)　lake

j　jù　(句)　phrase

q　qī　(七)　seven

4

x xī (西) west

zh zhú (竹) bamboo

ch chā (差) difference

sh shī (詩) poem

r rén (人) people

z zú (足) foot

c cūn (村) village

s sōng (松) pine tree

(2) Vowels　母音（韻母）

Simple vowels　（単母音）

a　fǎ　（法）　law

e　mén　（門）　door

i　jìng　（鏡）　mirror

o　tòng　（痛）　pain

u　chūn　（春）　spring

ü　nǚ　（女）　woman

er　ér　（아들）　son

Complex vowels *　（複合母音）

ai　ài　（愛）　low

ei　léi　（雷）　thunder

ao　dào　（道）　road

ou　hóu　（喉）　throat

ia　jiā　（家）　house

ie　jié　（節）　paragraph

ua　huā　（花）　flower

uo　guó　（国）　nation

ue　xuē　（靴）　shoes

iao　qiáo　（橋）　bridge

*Pronounce complex vowels almost simultaneously.

*複数の母音をほぼ同時に発音する。

(3) Tones (Pitch of syllables)　声調（音調の高低）　성조 (음조의 고저)

First tone (high and flat tone): The pitch of voice remains **high and flat** in the syllable.

  (Example: bā 八 eight)

Second tone (raising tone): The pitch of voice **raises** slightly in the syllable.

  (Example: dé 德 virtue)

Third tone (falling and raising tone): The pitch of voice **goes down and then up** in the syllable.

  (Example: mǎ 馬 horse)

Fourth tone (sharply falling tone): The pitch of voice **falls sharply** in the syllable.

  (Example: fù 富 wealth)

Neutral tone (toneless): Usually it's said briefly and softly compared to other syllables.

  (Example: zi 子 child)

(4) Change of tones　声調の変化　음조변화

Third tone + third tone →　　first third tone changes into second tone

Third tone + first tone →　　first third tone changes into half third tone (pitch only falls)

Third tone + second tone →　　first third tone changes into half third tone (pitch only falls)

Third tone + fourth tone →　　first third tone changes into half third tone (pitch only falls)

Third tone + neutral →　　first third tone changes into half third tone (pitch only falls)

一(yī) + first tone →　一(yī) changes into fourth tone(yì)

一(yī) + second tone →　一(yī) changes into fourth tone(yì)

一(yī) + third tone →　一(yī) changes into fourth tone(yì)

一(yī) + fourth tone →　一(yī) changes into second tone(yí)

七(qī) + fourth tone →　七(qī) changes into second tone(qí)

八(bā) + fourth tone →　八(bā) changes into second tone(bá)

不(bù) + fourth tone →　不(bù) changes into second tone(bú)

Romanized Japanese Pronunciation Guide　(日語發音方法)

(1) Consonants (子音)

b	[b]	bind	ば, バ
ch	[ʧ]	chair	ち, チ
d	[d]	dine	だ, ダ
f	[f]	food	ふ, フ
g	[g]	guide	が, ガ
h	[h]	house	は, ハ
j	[ʤ]	job	じ, ジ
k	[k]	kind	か, カ
m	[m]	mind	ま, マ
n	[n]	nine	な, ナ
p	[p]	pine	ぱ, パ
r	[r]	rain	れ, レ
s	[s]	sign	さ, サ
t	[t]	time	た, タ
ts	[ts]	sports	つ, ツ
w	[w]	wine	わ, ワ
z	[z]	zoo	ざ, ザ

(2) Double Consonants (二重子音)*

cc socchoku frank

kk nikki diary

nn konnan difficulty

pp shuppan publication

ss hassei occurrence

tt kettei decision

* two consonants are pronounced separately with a break between them

(3) Vowels (母音)

a   [a]   d<u>o</u>ctor   あ, ア

i   [i]   b<u>i</u>g   い, イ

u   [u]   c<u>oo</u>k   う, ウ

e   [e]   g<u>e</u>t   え, エ

o   [ɔ]   shorter than "<u>a</u>ll"   お, オ

ya   [yɑ]   <u>ya</u>cht   や, ヤ

yu   [yu]   ゆ, ユ

yo   [yɔ]   よ, ヨ

ā   [a:]   <u>ah</u>   あ-, ア-

ī   [i:]   ch<u>ee</u>se   い-, イ-

ū   [u:]   c<u>oo</u>l   う-, ウ-

ē   [e]   え-, エ-

ō   [ɔ:]   <u>a</u>ll   お-, オ-

yā   [yɑ:]   <u>ya</u>rd   や-, ヤ-

yū   [yu:]   <u>you</u>   ゆ-, ユ-

yō   [yɔ:]   <u>yaw</u>n   よ-, ヨ-

Structure of Hangul (Korean alphabet) (ハングルの構造)

Basically, a syllable of Hangul is combined with at least one consonant called the initial (choseong; syllable onset) and one vowel called the medial (jungseong; syllable nucleus). And it often combines with another consonant or consonant cluster at the end of the syllable, called the final (jongseong; syllable coda).

ハングルは基本的に子音と母音の組み合わせで一つの音節を成し、バッチム(終声になる子音)がある音節もある。漢字語の場合、それぞれの漢字は日本語とは違い、一つの音読みだけある。

한글은 기본적으로 자음과 모음의 조합으로 하나의 음절을 형성하며, 받침(종성이 되는 자음)이 있는 음절도 있다.

(1) initial (choseong; syllable onset) 初声 [子音]

ㄱ	[g]	ga da	가다	go
ㄲ	[kk]	kka ji	까지	until
ㄴ	[n]	na	나	I
ㄷ	[d]	do si	도시	city
ㄸ	[tt]	tta da	따다	take
ㄹ	[r]	ro ma	로마	Rome
ㅁ	[m]	ma bi	마비	paralysis
ㅂ	[b]	ba da	바다	sea
ㅃ	[pp]	ppang	빵	bread
ㅅ	[s]	sa da	사다	buy
ㅆ	[ss]	ssa da	싸다	wrap
ㅇ	[a]	an nae	안내	guide
ㅈ	[j]	ja yu	자유	freedom
ㅉ	[jj]	jji reu da	찌르다	sting
ㅊ	[ch]	cha	차	car
ㅋ	[k]	ko	코	nose
ㅌ	[t]	ta da	타다	ride
ㅍ	[p]	pa da	파다	dig
ㅎ	[h]	ha ru	하루	day

* Syllable is formed with combinations of a consonant and a vowel.

* 子音と母音の組み合わせで一つの音節を成す。

* 자음과 모음의 조합으로 하나의 음절을 이룬다.

(2) medial (jungseong; syllable nucleus) 中声 [母音]

ㅏ	[a]	na	나	l
ㅐ	[ae]	gae in	개인	individual
ㅑ	[ya]	ya gu	야구	baseball
ㅓ	[eo]	geom to	검토	review
ㅔ	[e]	ge si	게시	bulletin
ㅕ	[yeo]	gyeon bon	견본	sample
ㅗ	[o]	do gu	도구	tool
ㅘ	[wa]	wang	왕	king
ㅙ	[wae]	wae	왜	why
ㅚ	[oe]	oe guk	외국	abroad
ㅛ	[yo]	gyo su	교수	professor
ㅜ	[u]	u san	우산	umbrella
ㅝ	[wo]	gwon han	권한	warrant
ㅞ	[we]	gwe do	궤도	orbit
ㅟ	[wi]	wi	위	stomach
ㅠ	[yu]	gyu mo	규모	scale
ㅡ	[eu]	geu rim	그림	picture
ㅢ	[e]	na e	나의	my
ㅣ	[i]	gi bun	기분	temper

* Syllable is formed with combinations of a consonant and a vowel.

* 子音と母音の組み合わせで一つの音節を成す。

* 자음과 모음의 조합으로 하나의 음절을 이룬다.

(3) final (jongseong; syllable coda)　終声 [バッチム(下敷き): 終声になる子音]

ㄱ	k	hak kkyo	학교	school
ㄴ	n	ban dae	반대	opposition
ㄷ	t	gut kke	굳게	firmly
ㄹ	l	mal	말	horse
ㅁ	m	bang chim	방침	policy
ㅂ	p	nap	납	lead
ㅅ	t	bat jjul	밧줄	rope
ㅇ	ng	byeong	병	bottle
ㅈ	t	nat	낮	day
ㅊ	t	nat sseon	낯선	strange

* Syllable is formed with combinations of a consonant and a vowel; often it is formed with another consonant or   consonant cluster at the end of the syllable.

* 子音と母音, それにもう一つの子音(バッチム)の組み合わせで一つの音節を成す。

* 자음과 모음, 그리고 또 하나의 자음(받침)을 조합하여 하나의 음절을 이룬다.

A

āi dào   哀悼 [n.]; [v.]

  aitō   哀悼; aitō suru   哀悼する

  ae do   애도(哀悼); ae do ha da   애도(哀悼)하다

ái   癌 [n.]

  gan   癌

  am   암(癌)

ài   爱 (愛) [n.]; [v.]

  ai   愛; aisuru   愛する

  sa rang   사랑; sa rang ha da   사랑하다

ài chēng   爱称 (愛稱) [n.]

  aishō   愛称

  ae ching   애칭(愛稱)

ài guó   爱国 (愛國) [n.]

  aikoku   愛国

  ae guk   애국(愛國)

ài guó xīn   爱国心 (愛國心) [n.]

  aikoku shin   愛国心

  ae guk sim   애국심(愛國心)

ài guó zhě   爱国者 (愛國者) [n.]

  aikoku sha   愛国者

  ae guk jja   애국자(愛國者)

ài qíng   爱情 (愛情) [n.]

  aijō   愛情

  ae jeong   애정(愛情)

ài rén   爱人 (愛人) [n.]

  aijin   愛人

  ae in   애인(愛人)

ān   鞍 [n.]

  kura   鞍

  an jang   안장(鞍裝)

ān lè   安乐 (安樂) [n.]

  anraku   安楽

  al rak   안락(安樂)

ān lè yǐ   安乐椅 (安樂椅) [n.]

  anraku isu   安楽椅子

  al rak ui ja   안락의자(安樂椅子)

ān quán   安全 [n.]

  anzen   安全

  an jeon   안전(安全)

ān shì   安适 (安適) [n.]

  kaiteki   快適

  kwae jeok   쾌적(快適)

ān xīn   安心 [n.]; [v.]

  anshin   安心; anshin suru   安心する

  an sim   안심(安心); an sim ha da   안심(安心)하다

àn hào   暗号 (暗號) [n.]

  angō   暗号

  am ho   암호(暗號)

àn jiāo   暗礁 [n.]

  anshō   暗礁

  am cho   암초(暗礁)

àn shì   暗示 [n.]; [v.]

  anji   暗示; anji suru   暗示する

  am si   암시(暗示); am si ha da   암시(暗示)하다

àn yǐng   暗影 [n.]

  an'ei   暗影; kage   影

  am young   암영(暗影); geu rim ja   그림자

āo cáo   凹槽 [n.]

  kizamime   刻み目

  sae gin nun kkeum   새긴 눈금

āo xiàn   凹陷 [n.]

  kubomi   凹み

  ssuk deu reo gan got   쑥 들어간 곳

áo 遨 [n.]

shō ryokō 小旅行

jjal beun yeo haeng 짧은 여행(旅行)

áo xiáng 翱翔 [n.]; [v.]

hijō 飛上; tobi tatsu 飛び立つ

bi sang 비상(飛上); bi sang ha da 비상(飛上)하다

B

bā 八 [n.]

hachi 八

pal 팔(八)

bā shí 八十 [n.]

hachi jū 八十

pal ssip 팔십(八十)

bā yuè 八月 [n.]

hachi gatsu 八月

pal wol 팔월(八月)

bā hén 疤痕 [n.]

kizuato 傷跡

hyung teo 흉터

bǎ tóu 把头 (把頭) [n.]

tōmoku 頭目

du mok 두목(頭目)

bǎ wò 把握 [n.]; [v.]

ha'aku 把握; ha'aku suru 把握する

pa ak 파악(把握); pa a ka da 파악(把握)하다

bǎ xì 把戏 (把戲) [n.]

tekuda 手管

so gim su 속임수

bà 耙 [n.]

kumade 熊手

gal kwi 갈퀴

bái chī 白痴 (白癡) [n.]

hakuchi 白痴

baek chi 백치(白痴)

bái huà shù 白桦树 (白樺樹) [n.]

shirakanba 白樺

ja jak na mu 자작나무

bái sè 白色 [n.]

haku shoku 白色

baek ssaek 백색(白色)

bái tiān 白天 [n.]

hiru 昼

nat 낮

bái zhǐ 白纸 (白紙) [n.]

hakushi 白紙

baek jji 백지(白紙)

bǎi 百 [n.]

hyaku 百

baek 백(百)

bǎi hé 百合 [n.]

yuri 百合

bae kap 백합(百合)

bǎi huò gōng sī 百货公司 (百貨公司) [n.]

hyakka ten 百貨店

bae kwa jeom 백화점(百貨店)

bǎi wàn 百万 (百萬) [n.]

hyaku man 百万

baek man 백만(百萬)

bǎi wàn fù wēng 百万富翁 (百萬富翁) [n.]

hyaku man chōja 百万長者

baek man jang ja 백만장자(百萬富翁)

bài 拜 [n.]; [v.]

ojigi お辞儀; ojigi suru お辞儀する

jeol 절; jeol ha da 절하다

bài běi 败北 (**敗**北) [n.]; [v.]

　haiboku 敗北; haiboku saseru 敗北させる

　pae bae 패배(敗北); pae bae ha da 패배(敗北)하다

bān diǎn 斑点 (斑點) [n.]

　hanten 斑点

　ban jeom 반점(斑點)

bān jí 班级 [n.]

　gakkyū 学級

　hak kkeup 학급(學級)

bān qiān 搬迁 (搬遷) [n.]; [v.]

　iten 移転; iten suru 移転する

　i jeon 이전(移轉); i jeon ha da 이전(移轉)하다

bān yùn rén 搬运人 (搬運人) [n.]

　unpan nin 運搬人

　un ba nin 운반인(運搬人)

bǎn zi 板子 [n.]

　ita 板

　pan ja 판자(板子)

bàn gōng shì 办公室 (辦公室) [n.]

　jimu shitsu 事務室

　sa mu sil 사무실(事務室)

bàn qiú 半球 [n.]

　hankyū 半球

　ban gu 반구(半球)

bàn dǎo 半岛 (半島) [n.]

　hantō 半島

　ban do 반도(半島)

bàng 棒 [n.]

　bō 棒

　mak ttae 막대

bàng qiú 棒球 [n.]

　yakyū 野球

　ya gu 야구(野球)

bàng qiú bàng 棒球棒 [n.]

　yakyū batto 野球バット

　ya gu bae teu 야구(野球) 배트

bāo 包 [n.]

　tsutsumi 包み

　kku reo mi 꾸러미

bāo hán 包含 [n.]; [v.]

　hōgan 包含; fukumu 含む

　po ham 포함(包含); po ham ha da 포함(包含)하다

bāo wéi 包围 (包圍) [n.]; [v.]

　hōi 包囲; hōi suru 包囲する

　po wi 포위(包圍); po wi ha da 포위(包圍)하다

bāo zhuāng 包装 [n.]; [v.]

　hōsō 包装; hōsō suru 包装する

　po jang 포장(包裝); po jang ha da 포장(包裝)하다

báo 雹 [n.]

　arare 霰

　u bak 우박(雨雹)

báo lěi 堡垒 (堡壘) [n.]

　hōrui 堡塁

　bo ru 보루(堡壘)

báo bǎn 薄板 [n.]

　usui ita 薄い板

　yal beun pan 얇은 판(板)

báo piàn 薄片 [n.]

　usui kire 薄い切れ

　yal beun jo gak 얇은 조각

bǎo cún 保存 [n.]; [v.]

　hozon 保存; hozon suru 保存する

　bo jon 보존(保存); bo jon ha da 보존(保存)하다

bǎo hù 保护 (保護) [n.]; [v.]

　hogo 保護; hogo suru 保護する

　bo ho 보호(保護); bo ho ha da 보호(保護)하다

bǎo hù rén 保护人（保護人）[n.]

　hogo sha 保護者

　bo ho ja 보호자(保護者)

báo shǒu zhǔ yì zhě 保守主义者(保守主義者) [n.]

　hoshu shugi sha 保守主義者

　bo su ju i ja 보수주의자(保守主義者)

báo xiǎn 保险（保險）[n.]

　hoken 保険

　bo heom 보험(保險)

báo xiǎn dān 保险单（保險單）[n.]

　hoken shōken 保険証券

　bo heom jeung kkwon 보험증권(保險證券)

bǎo yù yuàn 保育院 [n.]

　hoikuen 保育園

　bo yu gwon 보육원(保育院)

bǎo zhèng 保证（保證）[n.]; [v.]

　hoshō 保証; hoshō suru 保証する

　bo jeung 보증(保證);bo jeung ha da 보증(保證)하다

bǎo zhèng jīn 保证金（保證金）[n.]

　hoshōkin 保証金

　bo jeung geum 보증금(保證金)

bǎo zhèng rén 保证人（保證人）[n.]

　hoshō nin 保証人

　bo jeung in 보증인(保證人)

bǎo shí 宝石（寶石）[n.]

　hōseki 宝石

　bo seok 보석(寶石)

bǎo wù 宝物（寶物）[n.]

　takara 宝

　bo mul 보물(寶物)

bào chóu 报仇（報仇）[n.]; [v.]

　fukushū 復讐; fukushū suru 復讐する

　bok ssu 복수(復讐); bok ssu ha da 복수(復讐)하다

bào chóu 报酬（報酬）[n.]

　hōshū 報酬

　bo su 보수(報酬)

bào fù 报复（報復）[n.]; [v.]

　hōfuku 報復; hōfuku suru 報復する

　bo bok 보복(報復); bo bo ka da 보복(報復)하다

bào gào shū 报告书（報告書）[n.]

　hōkoku sho 報告書

　bo go seo 보고서(報告書)

bào gào yuán 报告员（報告員）[n.]

　hōkoku sha 報告者

　bo go ja 보고자(報告者)

bào yìng 报应（報應）[n.]

　mukui 報い

　bo dap 보답(報答)

bào zhǐ 报纸（報紙）[n.]

　shinbun 新聞

　sin mun 신문(新聞)

bào dié 暴跌 [n.]

　kyūraku 急落

　geup nak 급락(急落)

bào dòng 暴动（暴動）[n.]

　bōdō 暴動

　pok ttong 폭동(暴動)

bào fēng yǔ 暴风雨（暴風雨）[n.]

　arashi 嵐; bōfu'u 暴風雨

　pok pung u 폭풍우(暴風雨)

bào jūn 暴君 [n.]

　bōkun 暴君

　pok kkun 폭군(暴君)

bào lì 暴力 [n.]

　bōryoku 暴力

　pok nyeok 폭력(暴力)

bào lù 暴露 [n.]; [v.]

  bakuro 暴露; bakuro suru 暴露する

  pok no 폭로(暴露); pok no ha da 폭로(暴露)하다

bào tú 暴徒 [n.]

  bōto 暴徒

  pok tto 폭도(暴徒)

bào xíng 暴行 [n.]

  bōkō 暴行

  po kaeng 폭행(暴行)

bào zhèng 暴政 [n.]

  bōsei 暴政

  pok jjeong 폭정(暴政)

bào fā 爆发 (爆發) [n.]; [v.]

  bakuhatsu 爆発; bakuhatsu suru 爆発する

  pok pal 폭발(爆發); pok pal ha da 폭발(爆發)하다

bào fā yīn 爆发音 (爆發音) [n.]

  bakuhatsu on 爆発音

  pok pal um 폭발음(爆發音)

bào zhú 爆竹 [n.]

  baku chiku 爆竹

  pok jjuk 폭죽(爆竹)

bēi āi 悲哀 [n.]

  hiai 悲哀

  bi ae 비애(悲哀)

bēi cǎn 悲惨 [n.]

  hisan 悲惨

  bi cham 비참(悲慘)

bēi jù 悲剧 (悲劇) [n.]

  higeki 悲劇

  bi geuk 비극(悲劇)

bēi jù shì jiàn 悲剧事件 (悲劇事件) [n.]

  higeki jiken 悲劇事件

  bi geuk sa kkeon 비극사건(悲劇事件)

bēi míng 悲鸣 (悲鳴) [n.]

  himei 悲鳴

  bi myeong 비명(悲鳴)

bēi tòng 悲痛 [n.]

  hitsū 悲痛

  bi tong 비통(悲痛)

bēi dài 背带 (背帶) [n.]

  tsuri himo つり紐

  eo kkae kkeun 어깨 끈

bēi bāo 背包 [n.]

  hainō 背嚢

  bae nang 배낭(背囊)

bēi wén 碑文 [n.]

  hibun 碑文

  bi mun 비문(碑文)

běi 北 [n.]

  kita 北

  buk 북(北)

bèi 贝 (貝) [n.]

  kai 貝

  jo gae 조개

bèi ké lèi 贝壳类 (貝殻類) [n.]

  kōkaku rui 甲殻類

  gap kkak ryu 갑각류(甲殻類)

bèi bù 背部 [n.]

  senaka 背中

  deung 등

bèi hòu 背后 (背後) [n.]

  haigo 背後

  bae hu 배후(背後)

bèi jǐng 背景 [n.]

  haikei 背景

  bae gyeong 배경(背景)

bèi pàn　背叛　[n.]

uragiri　裏切り

bae ban　배반(背反)

bèi báo xiǎn rén　被保险人 (被保險人)　[n.]

hi hoken sha　被保険者

pi bo heom ja　피보험자(被保險者)

bèi gào　被告　[n.]

hikoku　被告

pi go　피고(被告)

bèi hài zhě　被害者　[n.]

higai sha　被害者　/

pi hae ja　피해자(被害者)

bèi yǎng rén kǒu　被养人口 (被养人口)　[n.]

fuyō kazoku　扶養家族

bu yang ga jok　부양가족(扶養家族)

bèi lùn　悖论 (悖論)　[n.]

gyaku setsu　逆説　/

yeok sseol　역설(逆說)

běn bù　本部　[n.]

honbu　本部

bon bu　본부(本部)

běn jīn　本金　[n.]

gankin　元金

won geum　원금(元金)

běn néng　本能　[n.]

hon'nō　本能

bon neung　본능(本能)

bén tǐ　本体 (本體)　[n.]

hontai　本体

bon che　본체(本體)

běn wén　本文　[n.]

honbun　本文

bon mun　본문(本文)

běn zhì　本质 (本質)　[n.]

honshitsu　本質

bon jil　본질(本質)

bēng dài　绷带 (繃帶)　[n.]

hōtai　包帯

bung dae　붕대(繃帶)

bēng kuì　崩溃 (崩潰)　[n.]; [v.]

hōkai　崩壊; **hōkai suru**　崩壊する

bung goe　붕괴(崩壊); **bung goe ha da**　붕괴(崩壊)하다

bī jìn fǎ　逼近法　[n.]

sekkin hōhō　接近方法

jeop kkeun bang beop　접근방법(接近方法)

bí zi　鼻子　[n.]

hana　鼻

ko　コ

bí kǒng　鼻孔　[n.]

hana no ana　鼻の穴

ko kku meong　콧구멍

bǐ fāng　比方　[n.]

ruisui　類推

yu chu　유추(類推)

bǐ jiào　比较 (比較)　[n.]; [v.]

hikaku　比較; **hikaku suru**　比較する

bi gyo　비교(比較); **bi gyo ha da**　비교(比較)하다

bǐ jiào jí　比较级 (比較級)　[n.]

hikaku kyū　比較級

bi gyo kkeup　비교급(比較級)

bǐ lǜ　比率　[n.]

hiritsu　比率

bi yul　비율(比率)

bǐ sài　比赛 (比賽)　[n.]

shiai　試合

si hap　시합(試合)

bǐ jì　笔迹 (筆跡)　[n.]

hisseki　筆跡

pil jjeok　필적(筆跡)

bǐjì　笔记 (筆記)　[n]

hikki　筆記

pil gi　필기(筆記)

bì　臂　[n.]

ude　腕

pal　팔

bì　壁　[n.]

kabe　壁

byeok　벽(壁)

bì zhàng　壁障　[n.]

shōheki　障壁

jang byeok　장벽(障壁)

bì zhǐ　壁纸 (壁紙)　[n.]

kabe gami　壁紙

byeok jji　벽지(壁紙)

bì lú　壁炉 (壁爐)　[n.]

kabe tsuki danro　壁付き暖炉

byeok nal ro　벽난로(壁煖爐)

bì　髀　[n.]

momo　腿

neop jjeok da ri　넓적다리

bì bù ké shǎo　必不可少　[n.]

honshitsu teki yōso　本質的要素

bon jil jjeok yo so　본질적요소(本質的要素)

bì sǐ　必死　[n.]

hisshi　必死

pil ssa　필사(必死)

bì xū pǐn　必需品　[n.]

hitsuju hin　必需品

pil ssu pum　필수품(必需品)

bì yào　必要　[n.]

hitsuyō　必要

pi ryo　필요(必要)

bì yào tiáo jiàn　必要条件 (必要條件)　[n.]

hitsuyō jōken　必要条件

pi ryo jo ggeon　필요조건(必要條件)

bì yào xìng　必要性　[n.]

hitsuyō sei　必要性

pi ryo sseong　필요성(必要性)

bì hài　弊害　[n.]

heigai　弊害

pe hae　폐해(弊害)

bì duān　弊端　[n.]

heigai　弊害

pe dan　폐단(弊端)

bì nàn　避难 (避難)　[n.]; [v.]

hinan　避難; hinan suru　避難する

pi nan　피난(避難); pi nan ha da　피난(避難)하다

bì nàn suǒ　避难所 (避難所)　[n.]

hinan jo　避難所

pi nan cheo　피난처(避難處)

bì xià　陛下　[n.]

heika　陛下

pe ha　폐하(陛下)

bì yè　毕业 (畢業)　[n.]; [v.]

sotsugyō　卒業; sotsugyō suru　卒業する

jo reop　졸업(卒業); jo reo pa da　졸업(卒業)하다

bì yè diǎn lǐ　毕业典礼 (畢業典禮)　[n.]

sotsugyō shiki　卒業式

jo reop ssik　졸업식(卒業式)

bì yè lùn wén　毕业论文 (畢業論文)　[n.]

sotsugyō ronbun　卒業論文

jo reop non mun　졸업논문(卒業論文)

20

bì yè shēng 毕业生 (畢業生) [n.]

　sotsugyōsei 卒業生

　jo reop ssaeng 졸업생(卒業生)

biān 边 (**邊**) [n.]

　hashi 端

　ga jang ja ri 가장자리

biān jiāng 边疆 (邊疆) [n.]

　kokkyō chitai 国境地帯

　guk kkyeong ji dae 국경지대(國境地帶)

biān jiè 边界 (邊界) [n.]

　kyōkai 境界

　gyeong ge 경계(境界)

biān yuán 边缘 (邊緣) [n.]

　fusa kazari ふさ飾り

　sul jang sik 술 장식(裝飾)

biān 鞭 [n.]

　muchi 鞭

　mae 매

biān dǎ 鞭打 [n.]; [v.]

　muchi uchi 鞭打ち; muchi utsu むち打つ

　mae jil 매질; mae jil ha da 매질하다

biān zhě 编者 (編者) [n.]

　henshū sha 編集者

　pyeon ji bin 편집인(編輯人)

biān jí 编辑 (編輯) [n.]

　henshū 編集

　pyeon jib 편집(編輯)

biàn gé 变革 (**變革**) [n.]

　henkaku 変革

　byeon hyeok 변혁(變革)

biàn huà 变化 (變化) [n.]; [v.]

　henka 変化; henka suru 変化する

　byeon hwa 변화(變化); byeon hwa ha da 변화(變化)하다

biàn qiān 变迁 (變遷) [n.]

　hensen 変遷 /

　byeon cheon 변천(變遷)

biàn xíng 变形 (變形) [n.]

　henkei 変形

　byeon hyeong 변형(變形)

biàn hù 辩护 (**辯護**) [n.]; [v.]

　bengo 弁護; bengo suru 弁護する

　byeon ho 변호(辯護); byeon ho ha da 변호(辯護)하다

biàn míng 辩明 (辯明) [n.]

　iiwake 言い訳

　byeon myeong 변명(辨明)

biàn lì **便利** [n.]

　benri 便利

　pyeol ri 편리(便利)

biàn qì 便器 [n.]

　benki 便器

　byeon gi 변기(便器)

biàn xié shì jī qì 便携式机器 (便攜式機器) [n.]

　keitai yō kiki 携帯用機器

　hyu dae yong gi gi 휴대용 기기(携帶用機器)

biàn yí 便宜 [n.]

　bengi 便宜

　pyeo ni 편의(便宜)

biàn yí shè shī 便宜设施 (便宜設施) [n.]

　bengi shisetsu 便宜施設

　pyeo ni si seol 편의시설(便宜施設)

biāo 飚 (**飇**) [n.]

　toppū 突風

　dol pung 돌풍(突風)

biāo běn 标本 (**標本**) [n.]

　hyōhon 標本

　pyo bon 표본(標本)

biāo dì 标的 (標的) [n.]

　hyōteki 標的

　pyo jeok 표적(標的)

biāo yǔ pái 标语牌 (標語牌) [n.]

　harigami 張り紙

　byeok ppo 벽보(壁報)

biāo zhǔn 标准 (標準) [n.]

　hyōjun 標準

　pyo jun 표준(標準)

biǎo miàn 表面 [n.]

　hyōmen 表面

　pyo myeon 표면(表面)

biǎo qíng 表情 [n.]

　hyōjo 表情

　pyo jeong 표정(表情)

biǎo shì 表示 [n.]; [v.]

　hyōji 表示; hyōji suru 表示する

　pyo si 표시(表示); pyo si ha da 표시(表示)하다

biǎo xiàn 表现 (表現) [n.]; [v.]

　hyōgen 表現; hyōgen suru 表現する

　pyo hyeon 표현(表現); pyo hyeon ha da 표현(表現)하다

biǎo xiàn lì 表现力 (表現力) [n.]

　hyōgen ryoku 表現力

　pyo hyeon nyeok 표현력(表現力)

biǎo xiōng dì 表兄弟 [n.]

　itoko 従兄第

　sa chon 사촌(四寸)

bié míng 别名 (別名) [n.]

　betsumei 別名

　byeol myeong 별명(別名)

bié zhuāng 别庄 (別莊) [n.]

　bessō 別莊

　byeol jjang 별장(別莊)

bīn kè 宾客 (賓客) [n.]

　okyaku sama お客様

　son nim 손님

bīn yǔ 宾语 (賓語) [n.]

　mokuteki go 目的語

　mok jjeo geo 목적어(目的語)

bìn yí guǎn 殡仪馆 (殯儀館) [n.]

　sōgi ya 葬儀屋

　jang i sa 장의사(葬儀社)

bīng 冰 [n.]

　kōri 氷

　eo reum 얼음

bīng hé 冰河 [n.]

　hyōga 氷河

　bing ha 빙하(氷河)

bīng xiāng 冰箱 [n.]

　reizōko 冷蔵庫

　naeng jang go 냉장고(冷蔵庫)

bīng shì 兵士 [n.]

　heishi 兵士

　byeong sa 병사(兵士)

bīng tuán 兵团 (兵團) [n.]

　gundan 軍団

　gun dan 군단(軍團)

bìng 病 [n.]

　byōki 病気

　byeong 병(病)

bìng fáng 病房 [n.]

　byōtō 病棟

　byeong dong 병동(病棟)

bìng rén 病人 [n.]

　byōnin 病人

　byeong ja 병자(病者)

bìng ruò 病弱 [n.]

  byōjaku 病弱

  byeong yak 병약(病弱)

bìng ruò zhě 病弱者 [n.]

  byōjaku sha 病弱者

  byeong ya kan sa ram 병약자(病弱者)

bō 波 [n.]

  nami 波

  pa do 파도(波濤)

bō wén 波纹 (波紋) [n.]

  hamon 波紋

  pa mun 파문(波紋)

bōtāo 波涛 (波濤) [n.]

  nami 波

  pa do 파도(波濤)

bō yòng 拨用 (撥用) [n.]; [v.]

  ryūyō 流用; ryūyō suru 流用する

  yu yong 유용(流用); yu yong ha da 유용(流用)하다

bó xíng zhī wù 薄型织物 (薄型織物) [n.]

  usui orimono 薄い織物

  yal beun jik mul 얇은 직물(織物)

bò he 薄荷 [n.]

  hakka 薄荷

  ba ka 박하(薄荷)

bó fā 勃发 (勃發) [n.]; [v.]

  boppatsu 勃発; boppatsu suru 勃発する

  bal bal 발발(勃發); bal bal ha da 발발(勃發)하다

bó qǐ 勃起 [n.]; [v.]

  bokki 勃起; bokki suru 勃起する

  bal gi 발기(勃起); bal gi ha da 발기(勃起)하다

bó fù 伯父 [n.]

  ojisan おじさん

  a jeo ssi 아저씨

bó jué 伯爵 [n.]

  hakushaku 伯爵

  baek jjak 백작(伯爵)

bó jué fū rén 伯爵夫人 [n.]

  hakushaku fujin 伯爵夫人

  baek jjak bu in 백작부인(伯爵夫人)

bó lái pǐn 舶来品 [n.]

  yunyū hin 輸入品

  su ip pum 수입품(輸入品)

bó lǎn huì 博览会 (博覽會) [n.]

  hakuran kai 博覧会

  bak ram hoe 박람회(博覽會)

bó shì 博士 [n.]

  hakase 博士

  bak ssa 박사(博士)

bó wù guǎn 博物馆 (博物館) [n.]

  hakubutsu kan 博物館

  bak mul gwan 박물관(博物館)

bó yóu lù 柏油路 [n.]

  hosō dōro 舗装道路

  po jang do ro 포장도로(鋪裝道路)

bǔ cháng 补偿 (補償) [n.]; [v.]

  hoshō 補償; hoshō suru 補償する

  bo sang 보상(補償); bo sang ha da 보상(補償)하다

bǔ cháng jīn 补偿金 (補償金) [n.]

  hoshō kin 補償金

  bo sang geum 보상금(補償金)

bǔ chōng 补充 (補充) [n.]; [v.]

  hojū 補充; hojū suru 補充する

  bo chung 보충(補充); bo chung ha da 보충(補充)하다

bǔ dīng 补丁 (補丁) [n.]

  nuno gire 布切れ

  heong geop jjo gak 헝겊 조각

bǔ zhù jīn 补助金 (補助金) [n.]

hojo kin 補助金

bo jo geum 보조금(補助金)

bù 步 [n.]

ayumi 歩み

geo reum 걸음

bù dào 步道 [n.]

hodō 步道

bo do 보도(步道)

bù qiāng 步枪 (步槍) [n.]

shōjū 小銃

so chong 소총(小銃)

bù xíng 步行 [n.]; [v.]

hokō 步行; aruku 歩く

bo haeng 보행(步行); geot tta 걷다

bù ān 不安 [n.]

fuan 不安

bu ran 불안(不安)

bú biàn 不便 [n.]

fuben 不便

bul pyeon 불편(不便)

bù chún 不纯 (不純) [n.]

fujun 不純

bul ssun 불순(不純)

bú dìng cí 不定词 (不定詞) [n.]

futei shi 不定詞

bu jeong sa 부정사(不定詞)

bú dìng guàn cí 不定冠词 (不定冠詞) [n.]

futei kanshi 不定冠詞

bu jeong gwan sa 부정관사(不定冠詞)

bù gōng zhèng 不公正 [n.]

fusei 不正

bu jeong 부정(不正)

bù jí wù dòng cí 不及物动词 (不及物動詞) [n.]

jidōshi 自動詞

ja dong sa 자동사(自動詞)

bù jié 不洁 (不潔) [n.]

fuketsu 不潔

bul gyeol 불결(不潔)

bù jǐng qì 不景气 (不景氣) [n.]

fukeiki 不景気

bul gyeong gi 불경기(不景氣)

bù kě sī yì 不可思议 (不可思議) [n.]

fukashigi 不可思議

bul ga sa i 불가사의(不可思議)

bú lì 不利 [n.]

furi 不利

bul li 불리(不利)

bú lì tiáo jiàn 不利条件 [n.]

furi na jōken 不利な条件

bul li han jo kkeon 불리(不利)한 조건(條件)

bù mǎn 不满 (不滿) [n.]

fuman 不満

bul man 불만(不滿)

bù míng yù 不名誉 (不名譽) [n.]

fumeiyo 不名誉

bul myeong ye 불명예(不名譽)

bù píng 不平 [n.]

fuhei 不平

bul pyeong 불평(不平)

bú què dìng xìng 不确定性 (不確定性) [n.]

fukakujitsu sei 不確実性

bul hwak ssil sseong 불확실성(不確實性)

bú shèn zhòng 不慎重 [n.]

mufunbetsu 無分別

mu bun byeol 무분별(無分別)

bù shí 不时 (不時) [n.]

  fuji 不時

  bul ssi 불시(不時)

bú shi 不是 [n.]

  ayamachi 過ち

  jal mot 잘못

bù sǐ shēn 不死身 [n.]

  fujimi 不死身

  bul ssa sin 불사신(不死身)

bù wěn dìng 不稳定 (不穩定) [n.]

  fuantei 不安定

  bu ran jeong 불안정(不安定)

bú xìn 不信 [n.]; [v.]

  fushin 不信; **fushin suru** 不信する

  bul ssin 불신(不信); **bul ssin ha da** 불신(不信)하다

bú xìng 不幸 [n.]

  fukō 不幸

  bul haeng 불행(不幸)

bù yī zhì 不一致 [n.]

  fuicchi 不一致

  bu ril chi 불일치(不一致)

bú zài 不在 [n.]

  fuzai 不在

  bu jae 부재(不在)

bú zhèng zhí 不正直 [n.]

  fushōjiki 不正直

  bu jeong jik 부정직(不正直)

bù zú 不足 [n.]

  fusoku 不足

  bu jok 부족(不足)

bù fèn 部分 [n.]

  bubun 部分

  bu bun 부분(部分)

bù mén 部门 (部門) [n.]

  bumon 部門

  bu mun 부문(部門)

bù zú 部族 [n.]

  buzoku 部族

  bu jok 부족(部族)

bù pǐ 布匹 [n.]

  kiji 生地, **nuno** 布

  ot kkam 옷감, **cheon** 천

C

cái chǎn 财产 (財產) [n.]

  zaisan 財産

  jae san 재산(財産)

cái mí 财迷 (財迷) [n.]

  kechinbō けちん坊

  gu du soe 구두쇠

cái yuán 财源 (財源) [n.]

  zaigen 財源

  jae won 재원(財源)

cái zhèng 财政 (財政) [n.]

  zaisei 財政

  jae jeong 재정(財政)

cái zhèng bù 财政部 (財政部) [n.]

  zaimushō 財務省

  jae mu bu 재무부(財務部)

cái féng 裁缝 (裁縫) [n.]

  saihō 裁縫

  jae bong 재봉(裁縫)

cái pàn 裁判 [n.]; [v.]

  saiban 裁判; **saiban suru** 裁判する

  jae pan 재판(裁判); **jae pan ha da** 재판(裁判)하다

cái pàn guān　裁判官　[n.]

　saibankan　裁判官

　jae pan gwan　재판관(裁判官)

cái liào　材料　[n.]

　zairyō　材料

　jae ryo　재료(材料)

cái néng　才能　[n.]

　sainō　才能

　jae neung　재능(才能)

cái zhì　才智　[n.]

　saichi　才知

　jae chi　재지(才智)

cǎi jué　采掘 (採掘)　[n.]; [v.]

　saikō　採鉱; saikō suru　採鉱する

　chae gwang 채광(採鑛); chae gwang ha da 채광(採鑛)하다

cái qǔ　采取 (採取)　[n.]; [v.]

　saitaku　採択; saitaku suru　採択する

　chae taek 채택(採擇); chae tae ka da　채택(採擇)하다

cǎi sè　彩色　[n.]

　saishiki　彩色

　chae saek　채색(彩色)

cǎi hóng　彩虹　[n.]

　niji　虹

　mu ji gae　무지개

cài　菜　[n.]

　ryōri　料理

　yo ri　요리(料理)

cài dān　菜单 (菜單)　[n.]

　kondate　献立

　sik ttan　식단(食單)

cān　餐　[n.]

　shokuji　食事

　sik ssa　식사(食事)

cān zhuō　餐桌　[n.]

　shokutaku　食卓

　sik tak　식탁(食卓)

cān kǎo　参考 (參考)　[n.]

　sankō　参考

　cham go　참고(參考)

cān kǎo shū　参考书 (參考書)　[n.]

　sankō sho　参考書

　cham go seo　참고서(參考書)

cān móu　参谋 (參謀)　[n.]; [v.]

　jogen　助言; jogen suru　助言する

　jo eon　조언(助言); jo eon ha da　조언(助言)하다

cān yì yuán　参议员 (參議員)　[n.]

　jōin giin　上院議員

　sang won ui won　상원의원(上院議員)

cān zhào　参照 (參照)　[n.]; [v.]

　sanshō　参照; sanshō suru　参照する

　cham jo　참조(參照); cham jo ha da　참조(參照)하다

cán hái　残骸　[n.]

　zangai　残骸

　jan hae　잔해(殘骸)

cán jí rén　残疾人　[n.]

　shōgai sha　障碍者

　bul gu ja　불구자(不具者)

cán kù　残酷 (殘酷)　[n.]

　zankoku　残酷

　jan hok　잔혹(殘酷)

cán yú　残余 (殘餘)　[n.]

　zan'yo　残余

　ja nyeo　잔여(殘餘)

cǎn shì　惨事 (慘事)　[n.]

　sanji　惨事

　cham sa　참사(慘事)

cǎn jù 惨剧 (慘劇) [n.]

  sangeki 慘劇

  cham geuk 참극(慘劇)

cāng kù 仓库 (倉庫) [n.]

  sōko 倉庫; ton'ya 問屋

  chang kko 창고(倉庫); do mae sang 도매상(都賣商)

cāo shǒu 操守 [n.]

  midashi nami 身だしなみ

  mom ga jim 몸가짐

cāo zuò 操作 [n.]; [v.]

  sōsa 操作; sōsa suru 操作する

  jo jak 조작(操作); jo ja ka da 조작(操作)하다

cǎo 草 [n.]

  kusa 草

  pul 풀

cǎo àn 草案 [n.]

  sōan 草案

  cho an 초안(草案)

cáo gǎo 草稿 [n.]

  sōkō 草稿

  cho go 초고(草稿)

cǎo mào 草帽 [n.]

  mugiwara bōshi 麦わら帽子

  mil jjip mo ja 밀짚 모자(帽子)

cǎo píng 草坪 [n.]

  shibafu 芝生

  jan di 잔디

cè dìng 測定 (測定) [n.]; [v.]

  sokutei 測定; sokutei suru 測定する

  cheuk jjeong 측정(測定); cheuk jjeong ha da 측정(測定)하다

cè liáng 測量 (測量) [n.]; [v.]

  sokuryō 測量; sokuryō suru 測量する

  cheuk nyang 측량(測量); cheuk nyang ha da 측량(測量)하다

cè lüè 策略 [n.]

  saku ryaku 策略

  chaek nyak 책략(策略)

cè dòng 策动 (策動) [n.]

  sakudō 策動

  chaek ttong 책동(策動)

cè miàn 側面 (側面) [n.]

  sokumen 側面

  cheuk myeon 측면(側面)

cè bì 側壁 (側壁) [n.]

  sokuheki 側壁

  cheuk byeok 측벽(側壁)

céng 層 (層) [n.]

  sō 層

  cheung 층(層)

chā 差 [n.]

  chigai 違い

  cha i 차이(差異)

chā bié 差別 [n.]

  sabetsu 差別

  cha byeol 차별(差別)

chā jù 差距 [n.]

  kakusa 格差

  gyeok cha 격차(隔差)

chā huà 插画 (插畫) [n.]

  sashie 挿絵

  sa pwa 삽화(插畫)

chā rù 插入 [n.]; [v.]

  sōnyū 挿入; sōnyū suru 挿入する

  sa bip 삽입(插入); sa bi pa da 삽입(插入)하다

chá bēi 茶杯 [n.]

  chawan 茶碗

  cha jjan 찻잔

chá diǎn　茶点（茶點）　[n.]

chaka　茶菓

da gwa　다과(茶菓)

chá shuǐ　茶水　[n.]

ocha　お茶

cha　차(茶)

chá xún　查询（查詢）　[n.]; [v.]

toi awase　問い合わせ; tou　問う

mu ni　문의(問議); mut tta　묻다

chǎn chū　产出（產出）　[n.]

sanshutsu　産出

san chul　산출(產出)

chán pǐn　产品（產品）　[n.]

seisan hin　生産品

saeng san pum　생산품(生産品)

chǎn wù　产物（產物）　[n.]

sanbutsu　産物

san mul　산물(產物)

chǎn yè　产业（產業）　[n.]

sangyō　産業

sa neop　산업(產業)

cháng chūn téng　常春藤　[n.]

tsuta　つた

dam jaeng i　담쟁이

cháng yòng　常用　[n.]

jyōyō　常用

sang yong　상용(常用)

cháng dù　长度（長度）　[n.]

naga sa　長さ

gi ri　길이

cháng wà　长袜（長襪）　[n.]

nagai kutsushita　長い靴下

gin yang mal　긴 양말

cháng qī　长期（長期）　[n.]

chōki　長期

jang gi　장기(長期)

cháng huán　偿还（償還）　[n.]; [v.]

hensai　返済; hensai suru　返済する

sang hwan　상환(償還); sang hwan ha da　상환(償還)하다

cháng zi　肠子（腸子）　[n.]

chō　腸

jang　장(腸)

cháng yán　肠炎（腸炎）　[n.]

chō'en　腸炎

jang　장염(腸炎)

chǎng hé　场合（場合）　[n.]

ba'ai　場合

gyeong u　경우(境遇)

chǎng miàn　场面（場面）　[n.]

bamen　場面

jang myeon　장면(場面)

cháng suǒ　场所（場所）　[n.]

basho　場所

jang so　장소(場所)

chàng gē　唱歌　[n.]

shōka　唱歌

chang kka　창가(唱歌)

chāo guò　超过（超過）　[n.]; [v.]

chōka　超過; chōka suru　超過する

cho gwa　초과(超過); cho gwa ha da　초과(超過)하다

chāojí shìchǎng　超级市场（超級市場）　[n.]

sūpā　スーパー

shu peo　슈퍼

chāo xiě shū　抄写书（抄寫書）　[n.]

hitsusha hon　筆写本

pil ssa bon　필사본(筆寫本)

cháo 潮 [n.]

shio 潮

jo su 조수(潮水)

cháo liú 潮流 [n.]

chōryū 潮流

jo ryu 조류(潮流)

cháo 巢 [n.]

su 巣

dung ji 둥지

cháo nòng 嘲弄 [n.]; [v.]

hiyakashi 冷やかし; karakau からかう

jo rong 조롱(嘲弄); jo rong ha da 조롱(嘲弄)하다

cháo xiào 嘲笑 [n.]; [v.]

chōshō 嘲笑; chōshō suru 嘲笑する

jo so 조소(嘲笑); jo so ha da 조소(嘲笑)하다

cháo sheng 朝圣 (朝聖) [n.]

junrei sha 巡礼者

sul rye ja 순례자(巡禮者)

cháo zuǐ 吵嘴 [n.]; [v.]

kōron 口論; kōron suru 口論する

eon jaeng 언쟁(言爭); eon jaeng ha da 언쟁(言爭)하다

chē dào 车道 (車道) [n.]

shasen 車線; shadō 車道

cha seon 차선(車線); cha do 차도(車道)

chē kù 车库 (車庫) [n.]

shako 車庫

cha go 차고(車庫)

chē liàng 车辆 (車輛) [n.]

sharyō 車両

cha ryang 차량(車輛)

chē lún 车轮 (車輪) [n.]

sharin 車輪

cha ryun 차륜(車輪)

chē pí 车皮 (車皮) [n.]

yatai 屋台

po jang ma cha 포장마차(布帳馬車)

chē piào 车票 (車票) [n.]

jōsha ken 乗車券

cha pyo 차표(車票)

chè yè 彻夜 (徹夜) [n.]

tetsuya 徹夜

cheo rya 철야(徹夜)

chè dǐ 彻底 (徹底) [n.]

tettei 徹底

cheol jjeo 철저(徹底)

chén 尘 (塵) [n.]

hokori ほこり

meon ji 먼지

chén liè 陈列 (陳列) [n.]; [v.]

chinretsu 陳列; chinretsu suru 陳列する

ji nyeol 진열(陣列); ji nyeol ha da 진열(陣列)하다

chén shù 陈述 (陳述) [n.]; [v.]

chin jutsu 陳述; chin jutsu suru 陳述する

jin sul 진술(陳述); jin sul ha da 진술(陳述)하다

chén sù 陈诉 (陳訴) [n.]; [v.]

uttae 訴え; uttaeru 訴える

ho so 호소(呼訴); ho so ha da 호소(呼訴)하다

chén mò 沉默 [n.]

chinmoku 沈黙

chim muk 침묵(沈默)

chèn lǐ 衬里 (襯裏) [n.]

uraji 裏地

an kkam 안감

chēng zàn 称赞 (稱讚) [n.]; [v.]

shōsan 賞賛; homeru 褒める

ching chan 칭찬(稱讚); ching chan ha da 칭찬(稱讚)하다

chēng hào 称号 (稱號) [n.]

shōgo 称号

ching ho 칭호(稱號)

chéng 城 [n.]

shiro 城

seong 성(城)

chéng shì 城市 [n.]

to shi 都市

do shi 도시(都市)

chéng chē 乘车 (乘車) [n.]; [v.]

jōsha 乘車; jōsha suru 乘車する

seung cha 승차(乘車); seung cha ha da 승차(乘車)하다

chéng kè 乘客 [n.]

jōkyaku 乘客

seung gaek 승객(乘客)

chéng wù yuán 乘务员 (乘務員) [n.]

jōmu in 乘務員

seung mu won 승무원(乘務員)

chéng dù 程度 [n.]

teido 程度

jeong do 정도(程度)

chéng gōng 成功 [n.]; [v.]

seikō 成功; seikō suru 成功する

seong gong 성공(成功); seong gong ha da 성공(成功)하다

chéng guǒ 成果 [n.]

seika 成果

seong kkwa 성과(成果)

chéng jì 成绩 (成績) [n.]

seiseki 成績

seong jeok 성적(成績)

chéng jī tōng zhī shū 成绩通知书(成績通知書) [n.]

seiseki tsūchi sho 成績通知書

seong jeok tong ji pyo 성적통지표(成績通知表)

chéng jiàn 成见 (成見) [n.]

sen'nyū kan 先入観

seo nip kkwan 선입관(先入觀)

chéng jiù 成就 [n.]; [v.]

jōju 成就; nashi togeru 成し遂げる

seong chwi 성취(成就); seong chwi ha da 성취(成就)하다

chéng nián 成年 [n.]

seinen 成年

seong nyeon 성년(成年)

chéng rén 成人 [n.]

seijin 成人

seong in 성인(成人)

chéng shú 成熟 [n.]; [v.]

seijuku 成熟; seijuku suru 成熟する

seong suk 성숙(成熟); seong su ka da 성숙(成熟)하다

chéng yuán 成员 (成員) [n.]

ichiin 一員

i rwon 일원(一員)

chéng zhǎng 成长 (成長) [n.]; [v.]

seichō 成長; seichō suru 成長する

seong jang 성장(成長); seong jang ha da 성장(成長)하다

chéng jiè 惩戒 (懲戒) [n.]; [v.]

chōkai 懲戒; chōkai suru 懲戒する

jing ge 징계(懲戒); jing ge ha da 징계(懲戒)하다

chéng fá 惩罚 (懲罰) [n.]; [v.]

chōbatsu 懲罰; chōbatsu suru 懲罰する

jing beol 징벌(懲罰); jing beol ha da 징벌(懲罰)하다

chéng nuò 承诺 (承諾) [n.]; [v.]

shōdaku 承諾; shōdaku suru 承諾する

seung nak 승낙(承諾); seung na ka da 승낙(承諾)하다

chéng rèn 承认 (承認) [n.]; [v.]

shōnin 承認; shōnin suru 承認する

seung in 승인(承認); seung in ha da 승인(承認)하다

chéng shí　诚实 (誠實)　[n.]

　seijitsu　誠実

　seong sil　성실(誠實)

chéng yì　诚意 (誠意)　[n.]

　sei'i　誠意

　seong yi　성의(誠意)

chéng xīn chéng yì　诚心诚意 (誠心誠意)　[n.]

　seishin sei'i　誠心誠意

　seong sim seong yi　성심성의(誠心誠意)

chèng　秤　[n.]

　hakari　秤

　jeo ul　저울

chī xiào　痴笑　[n.]

　kusukusu warai　くすくす笑い

　kkil kkil u seum　낄낄 웃음

chī dāi　痴呆 (痴獃)　[n.]

　chi hō　痴呆

　chi mae　치매(癡呆)

chī xiāo　鸱鸮 (鴟鴞)　[n.]

　fukurō　フクロウ

　ol ppae mi　올빼미

chí yán　迟延 (遲延)　[n.]; [v.]

　chien　遲延; chien suru　遲延する

　ji yeon　지연(遲延); ji yeon ha da　지연(遲延)하다

chí yǒu rén　持有人　[n.]

　shoji nin　所持人

　so ji in　소지인(所持人)

chí zi　池子　[n.]

　ike　池

　mot　못

chí cùn　尺寸　[n.]

　sunpō　寸法

　chi su　치수

chǐ zi　尺子　[n.]

　jōgi　定規

　ja　자

chǐ lún　齿轮 (齒輪)　[n.]

　dendō sōchi　電動装置

　jeon dong jang chi　전동장치(電動裝置)

chì　赤　[n.]

　aka　赤

　ppal gang　빨강

chì dào　赤道　[n.]

　sekidō　赤道

　jeok tto　적도(赤道)

chì zì　赤字　[n.]

　akaji　赤字

　jeok jja　적자(赤字)

chì zé　叱责　[n.]; [v.]

　shisseki　叱責; shisseki suru　叱責する

　jil chaek　질책(叱責); jil chae ka da　질책(叱責)하다

chōng dāng　充当 (充當)　[n.]; [v.]

　jūtō　充当; jūtō suru　充当する

　chung dang　충당(充當); chung dang ha da　충당(充當)하다

chōng fèn　充分　[n.]

　jūbun　十分

　chung bun　충분(充分)

chōng mǎn　充满 (充滿)　[n.]; [v.]

　jūman　充満; jūman suru　充満する

　chung man　충만(充滿); chung man ha da　충만(充滿)하다

chōng zú　充足　[n.]; [v.]

　jūsoku　充足; jūsoku suru　充足する

　chung jok　충족(充足); chung jok ha da　충족(充足)하다

chōng dāng　充当 (充當)　[n.]; [v.]

　jūtō　充当; jūtō suru　充当する

　chung dang　충당(充當);chung dang ha da　충당(充當)하다

chōng dòng　冲动 (衝動) [n.]

　shōdō　衝動

　chung dong　충동(衝動)

chōng jí　冲击 (衝擊) [n.]

　shōgeki　衝擊

　chung gyeok　충격(衝擊)

chōng tū　冲突 (衝突) [n.]

　shōtotsu　衝突

　chung dol　충돌(衝突)

chōng jǐng　憧憬 [n.]; [v.]

　dōkei　憧憬; dōkei suru　憧憬する

　dong gyeong 동경(憧憬); dong gyeong ha da 동경(憧憬)하다

chóng bài　崇拜 [n.]; [v.]

　sūhai　崇拜; sūhai suru　崇拜する

　sung bae 숭배(崇拜); sung bae ha da 숭배(崇拜)하다

chóng bài zhě　崇拜者 [n.]

　sūhai sha　崇拜者

　sung bae ja　숭배자(崇拜者)

chóng gāo　崇高 [n.]

　sūkō　崇高

　sung go　숭고(崇高)

chóng zi　虫子 (蟲子) [n.]

　mushi　虫

　beol le　벌레

chōu qiān　抽签 (抽籤) [n.]; [v.]

　chūsen　抽選; chūsen suru　抽選する

　chu cheom 추첨(抽籤); chu cheom ha da 추첨(抽籤)하다

chōu shuǐ jī　抽水机 (抽水機) [n.]

　yōsui ki　揚水機

　yang su gi　양수기(揚水機)

chōu ti　抽屉 (抽屜) [n.]

　hikidashi　引き出し

　seo rap　서랍

chōu xiàng　抽象 [n.]

　chūshō　抽象

　chu sang　추상(抽象)

chóu chú　踌躇 (躊躇) [n.]; [v.]

　chūcho　躊躇; chūcho suru　躊躇する

　ju jeo 주저(躊躇); ju jeo ha da 주저(躊躇)하다

chǒu wén　丑闻 (醜聞) [n.]

　shūbun　醜聞

　chu mun　추문(醜聞)

chǒu è　丑恶 (醜惡) [n.]

　shū aku　醜惡

　chu ak　추악(醜惡)

chū bǎn　出版 [n.]; [v.]

　shuppan　出版; shuppan suru　出版する

　chul pan 출판(出版); chul pan ha da 출판(出版)하다

chū bǎn zhě　出版者 [n.]

　shuppan sha　出版者

　chul pan ja　출판자(出版者)

chū chǎn　出产 (出產) [n.]; [v.]

　shussan　出產; shussan suru　出產する

　chul ssan 출산(出產); chul ssan ha da 출산(出產)하다

chū chù　出处 (出處) [n.]

　shussho　出所

　chul cheo　출처(出處)

chū fā　出发 (出發) [n.]; [v.]

　shuppatsu　出発; shuppatsu suru　出発する

　chul bal 출발(出發); chul bal ha da 출발(出發)하다

chū jī　出击 (出擊) [n.]; [v.]

　shutsu geki　出擊; shutsu geki suru　出擊する

　chul gyeok 출격(出擊); chul gyeo ka da 출격(出擊)하다

chū jià　出价 (出價) [n.]; [v.]

　nyūsatsu　入札; nyūsatsu suru　入札する

　ip chal 입찰(入札); ip chal ha da 입찰(入札)하다

chū kǒu shāng　出口商　[n.]

　yushutsu gyōsha　輸出業者

　su chu reop jja　수출업자(輸出業者)

chū nà yuán　出納員 (出納員)　[n.]

　suitō tantō sha　出納担当者

　chul nap dam dang ja　출납담당자(出納擔當者)

chū rù kǒu　出入口　[n.]

　deiri guchi　出入口

　chu rip kku　출입구(出入口)

chū shòu　出售　[n.]; [v.]

　bai kyaku　売却; bai kyaku suru　売却する

　mae gak　매각(賣却); mae ga ka da　매각(賣却)하다

chū xí　出席　[n.]; [v.]

　shusseki　出席; shusseki suru　出席する

　chul sseok　출석(出席); chul sseo ka da　출석(出席)하다

chū xiàn　出現 (出現)　[n.]; [v.]

　shutsugen　出現; arawareru　現れる

　chul hyeon　출현(出現); chul hyun ha da　출현(出現)하다

chū xiě　出血　[n.]

　shukketsu　出血

　chul hyeol　출혈(出血)

chū yuàn　出院　[n.]; [v.]

　tai'in　退院; tai'in suru　退院する

　toe won　퇴원(退院); toe won ha da　퇴원(退院)하다

chū qī　初期　[n.]

　shoki　初期

　cho gi　초기(初期)

chū xué zhě　初学者 (初學者)　[n.]

　shoshin sha　初心者

　cho sim ja　초심자(初心者)

chú　锄 (鋤)　[n.]

　suki　鋤

　ga rae　가래

chú fáng　厨房 (廚房)　[n.]

　daidokoro　台所; chūbō　厨房

　bu eok　부엌; ju bang　주방(廚房)

chú fáng yòng jù　厨房用具 (廚房用具)　[n.]

　daidokoro dōgu　台所道具

　ju bang yong gu　주방용구(廚房用具)

chú zi　厨子 (廚子)　[n.]

　ryōri nin　料理人

　yo ri sa　요리사(料理師)

chú guì　橱柜 (櫥櫃)　[n.]

　shokki dana　食器棚

　chan jjang　찬장

chǔ bèi　储备 (儲備)　[n.]

　bichiku　備蓄

　bi chuk　비축(備蓄)

chǔ xù　储蓄 (儲蓄)　[n.]; [v.]

　chochiku　貯蓄; chochiku suru　貯蓄する

　jeo chuk　저축(貯蓄); jeo chu ka da　저축(貯蓄)하다

chǔ fāng　处方 (處方)　[n.]

　shohō　処方

　cheo bang　처방(處方)

chǔ fèn　处分 (處分)　[n.]; [v.]

　shobun　処分; shobun suru　処分する

　cheo bun　처분(處分); cheo bun ha da　처분(處分)하다

chú nǚ　处女 (處女)　[n.]

　shojo　処女

　cheo nyeo　처녀(處女)

chǔ zhì　处置 (處置)　[n.]

　shochi　処置

　cheo chi　처치(處置)

chù jué　触觉 (觸覺)　[n.]

　shokkan　触感

　chok kkam　촉감(觸感)

chù méi 触媒（觸媒）［n.］

  shokubai 触媒

  chok mae 측매(觸媒)

chuán 船 ［n.］

  fune 船

  bae 배

chuán bó 船舶 ［n.］

  senpaku 船舶

  seon bak 선박(船舶)

chuán wěi 船尾 ［n.］

  senbi 船尾

  seon mi 선미(船尾)

chuán yuán 船员（船員）［n.］

  sen'in 船員

  seo nwon 선원(船員)

chuán zhǎng 船长（船長）［n.］

  senchō 船長

  seon jang 선장(船長)

chuán bò 传播（傳播）［n.］; ［v.］

  denpa 伝播; hirogaru 広がる

  jeon pa 전파(傳播); peo ji da 퍼지다

chuán dá 传达（傳達）［n.］; ［v.］

  dentatsu 伝達; dentatsu suru 伝達する

  jeon dal 전달(傳達); jeon dal ha da 전달(傳達)하다

chuán dān 传单（傳單）［n.］

  chirashi ちらし

  jjok jji 쪽지

chuán dào 传道（傳道）［n.］; ［v.］

  dendō 伝道; dendō suru 伝道する

  jeon do 전도(傳道); jeon do ha da 전도(傳道)하다

chuán dáo tǐ 传导体（傳導體）［n.］

  dendō tai 伝導体

  jeon do che 전도체(傳導體)

chuán jiào shì 传教士（傳教士）［n.］

  senkyōshi 宣教師

  seon gyo sa 선교사(宣教師)

chuán lìng 传令（傳令）［n.］

  denrei 伝令

  jeol ryeong 전령(傳令)

chuán rǎn bìng 传染病（傳染病）［n.］

  densen byō 伝染病

  jeo nyeom ppyeong 전염병(傳染病)

chuán shuō 传说（傳說）［n.］

  densetsu 伝説

  jeon seol 전설(傳說)

chuán tǒng 传统（傳統）［n.］

  dentō 伝統

  jeon tong 전통(傳統)

chuán wén 传闻（傳聞）［n.］

  uwasa 噂

  so mun 소문(所聞)

chuǎn 喘 ［n.］

  ikigurushi sa 息苦しさ

  sum ma kim 숨막힘

chuāng 窗（窗）［n.］

  mado 窓

  chang 창(窓)

chuāng kǒu 窗口（窗口）［n.］

  mado guchi 窓口

  chang kku 창구(窓口)

chuāng shàn 窗扇（窗扇）［n.］

  mado waku 窓わく

  chang teul 창(窓)틀

chuàng lì 创立（創立）［n.］

  sōritsu 創立

  chang lip 창립(創立)

chuàng lì zhě 创立者 (創立者) [n.]

sōritsu sha 創立者

chang lip jja 창립자(創立者)

chuàng yì 创意 (創意) [n.]

sōi 創意

chang i 창의(創意)

chuàng zào 创造 (創造) [n.]; [v.]

sōzō 創造; sōzō suru 創造する

chang jo 창조(創造); chang jo ha da 창조(創造)하다

chuàng zào wù 创造物 (創造物) [n.]

sōzō butsu 創造物

chang jo mul 창조물(創造物)

chuí 锤 (鎚) [n.]

tsuchi 槌

mang chi 망치

chuí dǎ 捶打 [n.]; [v.]

kyōda 強打; naguru 殴る

gang ta 강타(强打); ttae ri da 때리다

chūn 春 [n.]

haru 春

bom 봄

chún 唇 [n.]

kuchi biru 唇

ip ssul 입술

chún jié 纯洁 (純潔) [n.]

junketsu 純潔

sun gyeol 순결(純潔)

chún cuì 纯粹 (純粹) [n.]

junsui 純粋

sun su 순수(純粹)

chún dù 纯度 (純度) [n.]

jundo 純度

sun do 순도(純度)

cí 雌 [n.]

mesu 雌

am keot 암컷

cí bēi 慈悲 [n.]

jihi 慈悲

ja bi 자비(慈悲)

cí shàn 慈善 [n.]

jizen 慈善

ja seon 자선(慈善)

cí diǎn 辞典 (辭典) [n.]

jisho 辞書

sa jeon 사전(辭典)

cí zhí 辞职 (辭職) [n.]

jishoku 辞職

sa jik 사직(辭職)

cí gàn 词干 (詞幹) [n.]

gokan 語幹

eo gan 어간(語幹)

cí wěi 词尾 (詞尾) [n.]

setsubi ji 接尾辞

jeop mi sa 접미사(接尾辭)

cí shí 磁石 [n.]

jishaku 磁石

ja seok 자석(磁石)

cí lì 磁力 [n.]

jiryoku 磁力

jaryeok 자력(磁力)

cì jī 刺激 [n.]; [v.]

shigeki 刺激; shigeki suru 刺激する

ja geuk 자극(刺戟); ja geu ka da 자극(刺戟)하다

cì shāng 刺伤 (刺傷) [n.]

sashi kizu 刺し傷

ja sang 자상 (刺傷)

cōng ming 聪明 (聰明) [n.]

 sōmei 聡明

 chong myeong 총명(聰明)

cōng shù 枞树 (樅樹) [n.]

 momi モミ

 jeon na mu 전나무

cū liè 粗劣 [n.]

 sozatsu 粗雑

 jo jap 조잡(粗雜)

cù 醋 [n.]

 su 酢

 sik cho 식초(食醋)

cù jìn 促进 (促進) [n.]; [v.]

 sokushin 促進; sokushin suru 促進する

 chok jjin 촉진(促進); chok jjin ha da 촉진(促進)하다

cù xiāo 升迁 (升遷) [n.]; [v.]

 shōshin 昇進; shōshin suru 昇進する

 seung jin 승진(昇進); seung jin ha da 승진(昇進)하다

cūn 村 [n.]

 machi 町

 ma eul 마을

cūn mín 村民 [n.]

 murabito 村人

 ma eul ssa ram 마을 사람

cún kuǎn 存款 [n.]; [v.]

 yokin 預金; yokin suru 預金する

 ye geum 예금(預金); ye geum ha da 예금(預金)하다

cún zài 存在 [n.]; [v.]

 sonzai 存在; sonzai suru 存在する

 jon jae 존재(存在); jon jae ha da 존재(存在)하다

cuò cí 措辞 (措辭) [n.]

 kotoba zukai 言葉遣い

 mal ssi 말씨

D

dá chéng 达成 (達成) [n.]; [v.]

 tassei 達成; tassei suru 達成する

 dal sseong 달성(達成); dal sseong ha da 달성(達成)하다

dá rén 达人(達人) [n.]

 tatsujin 達人

 da lin 달인(達人)

dá dǔ 打赌 (打賭) [n.]; [v.]

 kake 賭け; kakeru 賭ける

 nae gi 내기; geol da 걸다

dǎ jí 打击 (打擊) [n.]; [v.]

 dageki 打撃; dageki suru 打撃する

 ta gyeok 타격(打擊); ta gyeo ka da 타격(打擊)하다

dǎ jià 打架 [n.]

 tatakai 戦い

 ssa um 싸움

dǎ zhé 打折 (打摺) [n.]; [v.]

 waribiki 割引; waribiki suru 割引する

 ha rin 할인(割引); ha rin ha da 할인(割引)하다

dà cǎo yuán 大草原 [n.]

 dai sōgen 大草原

 dae cho won 대초원(大草原)

dà cháng 大肠 (大腸) [n.]

 daichō 大腸

 dae jang 대장(大腸)

dà chéng gong 大成功 [n.]

 dai seikō 大成功

 dae seong gong 대성공(大成功)

dà dǎn 大胆 (大膽) [n.]

 daitan 大胆

 dae dam 대담(大膽)

dà dì zhǔ　大地主　[n.]

　dai jinushi　大地主

　dae ji ju　대지주(大地主)

dà dū shì　大都市　[n.]

　daitoshi　大都市

　dae do si　대도시(大都市)

dà duō shù　大多数　[n.]

　dai tasū　大多数

　dae da su　대다수(大多數)

dà jiā　大家　[n.]

　ōya　大家

　dae ga　대가(大家)

dà jiào táng　大教堂　[n.]

　dai seidō　大聖堂

　dae seong dang　대성당(大聖堂)

dà lǐ shí　大理石　[n.]

　dairi seki　大理石

　dae ri seok　대리석(大理石)

dà liàng　大量　[n.]

　tairyō　大量

　dae ryang　대량(大量)

dà lù　大陆 (大陸)　[n.]

　tairiku　大陸

　dae ryuk　대륙(大陸)

dà mā　大妈 (大媽)　[n.]

　obasan　おばさん

　a ju meo ni　아주머니

dà mài　大麦 (大麥)　[n.]

　mugi　麦

　bo ri　보리

dà pào　大炮　[n.]

　taihō　大砲

　dae po　대포(大砲)

dà qì　大气 (大氣)　[n.]

　taiki　大気

　dae gi　대기 (大氣)

dà rén　大人　[n.]

　otona　大人

　dae in　대인(大人)

dà sāo dòng　大骚动 (大騷動)　[n.]

　dai sōdō　大騷動

　dae so dong　대소동(大騷動)

dà shà　大厦 (大廈)　[n.]

　tatemono　建物

　geon mul　건물(建物)

dà shēng　大声 (大聲)　[n.]

　ōgoe　大声

　keun so ri　큰 소리

dà shǐ　大使　[n.]

　taishi　大使

　dae sa　대사(大使)

dà shī　大师 (大師)　[n.]

　ken'i sha　権威者

　gwo nwi ja　권위자(權威者)

dà suàn　大蒜　[n.]

　nin'niku　にんにく

　ma neul　마늘

dà tuǐ　大腿　[n.]

　daitai　大腿

　dae toe　대퇴(大腿)

dà wǎn　大碗　[n.]

　donburi　丼

　sa bal　사발(沙鉢)

dà wèi　大尉　[n.]

　taii　大尉

　dae wi　대위(大尉)

dà xué 大学 (大學) [n.]

　daigaku 大学

　dae hak 대학(大學)

dà xué 大学 (大學) [n.]

　daigaku 大学

　dae hak 대학(大學)

dà xué jiǎng shī 大学讲师 (大學講師) [n.]

　daigaku kōshi 大学講師

　dae hak gang sa 대학강사(大學講師)

dà yáng 大洋 [n.]

　taiyō 大洋

　dae yang 대양(大洋)

dà yè 大业 (大業) [n.]

　igyō 偉業

　wi eop 위업(偉業)

dà zhái dǐ 大宅邸 [n.]

　dai teitaku 大邸宅

　dae jeo taek 대저택(大邸宅)

dà zhòng 大众 (大眾) [n.]

　taishū 大衆

　dae jung 대중(大衆)

dà zhǔ jiào 大主教 [n.]

　daishikyō 大司教

　dae ju gyo 대주교(大主教)

dà huì 大会 (大會) [n.]

　taikai 大会

　dae hoe 대회(大會)

dà xiǎo 大小 [n.]

　ōki sa 大きさ

　keu gi 크기

dài 袋 [n.]

　fukuro 袋

　bong ji 봉지

dài bì 代币 (代幣) [n.]

　jōsha yō koin 乗車用コイン

　seung cha yong ko in 승차용(乗車用) 코인

dài biǎo 代表 [n.]; [v.]

　daihyō 代表; daihyō suru 代表する

　dae pyo 대표(代表); dae pyo ha da 대표(代表)하다

dài cí 代词 (代詞) [n.]

　daimeishi 代名詞

　dae myeong sa 대명사(代名詞)

dài jià 代价 (代價) [n.]

　daika 代価

　dae kka 대가(代價)

dài lǐ rén 代理人 [n.]

　dairi nin 代理人

　dae ri in 대리인(代理人)

dài shòu shāng 代售商 [n.]

　dairi ten 代理店

　dae ri jeom 대리점(代理店)

dài shù xué 代数学 (代數學) [n.]

　daisū gaku 代数学

　dae su hak 대수학(代數學)

dài tì 代替 [n.]; [v.]

　daitai 代替; kawaru 代わる

　dae che 대체(代替); dae che ha da 대체(代替)하다

dài xíng 代行 [n.]; [v.]

　daikō 代行; daikō suru 代行する

　dae haeng 대행(代行); dae haeng ha da 대행(代行)하다

dài yòng pǐn 代用品 [n.]

　dai yōhin 代用品

　dae yong pum 대용품(代用品)

dài bǔ 逮捕 [n.]; [v.]

　taiho 逮捕; taiho suru 逮捕する

　che po 체포(逮捕); che po ha da 체포(逮捕)하다

dài jūn zhě 带菌者 (帶菌者) [n.]

  hokin sha 保菌者

  bo gyun ja 보균자(保菌者)

dài kuǎn 贷款 (貸款) [n.]; [v.]

  kashidashi 貸し出し; kashidashi suru 貸し出しする

  dae chul 대출(貸出); dae chul ha da 대출(貸出)하다

dài màn 怠慢 [n.]; [v.]

  taiman 怠慢; taiman suru 怠慢する

  tae man 태만(怠慢); tae man ha da 태만(怠慢)하다

dān 担 (擔) [n.]

  nimotsu 荷物

  jim 짐

dān chún 单纯 (單純) [n.]

  tanjun 単純

  dan sun 단순(單純)

dān qīn 单亲 (單親) [n.]

  kataoya 片親

  han jjok bu mo 한쪽 부모(父母)

dān shēn hàn 单身汉 (單身漢) [n.]

  dokushin dansei 独身男性

  dok ssin nam seong 독신남성(獨身男性)

dān wèi 单位 (單位) [n.]

  tan'i 単位

  dan wi 단위(單位)

dàn 氮 [n.]

  chisso 窒素

  jil sso 질소(窒素)

dàn bái zhí 蛋白质 (蛋白質) [n.]

  tanpaku shitsu 蛋白質

  dan baek jjil 단백질(蛋白質)

dàn shēng 诞生 (誕生) [n.]; [v.]

  tanjō 誕生; tanjō suru 誕生する

  tan saeng 탄생(誕生); tan saeng ha da 탄생(誕生)하다

dàn wán 弹丸 (彈丸) [n.]

  dangan 弾丸

  tan hwan 탄환(彈丸)

dàn yào 弹药 (彈藥) [n.]

  danyaku 弾薬

  ta nyak 탄약(彈藥)

dàn dào 弹道 (彈道)

  dangan 弾丸

  tan hwan 탄환(彈丸)

dāng dì rén 当地人 (當地人) [n.]

  genjūmin 原住民

  won ju min 원주민(原住民)

dāng jú 当局 (當局) [n.]

  tōkyoku 当局

  dang guk 당국(當局)

dāo 刀 [n.]

  hamono 刃物

  kal 칼

dāo rèn 刀刃 [n.]

  ha 刃

  kal ral 칼날

dǎo 岛 (島) [n.]

  shima 島

  seom 섬

dáo yǔ 岛屿 (島嶼) [n.]

  tōsho 島嶼

  do seo 도서(島嶼)

dǎo rù 导入 (導入) [n.]; [v.]

  dōnyū 導入; dōnyū suru 導入する

  do ip 도입(導入); do i pa da 도입(導入)하다

dǎo shī 导师 (導師) [n.]

  katei kyōshi 家庭教師

  ga jeong gyo sa 가정교사(家庭教師)

dào　道　[n.]

　michi　道

　gil　길

dào dé　道德　[n.]

　dōtoku　道德

　do deok　도덕(道德)

dào lù　道路　[n.]

　dōro　道路

　do ro　도로(道路)

dào cǎo rén　稲草人　[n.]

　kakashi　かかし

　heo su a bi　허수아비

dào lái　到来 (到來)　[n.]; [v.]

　tōrai　到来; tōrai suru　到来する

　do rae　도래(到來); do rae ha da　도래(到來)하다

dàodá　到达 (到達)　[n.]; [v.]

　tōtatsu　到達; tōtatsu suru　到達する

　do dal　도달(到達); do dal ha da　도달(到達)하다

dào qiè　盗窃 (盗竊)　[n.]

　settō　窃盗

　jeol tto　절도(竊盜)

dào yòng　盗用 (盗用)　[n.]; [v.]

　tōyō　盗用; tōyō suru　盗用する

　do yong　도용(盗用); do yong ha da　도용(盗用)하다

dào zéi cháo xué　盗贼巢穴 (盗賊巢穴)　[n.]

　dorobō no sōkutsu　泥棒の巣窟

　do du ge so gul　도둑의 소굴(巢窟)

dào qiè　盗窃 (盗竊)　[n.]

　nusumi　盗み

　do duk jjil　도둑질

dé　德　[n.]

　toku　德

　deok　덕(德)

dé guó　德国　[n.]

　doitsu　ドイツ

　do gil　독일(獨逸)

dé guó rén　德国人　[n.]

　doitsu jin　ドイツ人

　do gi rin　독일인(獨逸人)

dé fēn　得分　[n.]

　tokuten　得点

　deuk jjeom　득점(得點)

dēng　灯 (燈)　[n.]

　akari　灯

　deung　등(燈)

dēng lóng　灯笼 (燈籠)　[n.]

　chōchin　提灯

　je deung　제등(提燈)

dēng pào　灯泡 (燈泡)　[n.]

　denkyū　電球

　jeon gu　전구(電球)

dēng tǎ　灯塔 (燈塔)　[n.]

　tōdai　灯台

　deung dae　등대(燈臺)

dēng chǎng　登场 (登場)　[n.]; [v.]

　tōjō　登場; tōjō suru　登場する

　deung jang　등장(登場); deung jang ha da　등장(登場)하다

dēng jì　登记 (登記)　[n.]; [v.]

　tōroku　登録; tōroku suru　登録する

　deung nok　등록(登錄); deung no ka da　등록(登錄)하다

dēng lù　登陆 (登陸)　[n.]; [v.]

　jōriku　上陸; jōriku suru　上陸する

　sang nyuk　상륙(上陸); sang nyu ka da　상륙(上陸)하다

déng děng　等等　[n.]

　nado　等

　deung　등(等)

dī fáng 堤防 [n.]

  teibō 堤防

  je bang 제방(堤防)

dí 敌 (**敵**) [n.]

  teki 敵

  jeok 적(敵)

dí shǒu 敌手 (敵手) [n.]

  tekishu 敵手; **taikō sha** 対抗者

  jeok su 적수(敵手); **dae hang ja** 대항자(對抗者)

dí 笛 [n.]

  fue 笛

  pi ri 피리

dǐ kàng 抵抗 [n.]; [v.]

  teikō 抵抗; **teikō suru** 抵抗する

  jeo hang 저항(抵抗); **jeo hang ha da** 저항(抵抗)하다

dǐ yā 抵押 [n.]

  teitō 抵当

  jeo dang 저당(抵當)

dǐ 底 [n.]

  soko 底

  ba dak 바닥

dì bā de 第八的 [n.]

  hachi banme 八番目

  yeo deol ppeon jjae 여덟 번째

dì èr 第二 [n.]

  ni banme 二番目

  du beon jjae 두 번째

dì jiǔ 第九 [n.]

  kyū banme 九番目

  a hop ppeon jjae 아홉 번째

dì liù 第六 [n.]

  roku banme 六番目

  yeo seot ppeon jjae 여섯 번째

dì qī 第七 [n.]

  dai nana 第七

  il gop ppeon jjae 일곱 번째

dì sān 第三 [n.]

  san banme 三番目

  se beon jjae 세 번째

dì shí 第十 [n.]

  jū banme 十番目

  yeol ppeon jjae 열번째

dì yī bǎi 第一百 [n.]

  hyaku banme 百番目

  baek ppeon jjae 백(百) 번째

dì yī qiān 第一千 [n.]

  sen banme 千番目

  cheon beon jjae 천(千) 번째

dì bǎn 地板 [n.]

  yuka 床

  ma ru 마루

dì biāo 地标 (地標) [n.]

  kyōkai hyō 境界標

  gyeong ge pyo 경계표(境界標)

dì dài 地带 (地帶) [n.]

  chitai 地帯

  ji dae 지대(地帶)

dì fāng 地方 [n.]

  chihō 地方

  ji bang 지방(地方)

dì lǐ 地理 [n.]

  chiri 地理

  ji ri 지리(地理)

dì lǐ xué 地理学 (地理學) [n.]

  chiri gaku 地理学

  ji ri hak 지리학(地理學)

dì miàn 地面　[n.]

　jimen 地面

　ji myeon 지면(地面)

dì píng xiàn 地平线（地平線）　[n.]

　chiheisen 地平線

　ji pyeong seon 지평선(地平線)

dì qiào 地壳（地殼）　[n.]

　chikaku 地殼

　ji gak 지각(地殼)

dì qiú 地球　[n.]

　chikyū 地球

　ji gu 지구(地球)

dì qiú yí 地球仪（地球儀）　[n.]

　chikyūgi 地球儀

　ji gu i 지구의(地球儀)

dì qū 地区（地區）　[n.]

　chiku 地区

　ji gu 지구(地區)

dì tǎn 地毯　[n.]

　shiki mono 敷物

　kkal gae 깔개

dì tiě 地铁（地鐵）　[n.]

　chika tetsu 地下鉄

　ji ha cheol 지하철(地下鐵)

dì tú 地图（地圖）　[n.]

　chizu 地図

　ji do 지도(地圖)

dì wèi 地位　[n.]

　chii 地位

　ji wi 지위(地位)

dì xià 地下　[n.]

　chika 地下

　ji ha 지하(地下)

dì xià chú cáng 地下储藏（地下儲藏）　[n.]

　chika sōko 地下倉庫

　ji ha chang kko 지하창고(地下倉庫)

dì xià shì 地下室　[n.]

　chika shitsu 地下室

　ji ha sil 지하실(地下室)

dì xià zǔ zhī 地下组织（地下組織）　[n.]

　chika soshiki 地下組織

　ji ha jo jik 지하조직(地下組織)

dì yù 地狱（地獄）　[n.]

　jigoku 地獄

　ji ok 지옥(地獄)

dì yù 地域　[n.]

　chiiki 地域

　ji yeok 지역(地域)

dì yù fān hào 地域番号（地域番號）　[n.]

　chiiki bangō 地域番号

　ji yeok beon ho 지역번호(地域番號)

dì zhèn 地震　[n.]

　jishin 地震

　ji jin 지진(地震)

dì zhǔ 地主　[n.]

　jinushi 地主

　ji ju 지주(地主)

dì di 弟弟　[n.]

　otōto 弟

　nam dong saeng 남동생

dì zǐ 弟子　[n.]

　deshi 弟子

　je ja 제자(弟子)

dì guó 帝国（帝國）　[n.]

　teikoku 帝国

　je guk 제국(帝國)

diān dǎo　颠倒（顛倒）　[n.]; [v.]

　tentō　転倒; **tentō suru**　転倒する

　jeon do　전도(轉倒); **jeon do ha da**　전도(轉倒)하다

diān fù　颠覆（顛覆）　[n.]; [v.]

　tenpuku　転覆; **tenpuku suru**　転覆する

　jeon bok　전복(顛覆); **jeon bo ka da**　전복(顛覆)하다

diǎn　点（點）　[n.]

　ten　点

　jeom　점(點)

diǎn tóu　点头（點頭）　[n.]; [v.]

　unazuki　うなずき; **unazuku**　頷く

　kkeu deo gim　끄덕임; **kkeu deo gi da**　끄덕이다

diǎn xíng　典型　[n.]

　tenkei　典型

　jeon hyeong　전형(典型)

diàn　垫（墊）　[n.]

　goza　ござ; **shitajiki**　下敷き

　dot jja ri　돗자리; **bat chim**　받침

diàn zi　垫子（墊子）　[n.]

　zabuton　座布団

　bang seok　방석(方席)

diàn　店　[n.]

　mise　店

　ga ge　가게

diàn yuán　店员（店員）　[n.]

　ten'in　店員

　jeo mwon　점원(店員)

diàn zhǔ　店主　[n.]

　tenshu　店主

　jeom ju　점주(店主)

diàn bào　电报（電報）　[n.]

　denpō　電報

　jeon bo　전보(電報)

diàn chí　电池（電池）　[n.]

　denchi　電池

　jeon ji　전지(電池)

diàn dòng tì xū dāo　电动剃须刀（電動剃鬚刀）[n.]

　denki kamisori　電気かみそり

　jeon gi myeon do gi　전기면도기(電氣面刀機)

diàn huà　电话（電話）　[n.]

　denwa　電話

　jeon hwa　전화(電話)

diàn huà jī　电话机（電話機）　[n.]

　denwaki　電話機

　jeon hwa gi　전화기(電話機)

diàn huà xiàn　电话线（電話線）　[n.]

　denwa sen　電話線

　jeon hwa seon　전화선(電話線)

diàn lì　电力（電力）　[n.]

　denryoku　電力

　jeol ryeok　전력(電力)

diàn liú　电流（電流）　[n.]

　denryū　電流

　jeol ryu　전류(電流)

diàn qì　电气（電氣）　[n.]

　denki　電気

　jeon gi　전기(電氣)

diàn shì　电视（電視）　[n.]

　terebi　テレビ

　tel le bi jeon　텔레비전

diàn xiàn　电线（電線）　[n.]

　densen　電線

　jeon seon　전선(電線)

diàn xìn　电信（電信）　[n.]

　denshin　電信

　jeon sin　전신(電信)

diàn yǐng　电影（電影）　[n.]

　eiga　映画

　yeong hwa　영화(映畵)

diàn yǐng yǎn yuán　电影演员（電影演員）　[n.]

　eiga haiyū　映画俳優

　yeong hwa bae u　영화배우(映畵俳優)

diàn xià　殿下（殿下）　[n.]

　denka　殿下

　jeon ha　전하(殿下)

diāo kè　雕刻　[n.]; [v.]

　chōkoku　彫刻; chōkoku suru　彫刻する

　jo gak　조각(彫刻); jo ga ka da　조각(彫刻)하다

diāo kè jiā　雕刻家　[n.]

　chōkoku ka　彫刻家

　jo gak kka　조각가(彫刻家)

diào bō　调拨（調撥）　[n.]; [v.]

　chōtatsu　調達; chōtatsu suru　調達する

　jo dal　조달(調達); jo dal ha da　조달(調達)하다

diào chá　调查（調查）　[n.]; [v.]

　chōsa　調査; chōsa suru　調査する

　jo sa　조사(調査); jo sa ha da　조사(調査)하다

diào chá yuán　调查员（調查員）　[n.]

　chōsakan　調査官

　jo sa gwan　조사관(調査官)

diào yú　钓鱼（釣魚）　[n.]; [v.]

　tsuri　釣り; tsuri o suru　釣りをする

　nak ssi　낚시; nak ssi ha da　낚시하다

diē　爹　[n.]

　otōsan　お父さん

　a ppa　아빠

dié　碟　[n.]

　sara　皿

　jeop ssi　접시

dīng　钉（釘）　[n.]

　kugi　釘

　mot　못

díng diǎn　顶点（頂點）　[n.]

　chōten　頂点

　jeong jjeom　정점(頂點)

dǐng shàng　顶上（頂上）　[n.]

　chōjō　頂上

　jeong sang　정상(頂上)

dìng guàn cí　定冠词（定冠詞）　[n.]

　teikanshi　定冠詞

　jeong gwan sa　정관사(定冠詞)

dìng jū　定居　[n.]; [v.]

　teichaku　定着; teichaku suru　定着する

　jeong chak　정착(定着); jeong cha ka da　정착(定着)하다

dìng jū zhě　定居者　[n.]

　teichaku sha　定着者

　jeong chak jja　정착자(定着者)

dìng qī háng bān　定期航班　[n.]

　teiki kōkūki　定期航空機

　jeong gi hang gong gi　정기항공기(定期航空機)

dìng hūn　订婚（訂婚）　[n.]

　kon'yaku　婚約

　ya kon　약혼(約婚)

dìng zhèng　订正（訂正）　[n.]

　teisei　訂正

　jeong jeong　정정(訂正)

diū shī　丢失（丟失）　[n.]; [v.]

　funshitsu　紛失; funshitsu suru　紛失する

　bun sil　분실(紛失); bun sil ha da　분실(紛失)하다

dōng běi bù　东北部（東北部）　[n.]

　hokutō bu　北東部

　buk ttong bu　북동부(北東部)

dōng fāng 东方（東方）[n.]

  tōyō 東洋; **higashi gawa** 東側

  dong yang 동양(東洋); **dong jjok** 동(東)쪽

dōng fāng rén 东方人（東方人）[n.]

  tōyō jin 東洋人

  dong yang in 동양인(東洋人)

dōng nán 东南（東南）[n.]

  tōnan 東南

  dong nam 동남(東南)

dōng jì 冬季 [n.]

  tōki 冬季; **fuyu** 冬

  dong ge 동계(冬季); **gyeo ul** 겨울

dǒng shì 董事 [n.]

  jūyaku 重役; **tori shimari yaku** 取締役

  jung yeok 중역(重役); **i sa** 이사(理事)

dòng chá lì 洞察力 [n.]

  tōsatsu ryoku 洞察力

  tong chal lyeok 통찰력(洞察力)

dòng xué 洞穴 [n.]

  dōkutsu 洞窟

  dong gul 동굴(洞窟)

dòng cí 动词（動詞）[n.]

  dōshi 動詞

  dong sa 동사(動詞)

dòng jī 动机（動機）[n.]

  dōki 動機

  dong gi 동기(動機)

dòng míng cí 动名词（動名詞）[n.]

  dō meishi 動名詞

  dong myeong sa 동명사(動名詞)

dòng wù 动物（動物）[n.]

  dōbutsu 動物

  dong mul 동물(動物)

dòng wù yuán 动物园（動物園）[n.]

  dbutsu en 動物園

  dong mu rwon 동물원(動物園)

dòng yáo 动摇（動搖）[n.]; [v.]

  dōyō 動揺; **dōyō suru** 動揺する

  dong yo 동요(動搖); **dong yo ha da** 동요(動搖)하다

dòng yīn 动因（動因）[n.]

  dōin 動因

  dong in 동인(動因)

dòng zuò 动作（動作）[n.]

  dōsa 動作

  dong jak 동작(動作)

dòu shì 斗士（鬥士）[n.]

  tōshi 闘士

  tu sa 투사(鬥士)

dòu zhēng 斗争（鬥爭）[n.]

  tōsō 闘争

  tu jaeng 투쟁(鬥爭)

dòu zi 豆子 [n.]

  mame 豆

  kong 콩

dòu fu 豆腐 [n.]

  tōfu 豆腐

  du bu 두부(豆腐)

dū shì 都市 [n.]

  toshi 都市

  do si 도시(都市)

dū huì 都会（都會）[n.]

  tokai 都会

  do hoe 도회(都會)

dú shū 读书（讀書）[n.]; [v.]

  dokusho 読書; **yomu** 読む

  dok sseo 독서(讀書); **ik tta** 읽다

dú zhě 读者 (讀者) [n.]

  dokusha 読者

  dok jja 독자(讀者)

dú 毒 [n.]

  doku 毒

  dok 독(毒)

dú pǐn 毒品 [n.]

  mayaku 麻薬

  ma yak 마약(痲藥)

dú chuàng xìng 独创性 (獨創性) [n.]

  dokusō sei 独創性

  dok chang sseong 독창성(獨創性)

dú lì 独立 (獨立) [n.]

  dokuritsu 独立

  dok nip 독립(獨立)

dú lì guó jiā 独立国家 (獨立國家) [n.]

  dokuritsu kokka 独立国家

  dok nip kkuk ka 독립국가(獨立國家)

dú shēn 独身 (獨身) [n.]

  dokushin 独身

  dok ssin 독신(獨身)

dú zhàn 独占 (獨佔) [n.]; [v.]

  dokusen 独占; dokusen suru 独占する

  dok jjeom 독점(獨占); dok jjeom ha da 독점(獨占)하다

dǔ bó 赌博 (賭博) [n.]; [v.]

  tobaku 賭博; tobaku o suru 賭博をする

  do bak 도박(賭博); do ba geul ha da 도박(賭博)을 하다

dǔ tú 赌徒 (賭徒) [n.]

  tobaku shi 賭博師

  do bak kkun 도박(賭博)꾼

dù chuán 渡船 [n.]

  watashi bune 渡し船

  na rut ppae 나룻배

dù kǒu 渡口 [n.]

  tosenba 渡船場

  na ru teo 나루터

dù jì 妒忌 [n.]

  netami 妬み

  si saem 시샘

dù juān niǎo 杜鹃鸟 (杜鵑鳥) [n.]

  kakkō カッコウ

  ppeo kku gi 뻐꾸기

dù zi 肚子 [n.]

  onaka お腹

  bae 배

duān 端 [n.]

  hashi 端

  kkeut 끝

duǎn jiàn 短剑 (短劍) [n.]

  tanken 短剣

  dan geom 단검(短劍)

duǎn wà 短袜 (短襪) [n.]

  mijikai kutsushita 短い靴下

  jjal beun yang mal 짧은 양말

duǎn wén 短文 [n.]

  tanbun 短文

  dan mun 단문(短文)

duǎn qī 短期 [n.]

  tanki 短期

  dan gi 단기(短期)

duàn 段 [n.]

  dan 段

  dan 단(段)

duàn luò 段落 [n.]

  danraku 段落

  dal rak 단락(段落)

duàn gong　锻工 (鍛工)　[n.]

　kajiya　鍛冶屋

　dae jang jang i　대장장이

duàn liàn　锻炼 (鍛鍊)　[n.]; [v.]

　tanren　鍛錬; **tanren suru**　鍛錬する

　dal ryeon　단련(鍛鍊); **dal ryeon ha da**　단련(鍛鍊)하다

duàn yán　断言　[n.]; [v.]

　dangen　断言; **dangen suru**　断言する

　dan eon　단언(斷言); **dan eon ha da**　단언(斷言)하다

duàn jué　断绝 (斷絕)　[n.]; [v.]

　danzetsu　断絶; **danzetsu suru**　断絶する

　dan jeol　단절(斷絕); **dan jeol ha da**　단절(斷絕)하다

duàn dìng　断定 (斷定)　[n.]; [v.]

　dantei　断定; **dantei suru**　断定する

　dan jeong　단정(斷定); **dan jeong ha da**　단정(斷定)하다

duī dié　堆叠 (堆疊)　[n.]

　tsumi kasane　積み重ね

　deo mi　더미

duī jī　堆积 (堆積)　[n.]; [v.]

　taiseki　堆積; **taiseki suru**　堆積する

　toe jeok　퇴적(堆積); **toe jeo ka da**　퇴적(堆積)하다

duì chèn　对称 (對稱)　[n.]

　taishō　対称

　dae ching　대칭(對稱)

duì huà　对话 (對話)　[n.]

　taiwa　対話

　dae hwa　대화(對話)

duì shǒu　对手 (對手)　[n.]

　aite　相手

　sang dae　상대(相對)

duì tán　对谈 (對談)　[n.]; [v.]

　taidan　対談; **taidan suru**　対談する

　dae dam　대담(对談); **dae dam ha da**　대담(对談)하다

duì zhào　对照 (對照)　[n.]; [v.]

　taishō　対照; **taishō suru**　対照する

　dae jo　대조(對照); **dae jo ha da**　대조(對照)하다

dǔn　盹　[n.]

　madoromi　まどろみ

　seon jam　선잠

dùn　盾　[n.]

　tate　盾

　bang pae　방패(防牌)

duō liáng　多量　[n.]

　taryō　多量

　da ryang　다량(多量)

duō shù　多数 (多數)　[n.]

　tasū　多数

　da su　다수(多數)

duō yàng xìng　多样性 (多樣性)　[n.]

　tayō sei　多様性

　da yang sseong　다양성(多樣性)

duō yú　多余 (多餘)　[n.]

　amari　余り

　yeo bun　여분(餘分)

duō suo　哆嗦　[n.]

　zotto suru kanji　ぞっとする感じ

　o ssa ka neun neu kkim　오싹하는 느낌

duò　舵　[n.]

　kaji　舵

　ki　키

E

é　蛾　[n.]

　ga　蛾

　na bang　나방

é 鹅 (鵝) [n.]

  gachō　ガチョウ

  geo wi　거위

é wài shōu fèi　額外收費 [n.]

  tsuika ryōkin　追加料金

  chu ga yo geum　추가요금(追加料金)

è 轭 (軛) [n.]

  kubi kase　首かせ

  meong e　멍에

è dé 恶德 (惡德) [n.]

  akutoku　悪徳

  ak tteok　악덕(惡德)

è gùn 恶棍 (惡棍) [n.]

  akkan　悪漢

  a kan　악한(惡漢)

è mèng 恶梦 (惡夢) [n.]

  akumu　悪夢

  ak mong　악몽(惡夢)

è mó 恶魔 (惡魔) [n.]

  akuma　悪魔

  ak ma　악마(惡魔)

è tú 恶徒 (惡徒) [n.]

  akutō　悪党

  ak ttang　악당(惡黨)

è xíng 恶行 (惡行) [n.]

  akugyō　悪行

  a kaeng　악행(惡行)

è yì 恶意 (惡意) [n.]

  akui　悪意

  a gi　악의(惡意)

è zuò jù 恶作剧 (惡作劇) [n.]

  itazura　悪戲

  jang nan　장난

è yùn 厄运 (厄運) [n.]

  fu'un　不運

  bu run　불운(不運)

ēn huì 恩惠 [n.]

  onkei　恩恵

  eun he　은혜(恩惠)

ēn rén 恩人 [n.]

  onjin　恩人

  eu nin　은인(恩人)

ér 儿 (兒) [n.]

  musuko　息子

  a deul　아들

ér tóng 儿童 (兒童) [n.]

  jidō　児童

  a dong　아동(兒童)

ěr 耳 [n.]

  mimi　耳

  gwi　귀

ér yǔ 耳语 (耳語) [n.]; [v.]

  sasayaki　囁き; sasayaku　囁く

  sok ssa gim　속삭임; sok ssa gi da　속삭이다

èr 二 [n.]

  ni　二

  i　이(二)

èr shí 二十 [n.]

  nijū　二十

  i sip　이십(二十)

èr yuè 二月 [n.]

  ni gatsu　二月

  i wol　이월(二月)

F

fā biǎo　发表 (發表)　[n.]; [v.]

　happyō　発表; happyō suru　発表する

　bal pyo　발표(發表); bal pyo ha da　발표(發表)하다

fā bù　发布 (發布)　[n.]; [v.]

　kaifū　開封; kaifū suru　開封する

　gae bong　개봉(開封); gae bong ha da　개봉(開封)하다

fā dá　发达 (發達)　[n.]; [v.]

　hattatsu　発達; hattatsu suru　発達する

　bal ttal　발달(發達); bal ttal ha da　발달(發達)하다

fā diàn jī　发电机 (發電機)　[n.]

　hatsuden ki　発電機

　bal jjeon gi　발전기(發電機)

fā dòng jī　发动机 (發動機)　[n.]

　enjin　エンジン

　gi gwan　기관(機關)

fā fēng　发疯 (發瘋)　[n.]

　kyōki　狂気

　gwang kki　광기(狂氣)

fā míng　发明 (發明)　[n.]; [v.]

　hatsumei　発明; hatsumei suru　発明する

　bal myeong　발명(發明); bal myeong ha da　발명(發明)하다

fā míng pǐn　发明品 (發明品)　[n.]

　hatsumei hin　発明品

　bal myeong pum　발명품(發明品)

fā míng rén　发明人 (發明人)　[n.]

　hatsumei ka　発明家

　bal myeong ga　발명가(發明家)

fā piào rén　发票人 (發票人)　[n.]

　tegata hakkō nin　手形発行人

　eo eum bal haeng in　어음 발행인(發行人)

fā shè　发射 (發射)　[n.]; [v.]

　hassha　発射; hassha suru　発射する

　bal ssa　발사(發射); bal ssa ha da　발사(發射)하다

fā shēng　发生 (發生)　[n.]; [v.]

　hassei　発生; hassei suru　発生する

　bal ssaeng　발생(發生); bal ssaeng ha da　발생(發生)하다

fā shēng　发声 (發聲)　[n.]; [v.]

　hassei　発声; hassei suru　発声する

　bal sseong　발성(發聲); bal sseong ha da　발성(發聲)하다

fā sòng　发送 (發送)　[n.]; [v.]

　hassō　発送; hassō suru　発送する

　bal ssong　발송(發送); bal ssong ha da　발송(發送)하다

fā xiàn　发现 (發現)　[n.]; [v.]

　hakken　発見; hakken suru　発見する

　bal gyeon　발견(發見); bal gyeon ha da　발견(發見)하다

fā xiàn wù　发现物 (發現物)　[n.]

　hakken butsu　発見物

　bal gyeon mul　발견물(發見物)

fā xiàn zhě　发现者 (發現者)　[n.]

　hakken sha　発見者

　bal gyeon ja　발견자(發見者)

fā xíng liàng　发行量 (發行量)　[n.]

　hakkō busū　発行部数

　bal haeng bu su　발행부수(發行部數)

fā xíng zhě　发行者 (發行者)　[n.]

　hakkō sha　発行者

　bal haeng ja　발행자(發行者)

fā yán　发言 (發言)　[n.]; [v.]

　hatsugen　発言; hatsugen suru　発言する

　ba reon　발언(發言); ba reon ha da　발언(發言)하다

fā yīn　发音 (發音)　[n.]; [v.]

　hatsuon　発音; hatsuon suru　発音する

　ba reum　발음(發音); ba reum ha da　발음(發音)하다

fā zhǎn 发展 (發展) [n.]; [v.]

hatten 発展; hatten suru 発展する

bal jjeon 발전(發展); bal jjeon ha da 발전(發展)하다

fā zuò 发作 (發作) [n.]; [v.]

hossa 発作; hossa suru 発作する

bal jjak 발작(發作); bal jja ka da 발작(發作)하다

fá 罚 (罰) [n.]

batsu 罰

beol 벌(罰)

fá jīn 罚金 (罰金) [n.]

bakkin 罰金

beol geum 벌금(罰金)

fǎ 法 [n.]

hō 法

beop 법(法)

fǎ àn 法案 [n.]

hōan 法案

beo ban 법안(法案)

fá diǎn 法典 [n.]

hōten 法典

beop jjeon 법전(法典)

fǎ guī 法规 (法規) [n.]

hōki 法規

beop kkyu 법규(法規)

fǎ lìng 法令 [n.]

hōrei 法令

beop nyeong 법령(法令)

fǎ lǜ 法律 [n.]

hōritsu 法律

beop nyul 법률(法律)

fǎ tíng 法庭 [n.]

hōtei 法廷

beop jjeong 법정(法庭)

fá yǔ 法语 (法語) [n.]

furansugo フランス語

peu rang seu eo 프랑스 어(語)

fān 帆 [n.]

ho 帆

tot 돛

fān hào 番号 (番號) [n.]

bangō 番号

beon ho 번호(番號)

fān yì 翻译 (翻譯) [n.]; [v.]

hon'yaku 翻訳; hon'yaku suru 翻訳する

beo nyeok 번역(飜譯); beo nyeo ka da 번역(飜譯)하다

fān yì bǎn běn 翻译版本 (翻譯版本) [n.]

yakusho 訳書

beo nyeok sseo 번역서(飜譯書)

fán róng 繁荣 (繁榮) [n.]

han'ei 繁栄

beo nyeong 번영(繁榮)

fán zhí 繁殖 [n.]; [v.]

hanshoku 繁殖; hanshoku suru 繁殖する

beon sik 번식(繁殖); beon si ka da 번식(繁殖)하다

fán máng 繁忙 [n.]

hanbō 繁忙

beon mang 번망(繁忙)

fǎn bó 反驳 (反駁) [n.]; [v.]

hanbaku 反駁; hanbaku suru 反駁する

ban bak 반박(反駁); ban ba ka da 반박(反駁)하다

fǎn duì 反对 (反對) [n.]; [v.]

hantai 反対; hantai suru 反対する

ban dae 반대(反對); ban dae ha da 반대(反對)하다

fǎn kàng 反抗 [n.]; [v.]

hankō 反抗; hankō suru 反抗する

ban hang 반항(反抗); ban hang ha da 반항(反抗)하다

fǎn shè 反射 [n.]; [v.]

hansha 反射; hansha suru 反射する

ban sa 반사(反射); ban sa ha da 반사(反射)하다

fán xiǎng 反响 (反響) [n.]

hankyō 反響

ban hyang 반향(反響)

fán xǐng 反省 [n.]; [v.]

hansei 反省; hansei suru 反省する

ban seong 반성(反省); ban seong ha da 반성(反省)하다

fǎn yìng 反映 [n.]; [v.]

han'ei 反映; han'ei suru 反映する

ba nyeong 반영(反映); ba nyeong ha da 반영(反映)하다

fǎn yìng 反应 (反應) [n.]; [v.]

han'nō 反応; han'nō suru 反応する

ba neung 반응(反應); ba neung ha da 반응(反應)하다

fǎn zuò yòng 反作用 [n.]

hansayō 反作用

ban ja gyong 반작용(反作用)

fǎn huán 返还 (返還) [n.]

gaeshi 返し

ban hwan 반환(返還)

fàn làn 泛滥 (泛濫) [n.]; [v.]

hanran 氾濫; hanran suru 氾濫する

beom ram 범람(氾濫); beom ram ha da 범람(氾濫)하다

fàn wéi 范围 (範圍) [n.]

han'i 範囲

beo mwi 범위(範圍)

fàn chou 范畴 (範疇) [n.]

hanchu 範疇

beom ju 범주(範疇)

fàn zuì 犯罪 [n.]

hanzai 犯罪

beom joe 범죄(犯罪)

fāng fǎ 方法 [n.]

hōhō 方法

bang beop 방법(方法)

fāng shì 方式 [n.]

hōshiki 方式

bang sik 방식(方式)

fāng xiàng 方向 [n.]

hōkō 方向

bang hyang 방향(方向)

fāng zhàng 方丈 [n.]

shūdōin chō 修道院長

su do won jang 수도원장(修道院長)

fāng zhēn 方针 (方針) [n.]

hōshin 方針

bang chim 방침(方針)

fáng 房 [n.]

heya 部屋

bang 방(房)

fáng kè 房客 [n.]

geshuku nin 下宿人

ha su gin 하숙인(下宿人)

fáng shì 房事 [n.]

jōji 情事

jeong sa 정사(情事)

fáng zū 房租 [n.]

yachin 家賃

jip sse 집세

fáng ài 妨碍 (妨礙) [n.]; [v.]

bōgai 妨害; bōgai suru 妨害する

bang hae 방해(妨害); bang hae ha da 방해(妨害)하다

fang hài 妨害 [n.]; [v.]

bōgai 妨害; bōgai suru 妨害する

bang hae 방해(妨害); bang hae ha da 방해(妨害)하다

51

fáng hù zhuāng bèi　**防**护装备（防護裝備）　[n.]

hogo sōchi　保護装置

bo ho jang chi　보호장치(保護裝置)

fáng wèi　防卫（防衛）　[n.]

bōei　防衛

bang wi　방위(防衛)

fáng yù　防御（防禦）　[n.]; [v.]

bōgyo　防御; bōgyo suru　防御する

bang eo　방어(防禦); bang eo ha da　방어(防禦)하다

fáng zhǐ　防止　[n.]; [v.]

bōshi　防止; bōshi suru　防止する

bang ji　방지(防止); bang ji ha da　방지(防止)하다

fǎng kè　访客（**訪**客）　[n.]

hōmon kyaku　訪問客

bang mun gaek　방문객(訪問客)

fǎng wèn　访问（訪問）　[n.]; [v.]

hōmon　訪問; hōmon suru　訪問する

bang mun　방문(訪問); bang mun ha da　방문(訪問)하다

fàng qì　**放**弃（放棄）　[n.]; [v.]

hōki　放棄; hōki suru　放棄する, suteru　捨てる

po gi　포기(抛棄); po gi ha da　포기(抛棄)하다

fàng zhú　放逐　[n.]; [v.]

tsuihō　追放; tsuihō suru　追放する

chu bang　추방(追放); chu bang ha da　추방(追放)하다

fēi chuán　飞船（**飛**船）　[n.]

hikōsen　飛行船

bi haeng seon　비행선(飛行船)

fēi jī　飞机（飛機）　[n.]

hikōki　飛行機

bi haeng gi　비행기(飛行機)

fēi xíng　飞行（飛行）　[n.]; [v.]

hikō　飛行; tobu　飛ぶ

bi haeng　비행(飛行); nal da　날다

fēi xíng yuán　飞行员（飛行員）　[n.]

sōjū shi　操縦士

jo jong sa　조종사(操縱士)

fēi yuè　飞跃（飛躍）　[n.]; [v.]

hiyaku　飛躍; hiyaku suru　飛躍する

bi yak　비약(飛躍); bi ya ka da　비약(飛躍)하다

fēi nàn　**非**难（非難）　[n.]

hinan　非難

bi nan　비난(非難)

fēi cháng　非常　[n.]

hijō　非常

bi sang　비상(非常)

féi zào　**肥**皂　[n.]

sekken　石鹸

bi nu　비누

fèi　**肺**　[n.]

hai　肺

pe　폐(肺)

fèi yán　肺炎　[n.]

hai'en　肺炎

pe ryeom　폐렴(肺炎)

fèi　**费**（**費**）　[n.]

ryōkin　料金

yo geum　요금(料金)

fèi yòng　费用（費用）　[n.]

hiyō　費用

bi yong　비용(費用)

fèi chú　**废**除（**廢**除）　[n.]; [v.]

haishi　廃止; haishi suru　廃止する

pe ji　폐지(廢止); pe ji ha da　폐지(廢止)하다

fèi qì wù　废弃物（廢棄物）　[n.]

haiki butsu　廃棄物

pe gi mul　폐기물(廢棄物)

fèi wù 废物 (廢物) [n.]

  haibutsu 廃物

  pe mul 폐물(廢物)

fèi téng 沸腾 (沸騰) [n.]

  futtō 沸騰

  bi deung 비등(沸騰)

fēn 分 [n.]

  bun 分

  bun 분(分)

fēn bù 分布 (分佈) [n.]

  haifu 配布

  bae po 배포(配布)

fēn cí 分词 (分詞) [n.]

  bunshi 分詞

  bun sa 분사(分詞)

fēn dān 分担 (分擔) [n.]; [v.]

  buntan 分担; **buntan suru** 分担する

  bun dam 분담(分擔); **bun dam ha da** 분담(分擔)하다

fēn gē 分割 [n.]; [v.]

  bunkatsu 分割; **bunkatsu suru** 分割する

  bun hal 분할(分割); **bun hal ha da** 분할(分割)하다

fēn pèi 分配 [n.]; [v.]

  bunpai 分配; **bunpai suru** 分配する

  bun bae 분배(分配); **bun bae ha da** 분배(分配)하다

fēn pèi zhě 分配者 [n.]

  bunpai sha 分配者

  bun bae ja 분배자(分配者)

fēn qí fù kuǎn 分期付款 [n.]

  kappu 割賦

  hal bu 할부(割賦)

fēn shù 分数 (分數) [n.]

  bunsū 分数

  bun su 분수(分數)

fēn shuǐ xiàn 分水线 (分水線) [n.]

  bunsui sen 分水線

  neung seon 능선(稜線)

fēn xī 分析 [n.]; [v.]

  bunseki 分析; **bunseki suru** 分析する

  bun seok 분석(分析); **bun seo ka da** 분석(分析)하다

fēn xiāo shāng 分销商 (分銷商) [n.]

  haikyū sha 配給者

  bae geup jja 배급자(配給者)

fēn yě 分野 [n.]

  bun'ya 分野

  bu nya 분야(分野)

fèn liang 分量 [n.]

  bunryō 分量

  bul ryang 분량(分量)

fēn wéi qì 氛围气 (氛围氣) [n.]

  fun'iki 雰囲気

  bu nwi gi 분위기(雰圍氣)

fēn zhēng 纷争 (紛爭) [n.]

  funsō 紛争

  bun jaeng 분쟁(紛爭)

fěn 粉 [n.]

  kona 粉

  ga ru 가루

fěn hóng sè 粉红色 (粉紅色) [n.]

  sakura iro 桜色

  bun hong saek 분홍색(粉紅色)

fěn mò 粉末 [n.]

  funmatsu 粉末

  bun mal 분말(粉末)

fěn suì 粉碎 [n.]; [v.]

  funsai 粉碎; **funsai suru** 粉碎する

  bun swae 분쇄(粉碎); **bun swae ha da** 분쇄(粉碎)하다

fèn dòu 奋斗 (奮鬥) [n.]; [v.]

mimodae 身もだえ; mimodae suru 身もだえする

mom bu rim 몸부림; mom bu rim chi da 몸부림 치다

fèn kǎi 愤慨 (憤慨) [n.]; [v.]

fungai 憤慨; fungai suru 憤慨する

bun gae 분개(憤慨); bun gae ha da 분개(憤慨)하다

fèn nù 愤怒 (憤怒) [n.]

ikari 怒り

bun no 분노(憤怒)

fēng chē 风车 (風車) [n.]

fūsha 風車

pung cha 풍차(風車)

fēng jǐng 风景 (風景) [n.]

fūkei 風景

pung gyeong 풍경(風景)

fēng qù 风趣 (風趣) [n.]

kichi 機知

gi ji 기지(機智)

fēng wèi 风味 (風味) [n.]

fūmi 風味

pung mi 풍미(風味)

fēng wù 风物 (風物) [n.]

fūbutsu 風物

pung mul 풍물(風物)

fēng fáng 蜂房 [n.]

mitsubachi no subako ミツバチの巣箱

kkul beol tong 꿀벌 통

fēng mì 蜂蜜 [n.]

hachimitsu 蜂蜜

kkul 꿀

fēng fù 丰富 (豐富) [n.]

hōfu 豊富

pung bu 풍부(豐富)

fēng mǎn 丰满 (豐滿) [n.]

hōman 豊満

pung man 풍만(豐滿)

fēng suǒ 封锁 (封鎖) [n.]; [v.]

fūsa 封鎖; fūsa suru 封鎖する

bong swae 봉쇄(封鎖); bong swae ha da 봉쇄(封鎖)하다

fēng yìn 封印 [n.]

fūin 封印

bong in 봉인(封印)

fèng jǐ 俸给 (俸給) [n.]

kyūryō 給料

bong geup 봉급(俸給)

fèng chéng 奉承 [n.]

o seji お世辞

a cheom 아첨(阿諂)

fèng cì 讽刺 (諷刺) [n.]

fūshi 諷刺

pung ja 풍자(諷刺)

fó 佛 [n.]

hotoke 仏

bu cheo 부처

fó jiào 佛教 [n.]

bukkyō 仏教

bul gyo 불교(佛敎)

fó jiào xìn tú 佛教信徒 [n.]

bukkyō shinja 仏教信者

bul gyo sin ja 불교신자(佛敎信徒)

fǒu dìng 否定 [n.]; [v.]

hitei 否定; hitei suru 否定する

bu jeong 부정(否定); bu jeong ha da 부정(否定)하다

fǒu rèn 否认 (否認) [n.]; [v.]

hinin 否認; hinin suru 否認する

bu in 부인(否認); bu in ha da 부인(否認)하다

fǒu jué 否决 (否決) [n.]; [v.]

　hiketsu 否决; **hiketsu suru** 否決する

　bu gyeol 부결(否決); **bu gyeol ha da** 부결(否決)하다

fū fù **夫**妇 (夫婦) [n.]

　fūfu 夫婦

　bu bu 부부(夫婦)

fū ren 夫人 [n.]

　fūjin 夫人

　bu in 부인(夫人)

fū huà 孵化 [n.]; [v.]

　fuka 孵化; **fuka suru** 孵化する

　bu hwa 부화(孵化); **bu hwa ha da** 부화(孵化)하다

fú **幅** [n.]

　haba 幅

　pok 폭(幅)

fú biāo 浮标 (浮標) [n.]

　fuhyō 浮標

　bu pyo 부표(浮標)

fú shàng 浮上 [n.]; [v.]

　fujō 浮上; **fujō suru** 浮上する

　bu sang 부상(浮上); **bu sang ha da** 부상(浮上)하다

fú wù 服务 (服務) [n.]; [v.]

　hōshi 奉仕; **hōshi suru** 奉仕する

　bong sa 봉사(奉仕); **bong sa ha da** 봉사(奉仕)하다

fú wù yuán 服务员 (服務員) [n.]

　jūgyō in 従業員, **kyūji** 給仕

　jong eo bwon 종업원(従業員), **geup ssa** 급사(給仕)

fú zhuāng 服装 [n.]

　fukusō 服装

　bok jjang 복장(服裝)

fú zhuāng diàn 服装店 [n.]

　yōfuku ten 洋服店

　yang bok jjeom 양복점(洋服店)

fú yīn **福音** [n.]

　fukuin 福音

　bo geum 복음(福音)

fú yòu 福佑 [n.]

　shifuku 至福

　ji bok 지복(至福)

fú lì 福利 [n.]

　fukuri 福利

　bok ni 복리(福利)

fú zhǐ 福祉 [n.]

　fukushi 福祉

　bok jji 복지(福祉)

fú hào **符**号 (符號) [n.]

　fugō 符号

　bu ho 부호(符號)

fú hé 符合 [n.]; [v.]

　fugō 符合; **fugō suru** 符合する

　bu hap 부합(符合); **bu ha pa da** 부합(符合)하다

fú lǔ **俘**虏 (俘虜) [n.]

　horyo 捕虜

　po ro 포로(捕虜)

fú shǒu 扶手 [n.]

　tesuri 手すり

　nan gan 난간(欄干)

fú yǎng 扶养 (扶養) [n.]; [v.]

　fuyō 扶養; **fuyō suru** 扶養する

　bu yang 부양(扶養); **bu yang ha da** 부양(扶養)하다

fǔ ài 抚爱 (**撫**愛) [n.]; [v.]

　aibu 愛撫; **aibu suru** 愛撫する

　ae mu 애무(愛撫); **ae mu ha da** 애무(愛撫)하다

fǔ bài 腐败 (腐敗) [n.]; [v.]

　fuhai 腐敗; **fuhai suru** 腐敗する

　bu pae 부패(腐敗); **bu pae ha da** 부패(腐敗)하다

fǔ shí　腐蚀（腐蝕）　[n.]; [v.]

　fushoku　腐蝕; fushoku suru　腐蝕する

　bu sik　부식(腐蝕); bu si ka da　부식(腐蝕)하다

fǔ zi　斧子　[n.]

　ono　おの

　do kki　도끼

fù　富　[n.]

　tomi　富

　bu　부(富)

fù yù　富裕　[n.]

　fuyū　富裕

　bu yu　부유(富裕)

fù qiáng　富强（富強）　[n.]

　fukyō　富強

　bu gang　부강(富強)

fù bù　腹部　[n.]

　fukubu　腹部

　bok ppu　복부(腹部)

fù dài　腹带（腹帶）　[n.]

　fuktai　腹帯

　bok ttae　복대(腹帶)

fù cí　副词（副詞）　[n.]

　fukushi　副詞

　bu sa　부사(副詞)

fù gē　副歌　[n.]

　kuri kaeshi　繰り返し

　hu ryeom　후렴(後斂)

fù guān　副官　[n.]

　fukukan　副官

　bu gwan　부관(副官)

fù xiū kē mù　副修科目　[n.]

　fuku senkō　副専攻

　bu jeon gong　부전공(副專攻)

fù dān　负担（負擔）　[n.]; [v.]

　futan　負担; futan o ataeru　負担を与える

　bu dam 부담(負擔);bu da meul ji u da 부담(負擔)을 지우다

fù shāng　负伤（負傷）　[n.]; [v.]

　fushō　負傷; fushō suru　負傷する

　bu sang　부상(負傷); bu sang ha da　부상(負傷)하다

fù shù　负数（負數）　[n.]

　fusū　負数

　eum su　음수(陰數)

fù zhài　负债（負債）　[n.]

　fusai　負債

　bu chae　부채(負債)

fù guī　复归（復歸）　[n.]; [v.]

　fukki　復帰; fukki suru　復帰する

　bok kkwi　복귀(復歸); bok kkwi ha da　복귀(復歸)하다

fù jiù　复旧（復舊）　[n.]; [v.]

　fukkyū　復旧; fukkyū suru　復旧する

　bok kku　복구(復舊); bok kku ha da　복구(復舊)하다

fù xí　复习（復習）　[n.]; [v.]

　fukushū　復習; fukushū suru　復習する

　bok sseup　복습(復習); bok sseu pa da　복습(復習)하다

fù jiā wù　附加物　[n.]

　fukabutsu　付加物

　bu ga mul　부가물(附加物)

fù jiàn　附件　[n.]

　tenpu butsu　添付物

　cheom bu mul　첨부물(添附物)

fù jìn　附近　[n.]

　fukin　付近

　bu geun　부근(附近)

fù shǔ wù　附属物（附屬物）　[n.]

　fuzoku butsu　付属物

　bu sok mul　부속물(附屬物)

fù mǔ　父母　[n.]

　oya　親

　bu mo　부모(父母)

fù qīn　父亲 (父親)　[n.]

　chichi　父; chichi oya　父親

　a beo ji　아버지; bu chin　부친(父親)

fù shù　复数 (複數)　[n.]

　fukusū　複数

　bok ssu　복수(複數)

fù xiě　复写 (複寫)　[n.]; [v.]

　fukusha　複写; fukusha suru　複写する

　bok ssa　복사(複寫); bok ssa ha da　복사(複寫)하다

G

gǎi dìng　改订 (改訂)　[n.]; [v.]

　kaitei　改訂; kaitei suru　改訂する

　gae jeong　개정(改訂); gae jeong ha da　개정(改訂)하다

gǎi dìng bǎn　改订版 (改訂版)　[n.]

　kaitei ban　改訂版

　gae jeong pan　개정판(改訂版)

gǎi liáng　改良　[n.]; [v.]

　kairyō　改良; kairyō suru　改良する

　gae ryang　개량(改良); gae ryang ha da　개량(改良)하다

gǎi shàn　改善　[n.]; [v.]

　kaizen　改善; kaizen suru　改善する

　gae seon　개선(改善); gae seon ha da　개선(改善)하다

gǎi zào　改造　[n.]; [v.]

　kaizō　改造; kaizō suru　改造する

　gae jo　개조(改造); gae jo ha da　개조(改造)하다

gài　盖 (蓋)　[n.]

　futa　蓋

　deop kkae　덮개; ttu kkeong　뚜껑

gài guān　概观 (概觀)　[n.]; [v.]

　gaikan　概観; gaikan suru　概観する

　gae gwan　개관(概觀); gae gwan ha da　개관(概觀)하다

gài lǜ　概率　[n.]

　kakuritsu　確率

　hwak nyul　확률(確率)

gài niàn　概念　[n.]

　gainen　概念

　gae nyeom　개념(概念)

gài yào　概要　[n.]

　gaiyō　概要

　gae yo　개요(概要)

gān　肝　[n.]

　kimo　肝

　gan　간(肝)

gān zàng　肝脏 (肝臟)　[n.]

　kanzō　肝臓

　gan jang　간장(肝臟)

gān yán　肝炎　[n.]

　kan'en　肝炎

　ga nyeom　간염(肝炎)

gān ái　肝癌　[n.]

　kangan　肝癌

　ga nam　간암(肝癌)

gān bēi　干杯 (乾杯)　[n.]; [v.]

　kanpai　乾杯; kanpai suru　乾杯する

　geon bae　건배(乾杯); geon bae ha da　건배(乾杯)하다

gān cǎo　干草 (乾草)　[n.]

　hoshi kusa　干し草

　geon cho　건초(乾草)

gān shè　干涉　[n.]; [v.]

　kanshō　干渉; kanshō suru　干渉する

　gan seop　간섭(干涉); gan seo pa da　간섭(干涉)하다

gǎn 感 [n.]

kan 感, kanji 感じ

gam 감(感), neu kkim 느낌

gǎn ēn jié 感恩节 (感恩節) [n.]

kansha sai 感謝祭

gam sa je 감사제(感謝祭)

gǎn huà 感化 [n.]; [v.]

kanka 感化; kanka suru 感化する

gam hwa 감화(感化); gam hwa ha da 감화(感化)하다

gǎn jué 感觉 (感覺) [n.]

kankaku 感覚

gam gak 감각(感覺)

gǎn mào 感冒 [n.]

kaze 風邪

gam gi 감기(感氣)

gǎn qíng 感情 [n.]

kanjō 感情

gam jeong 감정(感情)

gán rǎn 感染 [n.]; [v.]

kansen 感染; kansen suru 感染する

ga myeom 감염(感染); ga myeom ha da 감염(感染)하다

gǎn tàn 感叹 (感嘆) [n.]; [v.]

kantan 感嘆; kantan suru 感嘆する

gam tan 감탄(感歎); gam tan ha da 감탄(感歎)하다

gǎn xiè 感谢 (感謝) [n.]

kansha 感謝

gam sa 감사(感謝)

gàn bù 干部 (幹部) [n.]

kanbu 幹部

gan bu 간부(幹部)

gàn dào 干道 (幹道) [n.]

kansen dōro 幹線道路

gan seon do ro 간선도로(幹線道路)

gàn xiàn 干线 (幹線) [n.]

kansen 幹線

gan seon 간선(幹線)

gāng bǐ 钢笔 (鋼筆) [n.]

man'nen hitsu 万年筆

man nyeon pil 만년필(萬年筆)

gāng tiě 钢铁 (鋼鐵) [n.]

tekkō 鉄鋼

cheol gang 철강(鐵鋼)

gāng jù 钢锯 (鋼鋸) [n.]

yumi no ko 弓のこ

soe top 쇠톱

gāng máo 刚毛 (**剛毛**) [n.]

gōmō 剛毛

gang mo 강모(剛毛)

gǎng 港 [n.]

minato 港

hang gu 항구(港口)

gáng kǒu 港口 [n.]

minato machi 港町

hang gu 항구(港口)

gāo cháo 高潮 [n.]

zecchō 絶頂

jeol jjeong 절정(絶頂)

gāo dù 高度 [n.]

kōdo 高度; taka sa 高さ

go do 고도(高度); no pi 높이

gāo hǎn 高喊 [n.]

sakebi goe 叫び声

go ham 고함(高喊)

gāo lú 高炉 (高爐) [n.]

yōkōro 溶鉱炉

yong gwang no 용광로(鎔鑛爐)

gāo sù liè chē 高速列车 (高速列車) [n.]

　kōsoku ressha 高速列車

　go sok neol cha 고속열차(高速列車)

gāo yuán 高原 [n.]

　kōgen 高原

　go won 고원(高原)

gāo zhōng 高中 [n.]

　kōkō 高校

　go gyo 고교(高校)

gāo yao 膏药 (膏藥) [n.]

　kōyaku 膏薬

　go yak 고약(膏藥)

gào bái 告白 [n.]; [v.]

　kokuhaku 告白; **kokuhaku suru** 告白する

　go baek 고백(告白); **go bae ka da** 고백(告白)하다

gào fā 告发 (告發) [n.]; [v.]

　kokuhatsu 告発; **kokuhatsu suru** 告發する

　go bal 고발(告發); **go bal ha da** 고발(告發)하다

gào fā rén 告发人 (告發人) [n.]

　kokuhatsu sha 告発者

　go bal jja 고발자(告發者)

gào shi 告示 [n.]

　kokuji 告示

　go si 고시(告示)

gē 歌 [n.]

　uta 歌

　no rae 노래

gē jù 歌剧 (歌劇) [n.]

　kageki 歌劇

　ga geuk 가극(歌劇)

gē shǒu 歌手 [n.]

　kashu 歌手

　ga su 가수(歌手)

gē bǎn 搁板 (擱板) [n.]

　tana 棚

　seon ban 선반(旋盤)

gē ge 哥哥 [n.]

　ani 兄

　hyeong 형(兄)

gē zi 鸽子 (鴿子) [n.]

　hato 鳩

　bi dul gi 비둘기

gé bǎn 隔板 [n.]

　majikiri 間仕切り

　kan ma gi 칸막이

gé lí 隔离 (隔離) [n.]; [v.]

　kakuri 隔離; **kakuri suru** 隔離する

　gyeok ni 격리(隔離); **gyeok ni ha da** 격리(隔離)하다

gé lóu 阁楼 (閣樓) [n.]

　yaneura beya 屋根裏部屋

　da rak ppang 다락방

gé mìng 革命 [n.]

　kakumei 革命

　hyeok myeong 혁명(革命)

gé mìng jiā 革命家 [n.]

　kakumei ka 革命家

　hyeok myeong ga 혁명가(革命家)

gé yán 格言 [n.]

　kakugen 格言; **kingen** 金言

　gyeo geon 격언(格言); **geu meon** 금언(金言)

géshì 格式 [n.]

　kakusiki 格式

　gyeok ssik 격식(格式)

gè 蚤 [n.]

　nomi 蚤

　byeo ruk 벼룩

gè bié fú dǎo　个别辅导（個別輔導）　[n.]

　kojin sōdan　個人相談

　gae in sang dam　개인상담(個人相談)

gè rén　个人（個人）　[n.]

　kojin　個人

　gae in　개인(個人)

gè xìng　个性（個性）　[n.]

　kosei　個性

　gae seong　개성(個性)

gēn　根　[n.]

　ne　根

　ppu ri　뿌리

gēn yuán　根源　[n.]

　kongen　根源

　geu nwon　근원(根源)

gēng zuò　耕作　[n.]

　kōsaku　耕作

　gyeong jak　경작(耕作)

gōng　弓　[n.]

　yumi　弓

　hwal　활

gōng chǎng　工厂（工廠）　[n.]

　kōjō　工場

　gong jang　공장(工場)

gōng huì　工会（工會）　[n.]

　rōdō kumiai　労働組合

　no dong jo hap　노동조합(勞動組合)

gōng jù　工具　[n.]

　kōgu　工具

　gong gu　공구(工具)

gōng rén　工人　[n.]

　kōin　工員

　jik kkong　직공(職工)

gōng xué　工学（工學）　[n.]

　kōgaku　工学

　gong hak　공학(工學)

gōng yè　工业（工業）　[n.]

　kōgyō　工業

　gong eop　공업(工業)

gōng yì　工艺（工藝）　[n.]

　kōgei　工芸

　gong ye　공예(工藝)

gōng zuò　工作　[n.]

　shigoto　仕事

　il　일

gōng zuò shì　工作室　[n.]

　sagyō shitsu　作業室

　ja geop ssil　작업실(作業室)

gōng diàn　宮殿　[n.]

　kyūden　宮殿

　gung jeon　궁전(宮殿)

gōngchéng　宮城（宮城）　[n.]

　kyūjō　宮城

　gung seong　궁성(宮城)

gōng gào　公告　[n.]

　kōkoku　公告

　gong go　공고(公告)

gōng gòng cè suǒ　公共厕所（公共廁所）　[n.]

　kōshū benjo　公衆便所

　gong jung byeon so　공중변소(公衆便所)

gōng hài　公害　[n.]

　kōgai　公害

　gong hae　공해(公害)

gōng jué　公爵　[n.]

　kōshaku　公爵

　gong jak　공작(公爵)

gōng jué fū rén 公爵夫人 [n.]

  kōshaku fujin 公爵夫人

  gong jak bu in 공작부인(公爵夫人)

gōng píng 公平 [n.]

  kōhei 公平

  gong pyeong 공평(公平)

gōng shì 公式 [n.]

  kōshiki 公式

  gong sik 공식(公式)

gōng shǔ 公署 [n.]

  yakusho 役所

  gwan gong seo 관공서(官公署)

gōng sī 公司 [n.]

  kaisha 会社

  hoe sa 회사(會社)

gōng wù yuán 公务员 (公務員) [n.]

  kōmuin 公務員

  gong mu won 공무원(公務員)

gōng yǎn 公演 [n.]; [v.]

  kōen 公演; **kōen suru** 公演する

  gong yeon 공연(公演); **gong yeon ha da** 공연(公演)하다

gōng yáng 公羊 [n.]

  osu hitsuji 雄ヒツジ

  sut yang 숫양

gōng yì shì yè 公益事业 (公益事業) [n.]

  kōeki jigyō 公益事業

  gong ik sa eop 공익사업(公益事業)

gōng yuán 公园 (公園) [n.]

  kōen 公園

  gong won 공원(公園)

gōng yuán qián 公元前 [n.]

  kigenzen 紀元前

  gi won jeon 기원전(紀元前)

gōng yuē 公约 (公約) [n.]

  kōyaku 公約

  gong yak 공약(公約)

gōng zhǔ 公主 [n.]

  hime 姫

  gong ju 공주(公主)

gōng jì 功绩 (功績) [n.]

  kōseki 功績

  gong jeok 공적(功績)

gōng kè 功课 (功課) [n.]

  jugyō 授業

  su eop 수업(授業)

gōng jǐ 供给 [n.]; [v.]

  kyōkyū 供給; **kyōkyū suru** 供給する

  gong geup 공급(供給); **gong geu pa da** 공급(供給)하다

gōng jī 攻击 (攻擊) [n.]; [v.]

  kōgeki 攻擊; **kōgeki suru** 攻擊する

  gong gyeok 공격(攻擊); **gong gyeo ka da** 공격(攻擊)하다

gong shì 攻势 (攻勢) [n.]

  kōsei 攻勢

  gong se 공세(攻勢)

góng dǐng 拱顶 (拱頂) [n.]

  marui tenjō 丸い天井

  dung geun cheon jang 둥근 천정(天井)

gòng chán zhǔ yì 共产主义 (共産主義) [n.]

  kyōsan shugi 共産主義

  gong san ju i 공산주의(共産主義)

gòng chán zhǔ yì zhě 共产主义者 (共産主義者) [n.]

  kyōsan shugi sha 共産主義者

  gong san ju i ja 공산주의자(共産主義者)

gòng hé guó 共和国 (共和國) [n.]

  kyōwa koku 共和国

  gong hwa guk 공화국(共和國)

gòng tóng tǐ 共同体 (共同體) [n.]

　kyōdō tai 共同体

　gong dong che 공동체(共同體)

gòng wù 贡物 (貢物) [n.]

　zōtei butsu 贈呈物

　jeung jeong mul 증정물(贈呈物)

gòng xiàn 贡献 (貢獻) [n.]; [v.]

　kōken 貢献; kōken suru 貢献する

　gong heon 공헌(貢獻); gong heon ha da 공헌(貢獻)하다

gōu 沟 (溝) [n.]

　mizo 溝

　do rang 도랑

gǒu 狗 [n.]

　inu 犬

　gae 개

gòu 垢 [n.]

　aka あか

　ttae 때

gòu chéng 构成 (構成) [n.]; [v.]

　kōsei 構成; kōsei suru 構成する

　gu seong 구성(構成); gu seong ha da 구성(構成)하다

gòu zào 构造 (構造) [n.]

　kōzō 構造

　gu jo 구조(構造)

gòu mǎi 购买 (購買) [n.]; [v.]

　kōnyū hin 購入品; kōnyū suru 購入する

　gu ip pum 구입품(購入品); gu i pa da 구입(購入)하다

gòu wù 购物 (購物) [n.]

　kaimono 買い物

　mul geon sa gi 물건(物件)사기

gū 菇 [n.]

　kinoko キノコ

　beo seot 버섯

gū dú 孤独 (孤獨) [n.]

　kodoku 孤独

　go dok 고독(孤獨)

gū dú gǎn 孤独感 (孤獨感) [n.]

　kodoku kan 孤独感

　go dok kkam 고독감(孤獨感)

gū ér 孤儿 (孤兒) [n.]

　koji 孤児

　go a 고아(孤兒)

gū lì 孤立 [n.]

　koritsu 孤立

　go rip 고립(孤立)

gū jì 估计 (估計) [n.]; [v.]

　mitsumori 見積; mitsumoru 見積る

　gyeon jeok 견적(見積); gyeon jeo ka da 견적(見積)하다

gū niang 姑娘 [n.]

　wakai josei 若い女性

　jeol meun yeo seong 젊은 여성(女性)

gū nong 咕哝 (咕噥) [n.]; [v.]

　tsubuyaki 呟き; tsubuyaku 呟く

　jung eol geo rim 중얼거림; jung eol geo ri da 중얼거리다

gǔ 谷 [n.]

　tani 谷

　gol jja gi 골짜기

gǔ 骨 [n.]

　hone 骨

　ppyeo 뼈

gǔ gé 骨骼 [n.]

　kokkaku 骨格

　gol gyeok 골격(骨格)

gǔ jià 骨架 [n.]

　honegumi 骨組み

　ppyeo dae 뼈대

gǔ lèi 谷类 (穀類) [n.]
  kokurui 穀類
  gok ryu 곡류(穀類)

gǔ fèn 股份 [n.]
  kabushiki 株式
  ju sik 주식(株式)

gǔ piào 股票 [n.]
  wakemae 分け前
  mok 몫

gù kè 顾客 (顧客) [n.]
  kokyaku 顧客
  go gaek 고객(顧客)

gù wèn 顾问 (顧問) [n.]
  jogen sha 助言者, sōdan yaku 相談役
  jo eon ja 조언자(助言者), sang dam yeok 상담역(相談役)

gù xiāng 故乡 (故鄉) [n.]
  kokyō 故鄉
  go hyang 고향(故鄉)

gù zhàng 故障 [n.]
  kosyō 故障
  go jang 고장(故障)

gù yōng 雇佣 (雇傭) [n.]; [v.]
  koyō 雇用; koyō suru 雇用する
  go yong 고용(雇用); go yong ha da 고용(雇用)하다

gù zhǔ 雇主 [n.]
  koyō sha 雇用者
  go yong ju 고용주(雇用主)

guǎ fu 寡妇 (寡婦) [n.]
  yamome 寡婦
  gwa bu 과부(寡婦)

guǎ tóu 寡头 (寡頭) [n.]
  katō 寡頭
  gwa bu 과두(寡頭)

guà 挂 (掛) [n.]
  kakari 掛かり
  mae dal lim 매달림

guà gōu 挂钩 (掛鉤) [n.]; [v.]
  kagi 鉤; kagi ni kakeru 鉤にかける
  gal go ri 갈고리; gal go ri ro geol da 갈고리로 걸다

guài wu 怪物 [n.]
  kaibutsu 怪物
  goe mul 괴물(怪物)

guài rén 怪人 [n.]
  kaijin 怪人
  goe in 괴인(怪人)

guān cai 棺材 [n.]
  kan 棺
  gwan 관(棺)

guān chá 观察 (觀察) [n.]; [v.]
  kansatsu 観察; kansatsu suru 観察する
  gwan chal 관찰(觀察); gwan chal ha da 관찰(觀察)하다

guān chá lì 观察力 (觀察力) [n.]
  kansatsu ryoku 観察力
  gwan chal lyeok 관찰력(觀察力)

guān chá yuán 观察员 (觀察員) [n.]
  kansatsu sha 観察者
  gwan chal jja 관찰자(觀察者)

guān diǎn 观点 (觀點) [n.]
  kanten 観点
  gwan jjeom 관점(觀點)

guān gǎn 观感 (觀感) [n.]
  shokan 所感
  so gam 소감(所感)

guān niàn 观念 (觀念) [n.]
  kan'nen 観念
  gwan nyeom 관념(觀念)

63

guān zhòng 观众 (觀眾) [n.]
　kanshū　観衆
　gwan jung　관중(觀衆)

guān jié 关节 (**關**節) [n.]
　kansetsu　関節
　gwan jeol　관절(關節)

guān lián 关联 (關聯) [n.]
　kanren　関連
　gwal ryeon　관련(關聯)

guān shuì 关税 (關稅) [n.]
　kanzei　関税
　gwan se　관세(關稅)

guān xi 关系 (關係) [n.]; [v.]
　kankei　関係; **kankei suru**　関係する
　gwan ge　관계(關係); **gwan ge ha da**　관계(關係)하다

guān xīn 关心 (關心) [n.]
　kanshin　関心
　gwan sim　관심(關心)

guān xīn de shì qing 关心的事情(關心的事情) [n.]
　kanshin goto　関心事
　gwan sim sa　관심사(關心事)

guān tīng 官厅 (官廳) [n.]
　kanchō　官庁
　gwan cheong　관청(官廳)

guǎn 管 [n.]
　kan　管
　gwan　관(管)

guǎn jiā 管家 [n.]
　shitsuji　執事
　jip ssa　집사(執事)

guán lǐ 管理 [n.]; [v.]
　kanri　管理; **kanri suru**　管理する
　gwal ri　관리(管理); **gwal ri ha da**　관리(管理)하다

guán lǐ rén 管理人 [n.]
　kanri nin　管理人
　gwal ri in　관리인(管理人)

guán lǐ yuán 管理员 (管理員) [n.]
　kanri sha　管理者
　gwal ri ja　관리자(管理者)

guǎn xián yuè tuán 管弦乐团 (管弦樂團) [n.]
　kangen gakudan　管弦楽団
　gwan hyeon ak ttan　관현악단(管絃樂團)

guàn cí **冠**词 (冠詞) [n.]
　kanshi　冠詞
　gwan sa　관사(冠詞)

guàn lì **慣**例 (**慣**例) [n.]
　kanrei　慣例
　gwal rye　관례(慣例)

guàn yòng yǔ 惯用语 (慣用語) [n.]
　kan'yō go　慣用語
　gwa nyong eo　관용어(慣用語)

guàn mù 灌木 [n.]
　kanboku　灌木
　gwan mok　관목(灌木)

guàn tou 罐头 (罐頭) [n.]
　kan　缶; **kan zume**　缶詰
　kkang tong　깡통; **tong jo rim**　통조림

guāng 光 [n.]
　hikari　光
　bit　빛

guāng cǎi 光彩 [n.]
　kōsai　光彩
　gwang chae　광채(光彩)

guāng jǐng 光景 [n.]
　kōkei　光景
　gwang gyeong　광경(光景)

guāng róng 光荣 (光榮) [n.]

　eikō 栄光

　yeong gwang 영광(榮光)

guāng xiàn 光线 (光線) [n.]

　kōsen 光線

　gwang seon 광선(光線)

guāng zé 光泽 (光澤) [n.]

　kōtaku 光沢

　gwang taek 광택(光澤)

guǎng bò 广播 (廣播) [n.]; [v.]

　hōsō 放送; **hōsō suru** 放送する

　bang song 방송(放送); **bang song ha da** 방송(放送)하다

guǎng bō diàn tái 广播电台 (廣播電台) [n.]

　hōsō kyoku 放送局

　bang song guk 방송국(放送局)

guǎng bò rén 广播人 (廣播人) [n.]

　hōsō jin 放送人

　bang song in 방송인(放送人)

guǎng bò wǎng 广播网 (廣播網) [n.]

　hōsō mō 放送網

　bang song mang 방송망(放送網)

guáng chǎng 广场 (廣場) [n.]

　hiroba 広場

　gwang jang 광장(廣場)

guǎng fàn de 广泛地 (廣泛地) [n.]

　hiroi jimen 広い地面

　neol beun ji myeon 넓은 지면(地面)

guǎng gào 广告 (廣告) [n.]; [v.]

　kōkoku 広告; **kōkoku suru** 広告する

　gwang go 광고(廣告); **gwang go ha da** 광고(廣告)하다

guǎng gào rén 广告人 (廣告人) [n.]

　kōkoku sha 広告者

　gwang go ja 광고자(廣告者)

guǎng gào yè 广告业 (廣告業) [n.]

　kōkoku gyō 広告業

　gwang go eop 광고업(廣告業)

guī 龟 (龜) [n.]

　kame 亀

　geo bu gi 거북이

guī lù 规律 (規律) [n.]

　kiritsu 規律

　gyu yul 규율(規律)

guī mó 规模 (規模) [n.]

　kibo 規模

　gyu mo 규모(規模)

guī zé 规则 (規則) [n.]

　kisoku 規則

　gyu chik 규칙(規則)

guǐ dào 轨道 (軌道) [n.]

　kidō 軌道

　gwe do 궤도(軌道)

guǐ jì 轨迹 (軌跡) [n.]

　kiseki 軌跡

　gwe jeok 궤적(軌跡)

guǐ shén 鬼神 [n.]

　oni 鬼

　gwi sin 귀신(鬼神)

guì fù 贵妇 (貴婦) [n.]

　kifujin 貴婦人

　gwi bu in 귀부인(貴婦人)

guì zhòng 贵重 (貴重) [n.]

　kichō 貴重

　gwi jung 귀중(貴重)

guì zhòng wù pǐn 贵重物品 (貴重物品) [n.]

　kichō hin 貴重品

　gwi jung pum 귀중품(貴重品)

guì zú 贵族（貴族）[n.]

  kizoku 貴族

  gwi jok 귀족(貴族)

guì guàn 桂冠 [n.]

  gekkeikan 月桂冠

  wol ge gwan 월계관(月桂冠)

guì tái 柜台（櫃台）[n.]

  hanbai dai 販売台

  pan mae dae 판매대(販賣臺)

gǔn dòng 滚动（滾動）[n.]; [v.]

  korogari 転がり; korogaru 転がる

  gu reu gi 구르기; gu reu da 구르다

gún tǒng 滚筒（滾筒）[n.]

  entō jō no bō 円筒状の棒

  gul lim ttae 굴림대

gùn bàng 棍棒 [n.]

  konbō 棍棒

  gon bong 곤봉(棍棒)

guō 锅（鍋）[n.]

  tsubo 壺

  hang a ri 항아리

guó huì 国会（國會）[n.]

  kokkai 国会

  gu koe 국회(國會)

guó jí 国籍（國籍）[n.]

  kokuseki 国籍

  guk jjeok 국적(國籍)

guó jì guān xì 国际关系（國際關係）[n.]

  kokusai kankei 国際関係

  guk jje gwan ge 국제관계(國際関係)

guó jì lián hé 国际联合（國際聯合）[n.]

  kokusai rengō 国際連合

  guk jje yeon hap 국제연합(國際聯合)

guó jiā 国家（國家）[n.]

  kok ka 国家

  kuk kka 국가(國家)

guó jìng 国境（國境）[n.]

  kokkyō 国境

  guk kkyeong 국경(國境)

guó kù 国库（國庫）[n.]

  kokko 国庫

  guk kko 국고(國庫)

guó mín 国民（國民）[n.]

  kokumin 国民

  guk min 국민(國民)

guó qí 国旗（國旗）[n.]

  kokki 国旗

  guk kki 국기(國旗)

guó wài 国外（國外）[n.]

  gaikoku 外国

  oe guk 외국(外國)

guó wù zóng lǐ 国务总理（國務總理）[n.]

  kokumu sōri 国務総理

  guk mu chong ri 국무총리(國務總理)

guǒ yuán 果园（果園）[n.]

  kaju en 果樹園

  gwa su won 과수원(果樹園)

guǒ zi 果子 [n.]

  kudamono 果物

  gwa il 과일

guò bàn shù 过半数（過半數）[n.]

  kahansū 過半数

  gwa ban su 과반수(過半數)

guò chéng 过程（過程）[n.]

  katei 過程

  gwa jeong 과정(過程)

guò dù　过度（過度）　[n.]

　kado　過度

　gwa do　과도(過度)

guò láo　过劳（過勞）　[n.]

　karō　過労

　gwa ro　과로(過勞)

guò qù　过去（過去）　[n.]

　kako　過去

　gwa geo　과거(過去)

guò qù fēn cí　过去分词（過去分詞）　[n.]

　kako bunshi　過去分詞

　gwa geo bun sa　과거분사(過去分詞)

guò qù shí tài　过去时态（過去時態）　[n.]

　kako jisei　過去時制

　gwa geo si je　과거시제(過去時制)

guò shī　过失（過失）　[n.]

　kashitsu　過失

　gwa sil　과실(過失)

guò gāo píng jià　过高评价（過高評價）　[n.]

　kadai hyōka　過大評価

　gwa dae pyeong kka　과대평가(過大評價)

H

hā qian　哈欠　[n.]

　akubi　あくび

　ha pum　하품

hái gǔ　骸骨　[n.]

　gaikotsu　骸骨

　hae gol　해골(骸骨)

hǎi　海　[n.]

　umi　海

　ba da　바다

hǎi àn　海岸　[n.]

　kaigan　海岸

　hae an　해안(海岸)

hǎi bīn　海滨（海濱）　[n.]

　umibe　海辺

　hae byeon　해변(海邊)

hǎi guī　海龟（海龜）　[n.]

　umi game　海亀

　ba da geo buk　바다거북

hǎi jūn　海军（海軍）　[n.]

　kaigun　海軍

　hae gun　해군(海軍)

hǎi jūn yuán shuài　海军元帅（海軍元帥）　[n.]

　kaigun gensui　海軍元帥

　hae gun je dok　해군제독(海軍提督)

hǎi wān　海湾（海灣）　[n.]

　wan　湾

　man　만(灣)

hǎi xiá　海峡（海峽）　[n.]

　kaikyō　海峡

　hae hyeop　해협(海峽)

hǎi yùn yè　海运业（海運業）　[n.]

　kaiun gyō　海運業

　hae u neop　해운업(海運業)

hǎi zéi　海贼（海賊）　[n.]

　kaizoku　海賊

　hae jeok　해적(海賊)

hài　害　[n.]

　gai　害

　hae　해(害)

hài chóng　害虫（害蟲）　[n.]

　gaichū　害虫

　hae chung　해충(害蟲)

hán guó　韓国 (韓國)　[n.]

　kankoku　韓国

　han guk　한국(韓國)

hán guó rén　韓国人 (韓國人)　[n.]

　kankoku jin　韓国人

　han gu gin　한국인(韓國人)

hán yǔ　韩语 (韓語)　[n.]

　kankoku go　韓国語

　han gu geo　한국어(韓國語)

hán qì　寒气 (寒氣)　[n.]

　samuke　寒気

　han gi　한기(寒氣)

hán lěng　寒冷　[n.]

　kanrei　寒冷

　han raeng　한랭(寒冷)

hǎn jiào　喊叫　[n.]; [v.]

　sakebi　叫び; sakebu　叫ぶ

　go ham　고함(高喊); go ham chi da　고함(高喊)치다

hǎn shēng　喊声 (喊聲)　[n.]

　naki goe　鳴き声

　u reum sso ri　울음소리

hàn　汗　[n.]

　ase　汗

　ttam　땀

háng　行　[n.]

　gyō　行

　jul　줄

háng jiā　行家　[n.]

　senmon ka　専門家

　jeon mun ga　전문가(專門家)

háng liè　行列　[n.]

　gyōretsu　行列

　hang ryeol　행렬(行列)

háng bān　航班　[n.]

　hikō bin　飛行便

　bi haeng pyeon　비행편(飛行便)

háng hǎi　航海　[n.]

　kōkai　航海

　hang hae　항해(航海)

háng hǎi rì zhì　航海日志　[n.]

　kōkai nisshi　航海日誌

　hang hae il jji　항해일지(航海日誌)

háng kōng gōng sī　航空公司　[n.]

　kōkū kaisha　航空会社

　hang gong hoe sa　항공회사(航空會社)

háng lù　航路　[n.]

　kōro　航路

　hang no　항로(航路)

háng tiān fēi jī　航天飞机 (航天飛機)　[n.]

　uchū ōfuku sen　宇宙往復船

　u ju wang bok sseon　우주왕복선(宇宙往復船)

háng xíng　航行　[n.]; [v.]

　kōkō　航行; unkō suru　運航する

　hang haeng　항행(航行); un hang ha da　운항(運航)하다

háng yóu　航邮 (航郵)　[n.]

　kōkū yūbin　航空郵便

　hang gong u pyeon　항공우편(航空郵便)

háng yùn　航运 (航運)　[n.]

　takusō　託送

　tak ssong　탁송(託送)

hǎo jī　好机 (好機)　[n.]

　kōki　好機

　ho gi　호기(好機)

hǎo péng you　好朋友　[n.]

　nakayoshi　仲良し

　dan jjak　단짝

hào qí xīn 好奇心 [n.]

  kōki shin 好奇心

  ho gi sim 호기심(好奇心)

hǎo yì 好意 [n.]

  kōi 好意

  ho i 호의(好意)

hé chàng 合唱 [n.]

  gasshō 合唱

  hap chang 합창(合唱)

hé chàng duì 合唱队 (合唱隊) [n.]

  gasshō tai 合唱隊

  hap chang dae 합창대(合唱隊)

hé gé 合格 [n.]; [v.]

  gōkaku 合格; **gōkaku suru** 合格する

  hap kkyeok 합격(合格); **hap kkyeo ka da** 합격(合格)하다

hé jì 合计 (合計) [n.]; [v.]

  gōkei 合計; **gōkei suru** 合計する

  hap kke 합계(合計); **hap kke ha da** 합계(合計)하다

hé tóng shū 合同书 (合同書) [n.]

  keiyaku sho 契約書

  ge yak seo 계약서(契約書)

hé yì 合意 [n.]; [v.]

  gōi 合意; **gōi suru** 合意する

  ha bi 합의(合意); **ha bi ha da** 합의(合意)하다

hé hé 和合 [n.]

  wagō 和合

  hwa hap 화합(和合)

hé jiě 和解 [n.]; [v.]

  wakai 和解; **wakai suru** 和解する

  hwa hae 화해(和解); **hwa hae ha da** 화해(和解)하다

hé shēng 和声 (和聲) [n.]

  wasei 和声

  hwa seong 화성(和聲)

hé táo 核桃 [n.]

  kurumi no mi クルミ

  ho du 호두

hé wǔ qì 核武器 [n.]

  kakuheiki 核兵器

  haek mu gi 핵무기(核武器)

hé xīn 核心 [n.]

  kakushin 核心

  haek ssim 핵심(核心)

hè cí 贺词 (賀詞) [n.]

  shukuji 祝辞

  chuk ssa 축사(祝辭)

hè sè 褐色 [n.]

  chairo 茶色

  gal ssaek 갈색(褐色)

hēi àn 黑暗 [n.]

  yami 闇 /

  eo dum 어둠

hēi bǎn 黑板 [n.]

  kokuban 黒板

  chil pan 칠판(漆板)

hēi bāng 黑帮 (黑幫) [n.]

  bōryokudan 暴力団

  pok nyeok ttan 폭력단(暴力團)

hēi rén 黑人 [n.]

  kokujin 黒人

  heu gin 흑인(黑人)

hēi sè 黑色 [n.]

  kuro 黒

  geom jeong 검정

hēng 哼 [n.]

  hanauta 鼻歌

  kot no rae 콧노래

héng duàn 横断 (横斷) [n.]; [v.]

  ōdan 横断; ōdan suru 横断する

  hoeng dan 횡단(横斷); hoeng dan ha da 횡단(橫斷)하다

héng xíng 横行 (横行) [n.]

  ōkō 横行

  hoeng haeng 횡행(横行)

hōng míng 轰鸣 (轟鳴) [n.]

  gōon 轟音

  goeng eum 굉음(轟音)

hōng zhà 轰炸 (轟炸) [n.]; [v.]

  bakugeki 爆撃; bakugeki suru 爆撃する

  pok kkyeok 폭격(爆擊); pok kkyeo ka da 폭격(爆擊)하다

hōng zhà jī 轰炸机 (轟炸機) [n.]

  bakugeki ki 爆撃機

  pok kkyeok kki 폭격기(爆擊機)

hóng 虹 [n.]

  niji 虹

  mu ji gae 무지개

hóng cháo 红潮 (紅潮) [n.]; [v.]

  kōchō 紅潮; kōchō suru 紅潮する

  hong jo 홍조(紅潮); hong jo doe da 홍조(紅潮)되다

hóng shí zì huì 红十字会 (紅十字會) [n.]

  sekijūji 赤十字

  jeok ssip jja 적십자(赤十字)

hóng yè 红叶 (紅葉) [n.]

  kōyō 紅葉

  dan pung 단풍(丹楓)

hóng dà 宏大 [n.]

  yūdai 雄大

  ung dae 웅대(雄大)

hóng shuǐ 洪水 [n.]

  kōzui 洪水

  hong su 홍수(洪水)

hóu 猴 [n.]

  saru 猿

  won sung i 원숭이

hóu 喉 [n.]

  nodo 喉

  mok kku meong 목구멍

hòu 后 (後) [n.]

  ato 後

  dwi 뒤

hòu huǐ 后悔 (後悔) [n.]; [v.]

  kōkai 後悔; kōkai suru 後悔する

  hu hoe 후회(後悔); hu hoe ha da 후회(後悔)하다

hòu shì 后世 (後世) [n.]

  kōsei 後世

  hu se 후세(後世)

hòu tuì 后退 (後退) [n.]; [v.]

  kōtai 後退; kōtai suru 後退する

  hu toe 후퇴(後退); hu toe ha da 후퇴(後退)하다

hòu yuán 后援 (後援) [n.]

  kōen 後援

  hu won 후원(後援)

hòu yuàn 后院 (後院) [n.]

  nakaniwa 中庭

  an tteul 안뜰

hòu yuán zhě 后援者 (後援者) [n.]

  kōen sha 後援者

  hu won ja 후원자(後援者)

hòu chē shì 候车室 (候車室) [n.]

  machiai shitsu 待合室

  dae hap ssil 대합실(待合室)

hòu xuǎn rén 候选人 (候選人) [n.]

  kōho sha 候補者

  hu bo ja 후보자(候補者)

hòu dù　**厚**度　[n.]

　atsusa　厚さ

　du kke　두께

hòu xiàn　厚线（厚線）　[n.]

　futoi himo　太いひも

　gul keun kkeun　굵은 끈

hū xī　**呼吸**　[n.]; [v.]

　kokyū　呼吸; iki o haku　息を吐く

　ho heup　호흡(呼吸); sum swi da　숨 쉬다

hú　**狐**　[n.]

　kitsune　キツネ

　yeo u　여우

hú　**蝴**　[n.]

　chō　蝶

　na bi　나비

hú　**湖**　[n.]

　mizuumi　湖

　ho su　호수(湖水)

hú jiāo　**胡**椒　[n.]

　koshō　コショウ

　hu chu　후추

hǔ　**虎**　[n.]

　tora　虎

　ho rang i　호랑이

hù shi　护士（**護**士）　[n.]

　kango shi　看護師

　gan ho sa　간호사(看護師)

hù sòng　护送（護送）　[n.]

　gosō　護送

　ho song　호송(護送)

hù zhào　护照（護照）　[n.]

　ryoken　旅券

　yeo kkwon　여권(旅券)

huā　**花**　[n.]

　hana　花

　kkot　꽃

huā bāo　花苞　[n.]

　hana busa　花房

　kkot ssong i　꽃송이

huā gāng yán　花岗岩（花崗岩）　[n.]

　kakōgan　花崗岩

　hwa gang am　화강암(花崗岩)

huā guān　花冠　[n.]

　kakan　花冠

　hwa gwan　화관(花冠)

huā quān　花圈　[n.]

　hanawa　花輪

　hwa hwan　화환(花環)

huā shù　花束　[n.]

　hana taba　花束

　kkot tta bal　꽃다발

huá jī　**滑**稽　[n.]

　kokkei　滑稽

　ik ssal　익살

huá jī zhě　滑稽者　[n.]

　kaigyaku ka　諧謔家

　hae hak kka　해학가(諧謔家)

huá xiáng jī　滑翔机（滑翔機）　[n.]

　kakkū ki　滑空機

　hwal gong gi　활공기(滑空機)

huá lì　华丽（**華**麗）　[n.]

　karei　華麗

　hwa ryeo　화려(華麗)

huá qiáo　华侨（華僑）　[n.]

　kakyō　華僑

　hwa gyo　화교(華僑)

71

huà　话 (話)　[n.]

hanashi　話 /

i ya gi　이야기

huà tí　话题 (話題)　[n.]

wadai　話題

hwa je　화제(話題)

huà jiā　画家 (畫家)　[n.]

gaka　画家

hwa ga　화가(畫家)

huà láng　画廊 (畫廊)　[n.]

garō　画廊

hwa rang　화랑(畫廊)

huà shì　画室 (畫室)　[n.]

gashitsu　画室

hwa sil　화실(畫室)

huà bù　画布 (畫布)　[n.]

gafu　画布

hwa po　화포(畫布)

huà xué　化学 (化學)　[n.]

kagaku　化学

hwa hak　화학(化學)

huà xué wù zhí　化学物质 (化學物質)　[n.]

kagaku busshitsu　化学物質

hwa hak mul jjil　화학물질(化學物質)

huà xué zhě　化学者 (化學者)　[n.]

kagaku sha　化学者

hwa hak jja　화학자(化學者)

huài chu　坏处 (壞處)　[n.]

gaiaku　害悪

hae ak　해악(害惡)

huān shēng　欢声 (歡聲)　[n.]

kansei　歓声

hwan seong　환성(歡聲)

huān song　欢送 (歡送)　[n.]; [v.]

kansō　歓送; kansō suru　歓送する

hwan song　환송(歡送); hwan song ha da　환송(歡送)하다

huān yíng　欢迎 (歡迎)　[n.]; [v.]

kangei　歓迎; kangei suru　歓迎する

hwa nyeong　환영(歡迎); hwa nyeong ha da 환영(歡迎)하다

huān xǐ　欢喜 (歡喜)　[n.]; [v.]

kanki　歓喜; kanki suru　歓喜する

hwan hi　환희(歡喜); hwan hi ha da　환희(歡喜)하다

huān tiān xǐ dì　欢天喜地 (歡天喜地)　[n.]

ō yorokobi　大喜び

keun gi ppeum　큰 기쁨

huán　貆　[n.]

ana guma　穴熊

o so ri　오소리

huán bǎo zhǔ yì zhě　环保主义者(環保主義者) [n.]

kankyō ron sha　環境論者

hwan gyeong non ja　환경론자(環境論者)

huán jìng　环境 (環境)　[n.]

kankyō　環境

hwan gyeong　환경(環境)

huán xiàn　环线 (環線)　[n.]

kanjō sen　環状線

hwan sang seon　환상선(環狀線)

huàn qì　换气 (換氣)　[n.]; [v.]

kanki　換気; kanki suru　換気する

hwan gi　환기(換氣); hwan gi ha da　환기(換氣)하다

huàn qì shān　换气扇 (換氣扇)　[n.]

kanki sōchi　換気装置

hwan gi jang chi　환기장치(換氣裝置)

huàn xiǎng　幻想　[n.]

gensō　幻想

hwan sang　환상(幻想)

72

huàn zhě　患者　[n.]

　kanja　患者

　hwan ja　환자(患者)

huāng dì　荒地　[n.]

　arechi　荒れ地

　hwang mu ji　황무지(荒蕪地)

huāng fèi　荒废 (荒廢)　[n.]

　kōhai　荒廃

　hwang pe　황폐(荒廢)

huāng yě　荒野　[n.]

　kōya　荒野

　hwang ya　황야(荒野)

huáng dì　皇帝　[n.]

　kōtei　皇帝

　hwang je　황제(皇帝)

huáng hòu　皇后　[n.]

　kōgō　皇后

　hwang hu　황후(皇后)

huáng hūn　黄昏　[n.]

　tasogare　黄昏

　hwang hon　황혼(黃昏)

huáng tóng　黄铜 (黃銅)　[n.]

　kōdō　黄銅

　hwang dong　황동(黃銅)

huáng jīn　黄金 (黃金)　[n.]

　ōgon　黄金

　hwang geum　황금(黃金)

huǎng hū　恍惚　[n.]

　kōkotsu　恍惚

　hwang hol　황홀(恍惚)

huǎng huà　谎话 (謊話)　[n.]

　uso　嘘

　geo jit　거짓

huī　灰　[n.]

　hai　灰

　jae　재

huī sè　灰色　[n.]

　haiiro　灰色

　hoe saek　회색(灰色)

huī fā yóu　挥发油 (揮發油)　[n.]

　kihatsu yu　揮発油

　hwi bal ryu　휘발유(揮發油)

huī zhāng　徽章　[n.]

　kishō　記章

　hwi jang　휘장(徽章)

huí dá　回答　[n.]; [v.]

　kaitō　回答; kotaeru　答える

　hwe dab　회답(回答); hoe dap ha da　회답(回答)하다

huí fù　回复 (回復)　[n.]; [v.]

　kaifuku　回復; kaifuku suru　回復する

　hoe bok　회복(回復); hoe bo ka da　회복(回復)하다

huí kòu　回扣　[n.]

　tesūryō　手数料

　su su ryo　수수료(手數料)

huí lù　回路　[n.]

　kairo　回路

　hoe ro　회로(回路)

huí xiǎng　回忆 (回憶)　[n.]; [v.]

　kaisō　回想; kaisō suru　回想する

　hoe sang　회상(回想); hoe sang ha da　회상(回想)하다

huí yīn　回音　[n.]

　kodama　こだま

　me a ri　메아리

huí zhuǎn　回转 (回轉)　[n.]; [v.]

　kaiten　回転; kaiten suru　回転す

　hoe jeon　회전(回轉); hoe jeon ha da　회전(回轉)하다

huì 喙 [n.]

　kuchi bashi くちばし

　buri 부리

huì chǎng 会场 (會場) [n.]

　kaigi jō 会議場

　hoe i jang 회의장(會議場)

huì hé 会合 (會合) [n.]

　kaigō 会合

　hoe hap 회합(會合)

huì huà 会话 (會話) [n.]

　kaiwa 会話

　hoe hwa 회화(會話)

huì jiàn 会见 (會見) [n.]; [v.]

　kaiken 会見; kaiken suru 会見する

　hoe gyeon 회견(會見); hoe gyeon ha da 회견(會見)하다

huì qī 会期 (會期) [n.]

　kaiki 会期

　hoe gi 회기(會期)

huì tán 会谈 (會談) [n.]

　kaidan 会談

　hoe dam 회담(會談)

huì yì 会议 (會議) [n.]

　kaigi 会議

　hoe i 회의(會議)

huì yuán 会员 (會員) [n.]

　kaiin 会員

　hoe won 회원(會員)

huì yuán zī gé 会员资格 (會員資格) [n.]

　kaiin shikaku 会員資格

　hoe won ja gyeok 회원자격(會員資格)

huì huà 绘画 (繪畫) [n.]

　kaiga 絵画

　hoe hwa 회화(繪畵)

huì kuǎn 汇款 (匯款) [n.]; [v.]

　furikae 振替; utsusu 移す

　i che 이체(移替); om gi da 옮기다

huì lǜ 汇率 (匯率) [n.]

　kawase rēto 為替レート

　hwan nyul 환율(換率)

huì lù 贿赂 (賄賂) [n.]

　wairo 賄賂

　noe mul 뇌물(賂物)

huì xīng 彗星 [n.]

　suisei 彗星

　he seong 혜성(彗星)

hún 魂 [n.]

　tamashii 魂

　hon 혼(魂)

hùn hé 混合 [n.]; [v.]

　kongō 混合; kongō suru 混合する

　ho nap 혼합(混合); ho na pa da 혼합(混合)하다

hùn hé qì 混合器 [n.]

　kongō ki 混合機

　ho nap kki 혼합기(混合機)

hùn hé wù 混合物 [n.]

　kongō butsu 混合物

　ho nap mul 혼합물(混合物)

hùn luàn 混乱 (混亂) [n.]

　konran 混乱

　hol ran 혼란(混亂)

hùn luàn zhuàng tài 混乱状态 (混亂狀態) [n.]

　konran jōtai 混乱状態

　hol ran sang tae 혼란상태(混亂狀態)

hùn zá 混杂 (混雜) [n.]; [v.]

　konzatsu 混雑; konzatsu suru 混雑する

　hon jap 혼잡(混雜); hon ja pa da 혼잡(混雜)하다

huó dòng 活动 (活動) [n.]

katsudō 活動

hwal ttong 활동(活動)

huó lì 活力 [n.]

katsuryoku 活力

hwal lyeok 활력(活力)

huǒ 火 [n.]

kaji 火

bul 불

huǒ chē zhàn 火车站 (火車站) [n.]

tetsudō eki 鉄道駅

cheol tto yeok 철도역(鐵道驛)

huǒ huā 火花 [n.]

hibana 火花

bul kkot 불꽃

huǒ jī 火鸡 (火雞) [n.]

shichimen chō 七面鳥

chil myeon jo 칠면조(七面鳥)

huǒ shān 火山 [n.]

kazan 火山

hwa san 화산(火山)

huǒ shān yán 火山岩 [n.]

kazan gan 火山岩

hwa sa nam 화산암(火山岩)

huǒ xīng 火星 [n.]

kasei 火星

hwa seong 화성(火星)

huǒ zāi 火灾 (火災) [n.]

kasai 火災

hwa jae 화재(火災)

huò bì 货币 (貨幣) [n.]

kahei 貨幣

hwa pe 화폐(貨幣)

huò bì dān wèi 货币单位 (貨幣單位) [n.]

kahei tan'i 貨幣単位

hwa pe da nwi 화폐단위(貨幣單位)

huò chē 货车 (貨車) [n.]

kamotsu sha 貨物車

hwa mul cha 화물차(貨物車)

huò wù 货物 (貨物) [n.]

kamotsu 貨物

hwa mul 화물(貨物)

huò yùn 货运 (貨運) [n.]

kamotsu yusō 貨物輸送

hwa mul su song 화물수송(貨物輸送)

huò dé 获得 (獲得) [n.]; [v.]

kakutoku 獲得; kakutoku suru 獲得する

hoek tteuk 획득(獲得); hoek tteu ka da 획득(獲得)하다

huò xīng 惑星 [n.]

wakusei 惑星

hok seong 혹성(惑星)

J

jī 鸡 (雞) [n.]

niwatori 鶏

dak 닭

jī ròu 鸡肉 (雞肉) [n.]

keiniku 鶏肉

dak kko gi 닭고기

jī běn 基本 [n.]

kihon 基本

gi bon 기본(基本)

jī chǔ 基础 (基礎) [n.]

kiso 基礎

gi cho 기초(基礎)

jī dì　基地　[n.]

　kichi　基地

　gi ji　기지(基地)

jī jīn　基金　[n.]

　kikin　基金

　gi geum　기금(基金)

jī shí　基石　[n.]

　chūseki　柱石

　dae deul ppo　대들보

jī zhǔn　基准 (基準)　[n.]

　kijun　基準

　gi jun　기준(基準)

jī chǎng　机场 (機場)　[n.]

　kūkō　空港; hikōjō　飛行場

　gong hang　공항(空港); bi haeng jang　비행장(飛行場)

jī guān chē　机关车 (機關車)　[n.]

　kikan sha　機関車

　gi gwan cha　기관차(機關車)

jī huì　机会 (機會)　[n.]

　kikai　機会

　gi hoe　기회(機會)

jī mì xìn xī　机密信息 (機密信息)　[n.]

　himitsu jōhō　秘密情報

　bi mil jeong bo　비밀정보(秘密情報)

jī néng　机能 (機能)　[n.]

　kinō　機能

　gi neung　기능(機能)

jī qiāng　机枪 (機槍)　[n.]

　kikan jū　機関銃

　gi gwan chong　기관총(機關銃)

jī xiè　机械 (機械)　[n.]

　kikai　機械

　gi ge　기계(機械)

jī xiè lèi　机械类 (機械類)　[n.]

　kikai rui　機械類

　gi ge ryu　기계류(機械類)

jī xiè xiū lǐ gōng　机械修理工 (機械修理工)　[n.]

　kikai shūrikō　機械修理工

　gi ge su ri gong　기계 수리공(機械 修理工)

jī è　饥饿 (飢餓)　[n.]

　ue　飢え; kiga　飢餓

　gum ju rim　굶주림; gi a　기아(飢餓)

jī jǐn　饥馑 (飢饉)　[n.]

　kikin　飢饉

　gi geun　기근(飢饉)

jī nù　激怒　[n.]; [v.]

　gekido　激怒; gekido suru　激怒する

　gyeok no　격노(激怒); gyeok no ha da　격노(激怒)하다

jī tòng　激痛　[n.]

　gekitsū　激痛

　gyeok tong　격통(激痛)

jī xù　积蓄 (積蓄)　[n.]; [v.]

　chikuseki　蓄積; chikuseki suru　蓄積する

　chuk jjeok　축적(蓄積); chuk jjeo ka da　축적(蓄積)하다

jí　极 (極)　[n.]

　kyoku　極

　geuk　극(極)

jí dà　极大 (極大)　[n.]

　saidaigen　最大限

　choe dae han　최대한(最大限)

jí dì　极地 (極地)　[n.]

　kyokuchi　極地

　geuk jji　극지(極地)

jí dù　极度 (極度)　[n.]

　kyokudo　極度

　geuk tto　극도(極度)

jí duān　极端 (極端)　[n.]

　kyokutan　極端

　geuk ttan　극단(極端)

jí duān fēn zǐ　极端分子 (極端分子)　[n.]

　kageki ha　過激派

　gwa gyeok pa　과격파(過激派)

jí shǎo liàng　极少量 (極少量)　[n.]

　kyokushō ryō　極少量

　geuk sso ryang　극소량(極少量)

jí xiǎo　极小 (極小)　[n.]

　kyokushō　極小

　geuk sso　극소(極小)

jí　棘　[n.]

　toge　棘

　ga si　가시

jí dù　嫉妒　[n.]; [v.]

　shitto　嫉妬; shitto suru　嫉妬する

　jil tu　질투(嫉妬); jil tu ha da　질투(嫉妬)하다

jí huì　集会 (集會)　[n.]

　shūkai　集会

　ji poe　집회(集會)

jí tuán　集团 (集團)　[n.]

　shūdan　集団

　jip ttan　집단(集團)

jí zhōng　集中　[n.]; [v.]

　shūchū　集中; shūchū suru　集中する

　jip jjung　집중(集中); jip jjung ha da　집중(集中)하다

jí wù dòng cí　及物动词 (及物動詞)　[n.]

　tadōshi　他動詞

　ta dong sa　타동사(他動詞)

jí liú　急流　[n.]

　kyūryū　急流

　geup nyu　급류(急流)

jí xí　急袭 (急襲)　[n.]

　kyūshū　急襲

　geup sseup　급습(急襲)

jǐ hé xué　几何学 (幾何學)　[n.]

　kika gaku　幾何学

　gi ha hak　기하학(幾何學)

jì cè　计策 (計策)　[n.]

　keisaku　計策

　ge chaek　계책(計策)

jì huà　计画 (計畫)　[n.]

　keikaku　計画

　ge hoek　계획(計劃)

jì liàng　计量 (計量)　[n.]

　keiryō　計量

　ge ryang　계량(計量)

jì liàng qì　计量器 (計量器)　[n.]

　keiryō ki　計量器

　ge ryang gi　계량기(計量器)

jì suàn　计算 (計算)　[n.]; [v.]

　keisan　計算; keisan suru　計算する

　ge san　계산(計算); ge san ha da　계산(計算)하다

jì suàn jī　计算机 (計算機)　[n.]

　keisan ki　計算機

　ge san gi　계산기(計算機)

jì chéng　继承 (繼承)　[n.]; [v.]

　keisyō　繼承; keisyō suru　繼承する

　gye seung　계승(繼承); gye seung ha da　계승(繼承)하다

jì chéng rén　继承人 (繼承人)　[n.]

　sōzoku nin　相続人

　sang so gin　상속인(相續人)

jì rèn zhě　继任者 (繼任者)　[n.]

　kōkei sha　後継者

　hu ge ja　후계자(後繼者)

jì jié 季节 (季節) [n.]

  kisetsu 季節

  ge jeol 계절(季節)

jì kān 季刊 [n.]

  kikan 季刊

  ge gan 계간(季刊)

jì lù 记录 (記錄) [n.]; [v.]

  kiroku 記錄; **kiroku suru** 記錄する

  gi rok 기록(記錄); **gi ro ka da** 기록(記錄)하다

jì shì 记事 (記事) [n.]

  kiji 記事

  gi sa 기사(記事)

jì shù 记述 (記述) [n.]; [v.]

  kijutsu 記述; **kijutsu suru** 記述する

  gi sul 기술(記述); **gi sul ha da** 기술(記述)하다

jì yì 记忆 (記憶) [n.]; [v.]

  kioku 記憶; **kioku suru** 記憶する

  gi eok 기억(記憶); **gi eo ka da** 기억(記憶)하다

jì yì lì 记忆力 (記憶力) [n.]

  kioku ryoku 記憶力

  gi eok nyeok 기억력(記憶力)

jì zǎi 记载 (記載) [n.]; [v.]

  kisai 記載; **kisai suru** 記載する

  gi jae 기재(記載); **gi jae ha da** 기재(記載)하다

jì zhě 记者 (記者) [n.]

  kisha 記者

  gi ja 기자(記者)

jì niàn 纪念 (**紀念**) [n.]; [v.]

  kinen 記念; **kinen suru** 記念する

  gi nyeom 기념(紀念); **gi nyeom ha da** 기념(紀念)하다

jì niàn bēi 纪念碑 (紀念碑) [n.]

  kinen hi 記念碑

  gi nyeom bi 기념비(紀念碑)

jì niàn guǎn 纪念馆 (紀念館) [n.]

  kinen kan 記念館

  gi nyeom gwan 기념관(紀念館)

jì niàn pǐn 纪念品 (紀念品) [n.]

  kinen hin 記念品

  gi nyeom pum 기념품(紀念品)

jì niàn rì 纪念日 (紀念日) [n.]

  kinen bi 記念日

  gi nyeo mil 기념일(紀念日)

jì qiǎo **技**巧 [n.]

  gikō 技巧

  gi gyo 기교(技巧)

jì shī 技师 (技師) [n.]

  gishi 技師

  gi sa 기사(技師)

jì shù 技术 (技術) [n.]

  gijutsu 技術

  gi sul 기술(技術)

jì tán **祭**坛 (祭壇) [n.]

  saidan 祭壇

  je dan 제단(祭壇)

jì sì 祭祀 [n.]

  saishi 祭祀 (祭壇)

  je sa 제사(祭祀)

jì diǎn 祭典 [n.]

  saiten 祭典

  je jeon 제전(祭典)

jì **迹** (跡) [n.]

  ato 跡

  ja chwi 자취

jiā **家** [n.]

  ie 家

  jip 집

jiā chù　家畜　[n.]

　kachiku　家畜

　ga chuk　가축(家畜)

jiā huo　家伙　[n.]

　yatsu　奴

　nyeo seok　녀석

jiā jù　家具　[n.]

　kagu　家具

　ga gu　가구(家具)

jiā qín　家禽　[n.]

　kakin　家禽

　ga geum　가금(家禽)

jiā tíng　家庭　[n.]

　katei　家庭

　ga jeong　가정(家庭)

jiā tíng xué xí　家庭学习（家庭學習）　[n.]

　katei gakushū　家庭学習

　ga jeong hak sseup　가정학습(家庭學習)

jiā zú　家族　[n.]

　kazoku　家族

　ga jok　가족(家族)

jiā　豭　[n.]

　osu buta　雄豚

　su twae ji　수돼지

jiā rén　佳人　[n.]

　bijo　美女

　mi nyeo　미녀(美女)

jiā rù　加入　[n.]; [v.]

　kanyū　加入; kanyū suru　加入する

　ga ip　가입(加入); ga i pa da　가입(加入)하다

jiā sù　加速　[n.]; [v.]

　kasoku　加速; kasoku suru　加速する

　ga sok　가속(加速); ga so ka da　가속(加速)하다

jiá bǎn　甲板　[n.]

　kanpan　甲板

　gap pan　갑판(甲板)

jiǎ　岬　[n.]

　misaki　岬

　got　곶

jiǎ zhòu　甲冑　[n.]

　kacchū　甲冑

　gap jju　갑주(甲冑)

jiǎ dìng　假定　[n.]; [v.]

　katei　仮定; katei suru　仮定する

　ga jeong　가정(假定); ga jeong ha da　가정(假定)하다

jiǎ miàn　假面（假麵）　[n.]

　kamen　仮面

　ga myeon　가면(假面)

jià qī　假期　[n.]

　yasumi　休み

　bang hak　방학(放學)

jià rì　假日　[n.]

　kyūjitsu　休日

　hyu il　휴일(休日)

jiǎ shè yǔ qì　假设语气（假設語氣）　[n.]

　katei hō　仮定法

　ga jeong ppeop　가정법(假定法)

jiǎ yá　假牙　[n.]

　gishi　義歯

　ui chi　의치(義齒)

jiǎ zhuāng　假装　[n.]

　misekake　見せかけ

　ga jang　가장(假裝)

jià gé　价格（價格）　[n.]

　kakaku　価格

　ga gyeok　가격(價格)

jià qian　价钱（價錢）　[n.]

　nedan　値段

　gap　값

jià zhí　价值（價值）　[n.]

　kachi　価値

　ga chi　가치（價値）

jiān　间（間）　[n.]

　aida　間

　sa i　사이

jiàn gé　间隔（間隔）　[n.]

　kankaku　間隔

　gan gyeok　간격（間隔）

jiān　肩　[n.]

　kata　肩

　eo kkae　어깨

jiān dū　监督（監督）　[n.]; [v.]

　kantoku　監督; kantoku suru　監督する

　gam dok　감독（監督）; gam do ka da　감독（監督）하다

jiān jìn　监禁（監禁）　[n.]; [v.]

　kankin　監禁; kankin suru　監禁する

　gam geum　감금（監禁）; gam geum ha da　감금（監禁）하다

jiān hù rén　监护人（監護人）　[n.]

　kōken nin　後見人

　hu gyeo nin　후견인（後見人）

jiān shì　监视（監視）　[n.]; [v.]

　kanshi　監視; kanshi suru　監視する

　gam si　감시（監視）; gam si ha da　감시（監視）하다

jiān yù　监狱（監獄）　[n.]

　kangoku　監獄

　ga mok　감옥（監獄）

jiān guǒ　坚果（堅果）　[n.]

　kenka　堅果

　gyeon gwa　견과（堅果）

jiān jué　坚决（堅決）　[n.]

　kengo　堅固

　gyeon go　견고（堅固）

jiān tǎ　尖塔　[n.]

　sentō　尖塔

　cheom tap　첨탑（尖塔）

jiān tóu　尖头（尖頭）　[n.]

　togatta sentan　尖った先端

　ppyo jo kan kkeut　뾰족한 끝

jián fǎ　减法（減法）　[n.]

　hikizan　引き算

　ppael ssem　뺄셈

jiǎn qīng　减轻（減輕）　[n.]; [v.]

　keigen　軽減; keigen suru　軽減する

　gyeong gam　경감（輕減）; gyeong gam ha da　경감（輕減）하다

jián shǎo　减少（減少）　[n.]; [v.]

　genshō　減少; genshō suru　減少する

　gam so　감소（減少）; gam so ha da　감소（減少）하다

jiǎn chá　检查（檢查）　[n.]; [v.]

　kensa　検査; kensa suru　検査する

　geom sa　검사（檢查）; geom sa ha da　검사（檢查）하다

jiǎn chá yuán　检查员（檢查員）　[n.]

　kensakan　検査官

　geom sa gwan　검사관（檢查官）

jián tǎo　检讨（檢討）　[n.]; [v.]

　kentō　検討; kentō suru　検討する

　geom to　검토（檢討）; geom to ha da　검토（檢討）하다

jiǎn dān　简单（簡單）　[n.]

　kantan　簡単

　gan ttan　간단（簡單）

jiǎn lì　简历（簡歷）　[n.]

　rireki sho　履歴書

　i ryeok sseo　이력서（履歷書）

jiǎn dāo **剪**刀 [n.]

　hasami はさみ

　ga wi 가위

jiǎn tiē 剪贴 (剪貼) [n.]

　kezuri 削り

　kkak kki 깎기

jiàn 剑 (**剑**) [n.]

　ken 剣

　geom 검(劍)

jiàn 箭 [n.]

　ya 矢

　hwa sal 화살

jiàn dì 见地 (**見**地) [n.]

　kenchi 見地

　gyeon ji 견지(見地)

jiàn jiě 见解 (**見解**) [n.]

　kenkai 見解

　gyeon hae 견해(見解)

jiàn miàn 见面 (**見面**) [n.]

　deai 出会い

　man nam 만남

jiàn xí shēng 见习生 (見習生) [n.]

　minarai sei 見習生

　gyeon seup ssaeng 견습생(見習生)

jiàn duì 舰队 (**艦隊**) [n.]

　kantai 艦隊

　ham dae 함대(艦隊)

jiàn tǐng 舰艇 (**艦艇**) [n.]

　kantei 艦艇

　ham jeong 함정(艦艇)

jiàn kāng 健康 [n.]

　kenkō 健康

　geon gang 건강(健康)

jiàn quán 健全 [n.]

　kenzen 健全

　geon jeon 건전(健全)

jiàn lì **建**立 [n.]; [v.]

　konryū 建立; konryū suru 建立する

　geol rip 건립(建立); geol ri pa da 건립(建立)하다

jiàn shè 建设 (建設) [n.]; [v.]

　kensetsu 建設; kensetsu suru 建設する

　geon seol 건설(建設); geon seol ha da 건설(建設)하다

jiàn shè zhě 建设者 (建設者) [n.]

　kenchiku sha 建築者

　geon chuk jja 건축자(建築者)

jiàn yì 建议 (建議) [n.]; [v.]

　teigi 提議; teigi suru 提議する

　keo ni 건의(建議); keo ni ha da 건의(建議)하다

jiàn zhù 建筑 (建築) [n.]; [v.]

　kenchiku 建築; kenchiku suru 建築する

　geon chuk 건축(建築); geon chu ka da 건축(建築)하다

jiàn zhù jiā 建筑家 (建築家) [n.]

　kenchiku ka 建築家

　geon chuk kka 건축가(建築家)

jiàn zhù xué 建筑学 (建築學) [n.]

　kenchiku gaku 建築学

　geon chu kak 건축학(建築學)

jiàn zhú yàng shì 建筑样式 (建築樣式) [n.]

　kenchiku yōshiki 建築様式

　geon chuk yang sik 건축양식(建築樣式)

jiāng 江 [n.]

　kawa 江

　gang 강(江)

jiāng 姜 [n.]

　shōga 生姜

　saeng gang 생강(生薑)

jiāng shéng 缰绳 (韁繩) [n.]

  tazuna 手綱, baroku 馬勒

  go ppi 고삐, gul le 굴레

jiǎng 桨 [n.]

  kai 櫂

  no 노

jiǎng shī 讲师 (講師) [n.]

  kōshi 講師

  gang sa 강사(講師)

jiǎng zuò 讲座 (講座) [n.]

  kōza 講座

  gang jwa 강좌(講座)

jiǎng tái 讲台 (講台) [n.]

  seisho dai 聖書台

  seong seo dae 성서대(聖書臺)

jiǎng xué jīn 奖学金 (奬學金) [n.]

  shōgaku kin 奨学金

  jang hak kkeum 장학금(奬學金)

jiàng yǔ 降雨 [n.]

  kōu 降雨

  gang u 강우(降雨)

jiàng yǔ liàng 降雨量 [n.]

  kōu ryō 降雨量

  gang u ryang 강우량(降雨量)

jiāo ào 骄傲 (驕傲) [n.]

  hokori 誇り

  ja rang 자랑

jiāo chā 交叉 [n.]

  kōsa 交差

  gyo cha 교차(交叉)

jiāo chā diǎn 交叉点 (交叉點) [n.]

  kōsaten 交差点

  gyo cha jjeom 교차점(交叉點)

jiāo huàn 交换 [n.]; [v.]

  kōkan 交換; kōkan suru 交換する

  gyo hwan 교환(交換); gyo hwan ha da 교환(交換)하다

jiāo jì 交际 (交際) [n.]

  kōsai 交際

  gyo je 교제(交際)

jiāo shè 交涉 [n.]; [v.]

  kōshō 交涉; kōshō suru 交涉する

  gyo seop 교섭(交涉); gyo seo pa da 교섭(交涉)하다

jiāo tì 交替 [n.]; [v.]

  kōtai 交替; kōtai suru 交替する

  gyo che 교체(交替); gyo che ha da 교체(交替)하다

jiāo tōng 交通 [n.]

  kōtsū 交通

  gyo tong 교통(交通)

jiāo tōng liàng 交通量 [n.]

  kōtsū ryō 交通量

  gyo tong nyang 교통량(交通量)

jiāo wǎng 交往 [n.]; [v.]

  shinkō 親交; shinkō suru 親交する

  chin gyo 친교(親交); chin gyo ha da 친교(親交)하다

jiāo xiáng qǔ 交响曲 (交響曲) [n.]

  kōkyō kyoku 交響曲

  gyo hyang gok 교향곡(交響曲)

jiāo xiǎng yuè tuán 交响乐团 (交響樂團) [n.]

  kōkyō gakudan 交響楽団

  gyo hyang ak ttan 교향악단(交響樂團)

jiāo yì 交易 [n.]

  torihiki 取引

  gyo yeok 교역(交易)

jiāo yì guān xì 交易关系 (交易關係) [n.]

  torihiki kankei 取引関係

  geo rae gwan ge 거래관계(去來關係)

jiāo yǒu 交友 [n.]

  kōyū 交友

  gyo u 교우(交友)

jiāo zhàn 交战 (交戰) [n.]; [v.]

  kōsen 交戦; **kōsen suru** 交戦する

  gyo jeon 교전(交戰); **gyo jeon ha da** 교전(交戰)하다

jiāo diǎn 焦点 (焦點) [n.]

  shōten 焦点

  cho jjeom 초점(焦點)

jiāo zào 焦躁 [n.]

  shōsō 焦燥

  cho jo 초조(焦燥)

jiāo nián jì 胶粘剂 (膠粘劑) [n.]

  secchaku zai 接着剤

  jeop chak jje 접착제(接着劑)

jiāo wài 郊外 [n.]

  kōgai 郊外

  gyo oe 교외(郊外)

jiāo yú 鲛鱼 (鮫魚) [n.]

  same サメ

  sang eo 상어

jiáo zi 嚼子 [n.]

  kutsu wa くつわ

  jae gal 재갈

jiǎo 脚 (腳) [n.]

  ashi 脚

  da ri 다리

jiáo běn 脚本 (腳本) [n.]

  kyakuhon 脚本

  gak ppon 각본(脚本)

jiǎo bù 脚步 (腳步) [n.]

  hohaba 歩幅, **ashi dori** 足取り

  bo pok 보폭(步幅), **bal kkeo reum** 발걸음

jiāo gēn 脚跟 (腳跟) [n.]

  kakato 踵

  dwi kkum chi 뒤꿈치

jiāo huái 脚踝 (腳踝) [n.]

  kurubushi くるぶし

  bok ssa ppyeo 복사뼈

jiāo jiān 脚尖 (腳尖) [n.]

  tsuma saki つま先

  bal kkeut 발끝

jiáo pǔ 脚蹼 (腳蹼) [n.]

  mizukaki 水かき

  mul gal kwi 물갈퀴

jiǎo wàn zi 脚腕子 (腳腕子) [n.]

  ashikubi 足首

  bal mok 발목

jiáo zhǐ 脚趾 (腳趾) [n.]

  ashi no yubi 足の指

  bal kka rak 발가락

jiǎo 角 [n.]

  kado 角

  mo tung i 모퉁이

jiǎo dù 角度 [n.]

  kakudo 角度

  gak tto 각도(角度)

jiāo bàn 搅拌 (攪拌) [n.]

  kaki maze かき混ぜ

  hwi jeot kki 휘젓기

jiāo liàn 铰链 (鉸鏈) [n.]

  chō tsugai 蝶つがい

  gyeong cheop 경첩(輕捷)

jiǎo xíng 绞刑 (絞刑) [n.]

  kōshukei 絞首刑

  gyo su hyeong 교수형(絞首刑)

jiào běn　教本　[n.]

kyōhon　教本

gyo bon　교본(敎本)

jiào huáng　教皇　[n.]

kyōkō　教皇

gyo hwang　교황(敎皇)

jiào huì　教会（教會）　[n.]

kyōkai　教会

gyo hoe　교회(敎會)

jiào huì fǎ　教会法（教會法）　[n.]

kyōkai hōki　教会法規

gyo hoe beop kkyu　교회법규(敎會法規)

jiào kē shū　教科书（教科書）　[n.]

kyōkasho　教科書

gyo kkwa seo　교과서(敎科書)

jiào lǐ　教理　[n.]

kyōri　教理

gyo ri　교리(敎理)

jiào shì　教室　[n.]

kyōshitsu　教室

gyo sil　교실(敎室)

jiào shī　教师（教師）　[n.]

kyōshi　教師

gyo sa　교사(敎師)

jiào shòu　教授　[n.]

kyōju　教授

gyo su　교수(敎授)

jiào táng　教堂　[n.]

kyōkaidō　教会堂

gyo hoe dang　교회당(敎會堂)

jiào xun　教训（教訓）　[n.]

kyōkun　教訓

gyo hun　교훈(敎訓)

jiào yǎng　教养（教養）　[n.]

kyōyō　教養

gyo yang　교양(敎養)

jiào yù　教育　[n.]; [v.]

kyōiku　教育; kyōiku saseru　教育させる

gyo yuk　교육(敎育); gyo yuk si ki da　교육(敎育)시키다

jiào yuán　教员（教員）　[n.]

sensei　先生

seon saeng　선생(先生)

jiào zhí　教职（教職）　[n.]

kyōshoku　教職

gyo jik　교직(敎職)

jiào hǎn　叫喊　[n.]; [v.]

zekkyō　絶叫; zekkyō suru　絶叫する

jeol gyu　절규(絶叫); jeol gyu ha da　절규(絶叫)하다

jiào zhèng　校正　[n.]; [v.]

kōsei　校正; kōsei suru　校正する

gyo jeong　교정(校正); gyo jeong ha da　교정(校正)하다

jiē　街　[n.]

tōri　通り

geo ri　거리

jiē dào　街道　[n.]

gairo　街路

ga ro　가도(街道)

jiē tóu　街头（街頭）　[n.]

gaitō　街頭

ga du　가두(街頭)

jiē chù　接触（接觸）　[n.]; [v.]

sesshoku　接触; sesshoku suru　接触する

jeop chok　접촉(接觸); jeop cho ka da　접촉(接觸)하다

jiē dài　接待　[n.]; [v.]

settai　接待; motenashu　持て成す

jeop ddae　접대(接待); jeop ttae ha da　접대(接待)하다

jiē jìn   接近   [n.]; [v.]

　sekkin   接近; chikazuku   近づく

　jeop kkeun   접근(接近); jeop kkeun ha da   접근(接近)하다

jiē shōu qì   接收器   [n.]

　jushin ki   受信機

　su sin gi   수신기(受信機)

jiē xiàn yuán   接线员 (接線員)   [n.]

　denwa kōkan in   電話交換員

　jeon hwa gyo hwa nwon   전화교환원(電話交換員)

jiē duàn   阶段 (階段)   [n.]

　dankai   段階

　dan ge   단계(段階)

jiē jí   阶级 (階級)   [n.]

　kaikyū   階級

　ge geup   계급(階級)

jiē tī   阶梯 (階梯)   [n.]

　hashigo   梯子

　sa dak tta ri   사닥다리

jiē tī zhuàng huā yuán 阶梯状花园(階梯狀花園)[n.]

　kaidan jō no niwa   階段状の庭

　ge dan mo yang e tteul   계단(階段) 모양의 뜰

jiē shì   揭示   [n.]; [v.]

　keiji   揭示; keiji suru   揭示する

　ge si   게시(揭示); ge si ha da   게시(揭示)하다

jié   节 (節)   [n.]

　setsu   節

　jeol   절(節)

jié yuē   节约 (節約)   [n.]; [v.]

　setsuyaku   節約; setsuyaku suru   節約する

　jeo ryak   절약(節約); jeo rya ka da   절약(節約)하다

jié zhì   节制 (節制)   [n.]; [v.]

　sessei   節制; sessei suru   節制する

　jeol jje   절제(節制); jeol jje ha da   절제(節制)하다

jié   结 (結)   [n.]

　musubi me   結び目

　i eum mae   이음매

jié guǒ   结果 (結果)   [n.]

　kekka   結果

　gyeol gwa   결과(結果)

jié hé   结合 (結合)   [n.]; [v.]

　ketsugō   結合; ketsugō suru   結合する

　gyeol hap   결합(結合); gyeol ha pa da   결합(結合)하다

jié hūn   结婚 (結婚)   [n.]; [v.]

　kekkon   結婚; kekkon suru   結婚する

　gyeol hon   결혼(結婚); gyeol hon ha da   결혼(結婚)하다

jié hūn shì   结婚式 (結婚式)   [n.]

　kekkon shiki   結婚式

　gyeol hon sik   결혼식(結婚式)

jié lùn   结论 (結論)   [n.]; [v.]

　ketsuron   結論; ketsuron o kudasu   結論を下す

　gyeol lon 결론(結論);gyeol lon nae ri da 결론(結論)내리다

jié zi   结子 (結子)   [n.]

　musubi   結び

　mae deup   매듭

jié zuò   杰作 (傑作)   [n.]

　kessaku   傑作

　geol jjak   걸작(傑作)

jiě dòng   解冻 (解凍)   [n.]

　kaitō   解凍

　hae dong   해동(解凍)

jiě fàng   解放   [n.]; [v.]

　kaihō   解放; kaihō suru   解放する

　hae bang   해방(解放); hae bang ha da   해방(解放)하다

jiě jué   解决 (解決)   [n.]; [v.]

　kaiketsu   解決; kaiketsu suru   解決する

　hae gyeol   해결(解決); hae gyeol ha da   해결(解決)하다

jiě jué fāng fǎ 解决方法（解決方法）[n.]

 kaiketsu saku 解決策

 hae gyeol chaek 해결책(解決策)

jiě pōu 解剖 [n.]; [v.]

 kaibō 解剖; kaibō suru 解剖する

 hae bu 해부(解剖); hae bu ha da 해부(解剖)하다

jiě shì 解释（解釋）[n.]; [v.]

 kaishaku 解釈; kaishaku suru 解釈する

 hae seok 해석(解釋); hae seo ka da 해석(解釋)하다

jiě shuō yuán 解说员（解說員）[n.]

 kaisetsu sha 解説者

 hae seol jja 해설자(解說者)

jiè kuǎn rén 借款人 [n.]

 karite 借り手

 cha yong in 차용인(借用人)

jiè yòng 借用 [n.]

 shakuyō 借用

 cha yong 차용(借用)

jiè mìng 戒命 [n.]

 kai 戒

 ge myeong 계명(誡命)

jiè zhi 戒指 [n.]

 yubiwa 指輪

 ban ji 반지(斑指)

jiè shào 介绍（介紹）[n.]; [v.]

 shōkai 紹介; shōkai suru 紹介する

 so gae 소개(紹介); so gae ha da 소개(紹介)하다

jīn 金 [n.]

 kin 金

 geum 금(金)

jīn gāng shí 金刚石（金剛石）[n.]

 kongō seki 金剛石

 geum gang seok 금강석(金剛石)

jīn guī zi 金龟子（金龜子）[n.]

 kogane mushi コガネムシ

 pung deng i 풍뎅이

jīn kù 金库（金庫）[n.]

 kinko 金庫

 geum go 금고(金庫)

jīn qián 金钱（金錢）[n.]

 kinsen 金錢

 geum jeon 금전(金錢)

jīn shǔ 金属（金屬）[n.]

 kinzoku 金属

 geum sok 금속(金屬)

jīn shú bǎn 金属板（金屬板）[n.]

 kinzoku ban 金属板

 geum sok pan 금속판(金屬板)

jīn yú 金鱼（金魚）[n.]

 kingyo 金魚

 geum bung eo 금(金)붕어

jīn zì tǎ 金字塔 [n.]

 kinjitō 金字塔

 geum ja tap 금자탑(金字塔)

jīn rì 今日 [n.]

 kyō 今日

 o neul 오늘

jīn wǎn 今晚 [n.]

 kon'ya 今夜

 o neul ppam 오늘밤

jīn ròu 筋肉 [n.]

 kin niku 筋肉

 geu nyuk 근육(筋肉)

jīn tiē 津贴（津貼）[n.]

 teate 手当て

 su dang 수당(手當)

jǐn biāo　锦标（錦標）　[n.]

　senshu ken　選手権

　seon su kkwon　선수권（選手權）

jǐn jí shì jiàn　紧急事件（緊急事件）　[n.]

　kinkyū jitai　緊急事態

　bi sang sa tae　비상사태（非常事態）

jǐn zhāng　紧张（緊張）　[n.]

　kinchō　緊張

　gin jang　긴장（緊張）

jìn bù　进步（進步）　[n.]; [v.]

　shinpo　進歩; shinpo suru　進歩する

　jin bo　진보（進步）; jin bo ha da　진보（進步）하다

jìn huà　进化（進化）　[n.]

　shinka　進化

　jin hwa　진화（進化）

jìn lù　进路（進路）　[n.]

　shinro　進路

　jil ro　진로（進路）

jìn tuì liǎng nán　进退两难（進退兩難）　[n.]

　shintai ryōnan　進退両難

　jin toe yang nan　진퇴양난（進退兩難）

jìn xíng　进行（進行）　[n.]; [v.]

　shinkō　進行; shinkō suru　進行する

　jin haeng　진행（進行）; jin haeng ha da　진행（進行）하다

jìn xíng qǔ　进行曲（進行曲）　[n.]

　kōshin kyoku　行進曲

　haeng jin gok　행진곡（行進曲）

jìn jiāo　近郊　[n.]

　kinkō　近郊

　geun gyo　근교（近郊）

jìn lái　近来（近來）　[n.]

　kinrai　近来

　geun rae　근래（近來）

jìn dài　近代　[n.]

　kindai　近代

　geun dae　근대（近代）

jìn yù　禁欲（禁慾）　[n.]

　kin'yoku　禁欲

　geu myok　금욕（禁慾）

jìn zhǐ　禁止　[n.]; [v.]

　kinshi　禁止; kinshi suru　禁止する

　geum ji　금지（禁止）; geum ji ha da　금지（禁止）하다

jìn jì　禁忌　[n.]

　kinki　禁忌

　geum gi　금기（禁忌）

jīng　茎（莖）　[n.]

　kuki　茎

　jul gi　줄기

jīng　鲸（鯨）　[n.]

　kujira　鯨

　go rae　고래

jīng diǎn zhī zuò　经典之作（經典之作）　[n.]

　koten sakuhin　古典作品

　go jeon jak pum　고전작품（古典作品）

jīng fèi　经费（經費）　[n.]

　keihi　経費

　gyeong bi　경비（經費）

jīng jì　经济（經濟）　[n.]

　keizai　経済

　gyeong je　경제（經濟）

jīng lì　经历（經歷）　[n.]

　keireki　経歴

　gyeong nyeok　경력（經歷）

jīng lǐ　经理（經理）　[n.]

　shihai nin　支配人

　ji bae in　지배인（支配人）

jīng yàn 经验 (經驗) [n.]; [v.]

keiken 経験; keiken suru 経験する

gyeong heom 경험(經驗);gyeong heom ha da 경험(經驗)하다

jīng yíng 经营 (經營) [n.]; [v.]

keiei 経営; keiei suru 経営する

gyeong yeong 경영(經營);gyeong yeong ha da 경영(經營)하다

jīng yíng zhě 经营者 (經營者) [n.]

keiei sha 経営者

gyeong yeong ja 경영자(經營者)

jīng guò 经过 (經過) [n.]

keika 経過

gyeong gwa 경과(經過)

jīng è 惊愕 (驚愕) [n.]; [v.]

kyōgaku 驚愕; kyōgaku suru 驚愕する

gyeong ak 경악(驚愕); gyeong a ka da 경악(驚愕)하다

jīng yì 惊异 (驚異) [n.]

kyōi 驚異; odoroki 驚き

gyeong i 경이(驚異)

jīng liàn 精炼 (精煉) [n.]; [v.]

seiren 精錬; seiren suru 精錬する

jeong nyeon 정련(精煉); jeong nyeon ha da 정련(精煉)하다

jīng shén 精神 [n.]

seishin 精神

jeong sin 정신(精神)

jīng shén cuò luàn 精神错乱 (精神錯亂) [n.]

seishin sakuran 精神錯乱

jeong sin chak ran 정신착란(精神錯亂)

jīng zhì 精制 (精製) [n.]

seisei 精製

jeong je 정제(精製)

jǐng 井 [n.]

ido 井戸

u mul 우물

jǐng bào 警报 (警報) [n.]

keihō 警報

gyeong bo 경보(警報)

jǐng bào qì 警报器 (警報器) [n.]

keihō ki 警報器

gyeong bo gi 경보기(警報器)

jǐng chá 警察 [n.]

keisatsu 警察

gyeong chal 경찰(警察)

jǐng dí 警笛 [n.]

keiteki 警笛

gyeong jeok 경적(警笛)

jǐng gào 警告 [n.]; [v.]

keikoku 警告; keikoku suru 警告する

gyeong go 경고(警告); gyeong go ha da 경고(警告)하다

jǐng guān 警官 [n.]

keisatsu kan 警察官

gyeong chal gwan 경찰관(警察官)

jǐng jiè 警戒 [n.]; [v.]

keikai 警戒; keikai suru 警戒する

gyeong ge 경계(警戒); gyeong ge ha da 경계(警戒)하다

jǐng guān 景观 (景觀) [n.]

keikan 景観, fūkei 風景

gyeong gwan 경관(景觀), pung gyeong 풍경(風景)

jìng 镜 (鏡) [n.]

kagami 鏡

geo ul 거울

jìng huà 净化 (淨化) [n.]; [v.]

jōka 浄化; jōka suru 浄化する

jeong hwa 정화(淨化); jeong hwa ha da 정화(淨化)하다

jìng shuǐ 净水 (淨水) [n.]

jōsui 浄水

jeong su 정수(淨水)

jìng jì　竞技（競技）　[n.]

　kyōgi　競技

　gyeong gi　경기(競技)

jìng jì chǎng　竞技场（競技場）　[n.]

　kyōgi jō　競技場

　gyeong gi jang　경기장(競技場)

jìng xuǎn　竞选（競選）　[n.]

　senkyo undō　選挙運動

　seon geo un dong　선거운동(選擧運動)

jìng zhēng　竞争（競爭）　[n.]; [v.]

　kyōsō　競争; kyōsō suru　競争する

　gyeong jaeng 경쟁(競爭);gyeong jaeng ha da 경쟁(競爭)하다

jìng zǒu　竞走（競走）　[n.]

　kyōsō　競走

　gyeong ju　경주(競走)

jìng jì　静寂（靜寂）　[n.]

　seijaku　静寂

　jeong suk　정숙(靜肅)

jìng mài　静脉（靜脈）　[n.]

　jōmyaku　静脈

　jeong maek　정맥(靜脈)

jìng lǐ　敬礼（敬禮）　[n.]; [v.]

　keirei　敬礼; keirei suru　敬礼する

　gyeong nye 경례(敬禮);gyeong nye ha da 경례(敬禮)하다

jìng wèi　敬畏　[n.]; [v.]

　ikei　畏敬; ikei suru　畏敬する

　gyeong oe 경외(敬畏); gyeong oe ha da 경외(敬畏)하다

jìng yì　敬意　[n.]

　keii　敬意

　gyeong i　경의(敬意)

jiū　阄（鬮）　[n.]

　kuji　くじ

　je bi　제비

jiū fēn　纠纷（糾紛）　[n.]

　funkyū　紛糾, arasoi　争い

　bun gyu　분규(紛糾), da tum　다툼

jiǔ　九　[n.]

　kyū　九

　gu　구(九)

jiǔ shí　九十　[n.]

　kyūjū　九十

　gu sip　구십(九十)

jiǔ yuè　九月　[n.]

　ku gatsu　九月

　gu wol　구월(九月)

jiǔ　酒　[n.]

　sake　酒

　sul　술

jiú guǎn　酒馆（酒館）　[n.]

　izakaya　居酒屋

　seon sul jjip　선술집

jiǔ diàn　酒店　[n.]

　sakaya　酒屋

　sul jjip　술집

jiù jì　救济（救濟）　[n.]

　kyūsai　救済

　gu je　구제(救濟)

jiù yuán　救援　[n.]; [v.]

　kyūen　救援; kyūen suru　救援する

　gu won 구원(救援); gu won ha da 구원(救援)하다

jiù yuán wù zī　救援物资（救援物資）　[n.]

　kyūen busshi　救援物資

　gu won mul jja　구원물자(救援物資)

jiù zhù　救助　[n.]; [v.]

　kyūjo　救助; kyūjo suru　救助する

　gu jo 구조(救助); gu jo ha da 구조(救助)하다

jiù zhù zhě　救助者　[n.]

　kyūjo sha　救助者

　gu jo ja　구조자(救助者)

jiù shì jiè　旧世界 (舊世界)　[n.]

　kyū sekai　旧世界

　gu se ge　구세계(舊世界)

jú miàn　局面　[n.]

　kyokumen　局面

　guk myeon　국면(局面)

jú bù　局部　[n.]

　kyokubu　局部

　guk bu　국부(局部)

jú xiàn　局限　[n.]

　kyokugen　局限

　gu kan　국한(局限)

jù　句　[n.]

　ku　句

　gu　구(句)

jù fǎ　句法　[n.]

　kōbun ron　構文論

　gu mun ron　구문론(構文論)

jù zi　句子　[n.]

　bunshō　文章

　mun jang　문장(文章)

jù　锯 (鋸)　[n.]

　nokogiri　鋸

　top　톱

jù chǎng　剧场 (劇場)　[n.]

　gekijō　劇場

　geuk jjang　극장(劇場)

jù běn　剧本 (劇本)　[n.]

　gekihon　劇本

　geuk bon　극본(劇本)

jù fù　巨富　[n.]

　kyofu　巨富

　geo bu　거부(巨富)

jù rén　巨人　[n.]

　kyojin　巨人

　geo in　거인(巨人)

jù jué　拒绝 (拒絶)　[n.]; [v.]

　kyozetsu　拒絶; kobamu　拒む

　geo jeol　거절(拒絶); geo jeol ha da　거절(拒絶)하다

jù lí　距离 (距離)　[n.]

　kyori　距離

　geo ri　거리(距離)

juān kuǎn　捐款　[n.]

　gienkin　義援金

　ui yeon geum　의연금(義捐金)

juān zèng　捐赠 (捐贈)　[n.]; [v.]

　kizō　寄贈; kizō suru　寄贈する

　gi jeung　기증(寄贈); gi jeung ha da　기증(寄贈)하다

juàn　绢 (絹)　[n.]

　kinu　絹

　bi dan　비단(緋緞)

juàn zhóu　卷轴 (卷軸)　[n.]

　itomaki　糸巻

　eol le　얼레

juàn zōng　卷宗　[n.]

　shorui toji　書類とじ

　seo ryu kko ji　서류(書類)꽂이

jué　橛　[n.]

　kiri kabu　切り株

　geu ru teo gi　그루터기

jué bì　绝壁 (絶壁)　[n.]

　zeppeki　絶壁

　jeol byeok　절벽(絶壁)

jué duì 绝对（絕對）[n.]

　zettai　絶対

　jeol ttae　절대（絕對）

jué jì 绝技（絕技）[n.]

　myōgi　妙技

　myo gi　묘기（妙技）

jué miào 绝妙（絕妙）[n.]

　zetsumyō sa　絶妙

　jeol myo　절묘（絕妙）

jué wàng 绝望（絕望）[n.]

　zetsubō　絶望

　jeol mang　절망（絕望）

jué dìng 决定（決定）[n.]; [v.]

　kettei　決定; kettei suru　決定する, kimeru　決める

　gyeol jjeong 결정（決定）; gyeol jjeong ha da 결정（決定）하다

jué sài 决赛（決賽）[n.]

　kesshō sen　決勝戦

　gyeol sseung jeon　결승전（決勝戰）

jué xīn 决心（決心）[n.]; [v.]

　kesshin　決心; kesshin suru　決心する

　gyeol ssim 결심（決心）; gyeol ssim ha da 결심（決心）하다

jué yì 决意（決意）[n.]; [v.]

　ketsui　決意; ketsui suru　決意する

　gyeo ri 결의（決意）; gyeo ri ha da 결의（決意）하다

jué sè 角色 [n.]

　haiyaku　配役

　bae yeok　배역（配役）

jué zhú 角逐 [n.]

　kakuchiku　角逐

　gak chuk　각축（角逐）

jué xǐng 觉醒（覺醒）[n.]; [v.]

　kakusei　覚醒; kakusei suru　覚醒する

　gak sseong 각성（覺醒）; gak sseong ha da 각성（覺醒）하다

jūn duì 军队（軍隊）[n.]

　guntai　軍隊

　gun dae　군대（軍隊）

jūn guān 军官（軍官）[n.]

　shōkō　将校

　jang gyo　장교（將校）

jūn jiàn 军舰（軍艦）[n.]

　gunkan　軍艦

　gun ham　군함（軍艦）

jūn rén 军人（軍人）[n.]

　gunjin　軍人

　gu nin　군인（軍人）

jūn shì 军士（軍士）[n.]

　kashikan　下士官

　ha sa gwan　하사관（下士官）

jūn shì xíng dòng 军事行动（軍事行動）[n.]

　gunji kōdō　軍事行動

　gun sa haeng dong　군사행동（軍事行動）

jūn héng 均衡 [n.]

　kinkō　均衡

　gyun hyeong　균형（均衡）

jūn yī 均一 [n.]

　kin'itsu　均一

　gyu nil　균일（均一）

jūn liè 龟裂（龜裂）[n.]

　kiretsu　亀裂

　gyun yeol　균열（龜裂）

jūn zhǔ 君主 [n.]

　kunshu　君主

　gun ju　군주（君主）

jūn zǐ 君子 [n.]

　kunshi　君子

　gun ja　군자（君子）

jùn 郡 [n.]

gun 郡

gun 군(郡)

K

kāi fā 开发 (**開發**) [n.]; [v.]

kaihatsu 開発; **kaihatsu suru** 開発する

gae bal 개발(開發); **gae bal ha da** 개발(開發)하다

kāi fā zhě 开发者 (開發者) [n.]

kaihatsu sha 開発者

gae bal jja 개발자(開發者)

kāi fàng 开放 (開放) [n.]; [v.]

kaihō 開放; **kaihō suru** 開放する

gae bang 개방(開放); **gae bang ha da** 개방(開放)하다

kāi huà 开化 (開化) [n.]; [v.]

kaika 開化; **kaika suru** 開化する

gae hwa 개화(開化); **gae hwa ha da** 개화(開化)하다

kāi huā 开花 (開花) [n.]; [v.]

kaika 開花; **hana ga saku** 花が咲く

gae hwa 개화(開花); **kko chi pi da** 꽃이 피다

kāi shǐ 开始 (開始) [n.]; [v.]

kaishi 開始; **kaishi suru** 開始する

gae si 개시(開始); **gae si ha da** 개시(開始)하다

kāi tà zhě 开拓者 (開拓者) [n.]

kaitaku sha 開拓者

gae cheok jja 개척자(開拓者)

kāi xiāo 开销 (開銷) [n.]

kansetsu hi 間接費

gan jeop ppi 간접비(間接費)

kān běn 刊本 [n.]

kankō bon 刊行本

gan haeng bon 간행본(刊行本)

kān wù 刊物 [n.]

hakkō butsu 発行物

bal haeng mul 발행물(發行物)

kàn kè 看客 [n.]

kankyaku 観客

gwan gaek 관객(觀客)

kàn bìng 看病 [n.]; [v.]

kōbyō 看病; **kōbyō suru** 看病する

gang byeong 간병(看病); **gang byeong ha da** 간병(看病)하다

kàng yì 抗议 (抗議) [n.]; [v.]

kōgi 抗議; **kōgi suru** 抗議する

hang i 항의(抗議); **hang i ha da** 항의(抗議)하다

kǎo lú 烤炉 (烤爐) [n.]

kama 釜

sot 솥

kǎo ròu 烤肉 [n.]

yaki niku 焼肉

bul go gi 불고기

kǎo lǜ 考虑 (考慮) [n.]; [v.]

kōryo 考慮; **kōryo suru** 考慮する

go ryeo 고려(考慮); **go ryeo ha da** 고려(考慮)하다

kǎo yàn 考验 (考驗) [n.]; [v.]

shiren 試練; **shiren suru** 試練する

si ryeon 시련(試鍊); **si ryeon ha da** 시련(試鍊)하다

kǎo wèn 拷问 (拷問) [n.]; [v.]

gōmon 拷問; **gōmon suru** 拷問する

go mun 고문(拷問); **go mun ha da** 고문(拷問)하다

kē xué 科学 (科學) [n.]

kagaku 科学

gwa hak 과학(科學)

kē xué jiā 科学家 (科學家) [n.]

kagaku sha 科学者

gwa hak jja 과학자(科學者)

kě 渴 [n.]

  kawaki 渇き

  gal jjeung 갈증(渴症)

kě wàng 渴望 [n.]; [v.]

  katsubō 渇望; katsubō suru 渇望する

  gal mang 갈망(渴望); gal mang ha da 갈망(渴望)하다

kě kào xìng 可靠性 (可靠性) [n.]

  kakujitsu sei 確実性

  hwak ssil sseong 확실성(確實性)

kě néng 可能 [n.]

  kanō 可能

  ga neung 가능(可能)

kě néng xìng 可能性 [n.]

  kanō sei 可能性

  ga neung sseong 가능성(可能性)

kě yí de 可疑的 [n.]

  ayashi sa 怪しさ

  su sang ham 수상(殊常)함

kè diàn 客店 [n.]

  yadoya 宿屋

  yeo in suk 여인숙(旅人宿)

kè hù 客户 [n.]

  tokui saki 得意先

  dan gol 단골

kè rén 客人 [n.]

  hōmon sha 訪問者

  bang mun ja 방문자(訪問者)

kè shì 客室 [n.]

  kyaku shitsu 客室

  gaek sil 객실(客室)

kè tīng 客厅 (客廳) [n.]

  ima 居間, ōsetsuma 応接間

  geo sil 거실(居室), eung jeop ssil 응접실(應接室)

kè dù 刻度 [n.]

  memori 目盛り

  nun kkeum 눈금

kè jǐ 克己 (剋己) [n.]

  kokki 克己

  geuk kki 극기(克己)

kè shuì 课税 (課稅) [n.]

  kazei 課税

  gwa se 과세(課稅)

kè yè 课业 (課業) [n.]

  kagyō 課業

  gwa eop 과업(課業)

kén qǐng 恳请 (懇請) [n.]; [v.]

  kongan 懇願; kongan suru 懇願する

  gan cheong 간청(懇請);gan cheong ha da 간청(懇請)하다

kěn qiè 恳切 (懇切) [n.]

  konsetsu 懇切

  gan jeol 간절(懇切)

kěn dìng 肯定 [n.]; [v.]

  kōtei 肯定; kōtei suru 肯定する

  geung jeong 긍정(肯定); geung jeong ha da 긍정(肯定)하다

kěn dìng jù 肯定句 [n.]

  kōtei bun 肯定文

  geung jeong mun 긍정문(肯定文)

kōng 稭 [n.]

  wara わら /

  jip 짚

kòng bái 空白 [n.]

  kūhaku 空白

  gong baek 공백 (空白)

kōng fān 空翻 [n.]

  tonbo kaeri とんぼ返り

  gong jung je bi 공중(空中)제비

kōng jiān　空间 (空間)　[n.]

　kūkan　空間

　gong gan　공간(空間)

kōng qì　空气 (空氣)　[n.]

　kūki　空気

　gong gi　공기(空氣)

kōng xiǎng　空想　[n.]; [v.]

　kūsō　空想; kūsō suru　空想する

　gong sang　공상(空想); gong sang ha da　공상(空想)하다

kōng xū　空虚 (空虛)　[n.]

　kūkyo　空虚

　gong heo　공허(空虛)

kōng zhōng　空中　[n.]

　kūchū　空中

　gong jung　공중(空中)

kòng quē　空缺　[n.]

　ketsuin　欠員

　gyeo rwon　결원(缺員)

kǒng bù　恐怖　[n.]

　kyōfu　恐怖

　gong po　공포(恐怖)

kǒng bù fèn zǐ　恐怖分子 (恐怖份子)　[n.]

　bōryoku shugi sha　暴力主義者

　pok nyeok ju i ja　폭력주의자(暴力主義者)

kǒng jù　恐惧 (恐懼)　[n.]

　osore　恐れ

　du ryeo um　두려움

kǒng què　孔雀　[n.]

　kujaku　孔雀

　gong jak　공작(孔雀)

kòng gào　控告　[n.]; [v.]

　kokuso　告訴; kokuso suru　告訴する

　go so　고소(告訴); go so ha da　고소(告訴)하다

kòng zhì　控制　[n.]; [v.]

　seigyo　制御; seigyo suru　制御する

　je eo　제어(制御); je eo ha da　제어(制御)하다

kǒu　口　[n.]

　guchi　口

　ip　입

kǒu chī　口吃　[n.]

　kuchi gomoru hito　口ごもる人

　mal deo deu mi　말더듬이

kǒu shào　口哨　[n.]

　kuchi bue　口笛

　hwi pa ram　휘파람

kǒu yì　口译 (口譯)　[n.]

　tsūyaku　通訳

　tong yeok　통역(通譯)

kǒu yì yuán　口译员 (口譯員)　[n.]

　tsūyaku nin　通訳人

　tong yeo gin　통역인(通譯人)

kòu chú　扣除　[n.]; [v.]

　kōjo　控除; kōjo suru　控除する

　gong je　공제(控除); gong je ha da　공제(控除)하다

kú nǎo　苦恼 (苦惱)　[n.]

　kunō　苦悩

　go noe　고뇌(苦惱)

kǔ láo　苦劳 (苦勞)　[n.]

　kurō　苦労

　no go　노고(勞苦)

kǔ nàn　苦难 (苦難)　[n.]

　kunan　苦難

　go nan　고난(苦難)

kù cún　库存 (庫存)　[n.]

　zaiko　在庫

　jae go　재고(在庫)

kù dāng　裤裆（褲襠）　[n.]

　mata　股

　ga rang i　가랑이

kù zi　裤子（褲子）　[n.]

　yōfuku no zubon　洋服のズボン

　yang bok ppa ji　양복(洋服) 바지

kuā zhāng　夸张（誇張）　[n.]; [v.]

　kochō　誇張; kochō suru　誇張する

　gwa jang　과장(誇張); gwa jang ha da　과장(誇張)하다

kuā dà　夸大（誇大）　[n.]

　kodai　誇大

　gwa dae　과대(誇大)

kuài　块（塊）　[n.]

　katamari　塊

　deong eo ri　덩어리

kuài dì　快递（快遞）　[n.]

　sokutatsu　速達

　sok ttal　속달(速達)

kuài lè　快乐（快樂）　[n.]

　kairaku　快楽

　kwae rak　쾌락(快樂)

kuài mén　快门（快門）　[n.]

　amado　雨戸

　deot mun　덧문

kuān dà　宽大（寬大）　[n.]

　kandai　寬大

　gwan dae　관대(寬大)

kuān róng　宽容（寬容）　[n.]; [v.]

　kan'yō　寬容; kan'yō suru　寬容する

　gwa nyong　관용(寬容); gwa nyong ha da　관용(寬容)하다

kuān shù　宽恕（寬恕）　[n.]; [v.]

　yurushi　許し; yurusu　許す

　yong seo　용서(容恕); yong seo ha da　용서(容恕)하다

kuǎn dài　款待　[n.]; [v.]

　kantai　歡待; kantai suru　歡待する

　hwan dae　환대(歡待); hwan dae ha da　환대(歡待)하다

kuáng huān jié　狂欢节（狂歡節）　[n.]

　shanikusai　謝肉祭

　sa yuk jje　사육제(謝肉祭)

kuáng rè　狂热（狂熱）　[n.]; [v.]

　nekkyō　熱狂; nekkyō suru　熱狂する

　yeol gwang　열광(熱狂); yeol gwang ha da　열광(熱狂)하다

kuáng rè zhě　狂热者（狂熱者）　[n.]

　nekkyō sha　熱狂者

　yeol gwang ja　열광자(熱狂者)

kuàng　框　[n.]

　waku　枠

　te du ri　테두리

kuàng cáng　矿藏（礦藏）　[n.]

　kōbutsu　鉱物

　gwang mul　광물(鑛物)

kuàng gōng　矿工（礦工）　[n.]

　kōfu　鉱夫

　gwang bu　광부(鑛夫)

kuàng shí　矿石（礦石）　[n.]

　kōseki　鉱石

　gwang seok　광석(鑛石)

kuàng yè　矿业（礦業）　[n.]

　kōgyō　鉱業

　gwang eop　광업(鑛業)

kuī shì　窥视（窺視）　[n.]; [v.]

　nozoki　覗き; nozoku　覗く

　yeot ppo gi　엿보기; yeot ppo da　엿보다

kūn chóng　昆虫（昆蟲）　[n.]

　konchū　昆虫

　gon chung　곤충(昆蟲)

kùn huò　困惑　[n.]
　konwaku　困惑
　gon hok　곤혹(困惑)
kùn jìng　困境　[n.]
　kukyō　苦境
　gon gyeong　곤경(困境)
kùn nan　困难 (困難)　[n.]
　kon'nan　困難; muzukashi sa　難しさ
　gol ran　곤란(困難); eo ryeo um　어려움
kuò dà　扩大 (擴大)　[n.]; [v.]
　kakudai　拡大; kakudai suru　拡大する
　hwak ttae　확대(擴大); hwak ttae ha da　확대(擴大)하다
kuò zhāng　扩张 (擴張)　[n.]; [v.]
　kakuchō　拡張; kakuchō suru　拡張する
　hwak jjang　확장(擴張); hwak jjang ha da　확장(擴張)하다

L

lā jī　垃圾　[n.]
　gomi　ごみ
　sseu re gi　쓰레기
lā shēn　拉伸　[n.]
　hippari　引張り
　ja ba dang gi gi　잡아당기기
là zhú　蜡烛 (蠟燭)　[n.]
　rōsoku　蝋燭
　yang cho　양초
lái shēng　来生 (來生)　[n.]
　ano yo　あの世
　jeo seung　저승
lǎn duò　懒惰 (懶惰)　[n.]
　taida　怠惰
　na tae　나태(懶怠)

làn yòng　滥用 (濫用)　[n.]; [v.]
　ran'yō　濫用; ran'yō suru　濫用する
　na myong　남용(濫用); na myong ha da　남용(濫用)하다
láng　狼　[n.]
　ōkami　オオカミ
　neuk ttae　늑대
lǎng sòng　朗诵 (朗誦)　[n.]; [v.]
　anshō　暗誦; anshō suru　暗誦する
　nang song　낭송(朗誦); nang song ha da　낭송(朗誦)하다
lǎng dú　朗读 (朗讀)　[n.]; [v.]
　rōdoku　朗読; rōdoku suru　朗読する
　nang dok　낭독(朗讀); nang do ka da　낭독(朗讀)하다
làng fèi　浪费 (浪費)　[n.]; [v.]
　rōhi　浪費; rōhi suru　浪費する
　nang bi　낭비(浪費); nang bi ha da　낭비(浪費)하다
làng màn　浪漫　[n.]
　roman　浪漫
　nang man　낭만(浪漫)
láo dòng　劳动 (勞動)　[n.]
　rōdō　労働
　no dong　노동(勞動)
láo dòng zhě　劳动者 (勞動者)　[n.]
　rōdō sha　労働者
　no dong ja　노동자(勞動者)
láo lóng　牢笼 (牢籠)　[n.]
　ori　檻
　u ri　우리
lǎo qiān　老千　[n.]
　sagi shi　詐欺師
　sa gi kkun　사기(詐欺)꾼
lǎo rén　老人　[n.]
　rōjin　老人
　no in　노인(老人)

lǎo shì bù qiāng 老式步枪 (老式步槍) [n.]

  kyūshiki shōjū 旧式小銃

  gu sik so chong 구식소총(舊式小銃)

láo shǒu 老手 [n.]

  rōren na hito 老練な人

  no ryeon han sa ram 노련(老練)한 사람

lǎo yīng 老鹰 (老鷹) [n.]

  taka タカ

  mae 매

lè 乐 (樂) [n.]

  tanoshimi 楽しみ

  jeul geo um 즐거움

lè yuán 乐园 (樂園) [n.]

  rakuen 楽園

  na gwon 낙원(樂園)

lè guān 乐观 (樂觀) [n.]

  rakkan 楽観

  nag kwan 낙관(樂觀)

léi 雷 [n.]

  kaminari 雷

  cheon dung 천둥

léi dá 雷达 (雷達) [n.]

  denpa tanchi ki 電波探知機

  jeon pa tam ji gi 전파탐지기(電波探知機)

lèi 泪 (淚) [n.]

  namida 涙

  nun mul 눈물

lèi 肋 [n.]

  wakibara わき腹

  yeop kku ri 옆구리

lèi gǔ 肋骨 [n.]

  rokkotsu 肋骨

  neuk kkol 늑골(肋骨)

lèi sì 类似 (類似) [n.]

  ruiji 類似

  yu sa 유사(類似)

lèi sì wù 类似物 (類似物) [n.]

  ruiji butsu 類似物

  yu sa mul 유사물(類似物)

lèi xíng 类型 (類型) [n.]

  ruikei 類型

  yu hyeong 유형(類型)

lěng 冷 [n.]

  samu sa 寒さ

  chu wi 추위

lěng dàn 冷淡 [n.]

  reitan 冷淡

  naeng dam 냉담(冷淡)

lěng dòng 冷冻 (冷凍) [n.]

  reitō 冷凍

  naeng dong 냉동(冷凍)

lěng dòng jī 冷冻机 (冷凍機) [n.]

  reizō ki 冷蔵機

  naeng jang gi 냉장기(冷蔵機)

lěng qì 冷气 (冷氣) [n.]

  reiki 冷気

  naeng gi 냉기(冷氣)

lěng què 冷却 (冷卻) [n.]

  reikyaku 冷却

  naeng gak 냉각(冷却)

lěng què qì 冷却器 (冷卻器) [n.]

  reikyakuki 冷却器

  naeng gak kki 냉각기(冷却器)

lí 篱 (籬) [n.]

  kakine 垣根

  ul ta ri 울타리

lí 梨 [n.]

nashi 梨

bae 배

lí bié 离别 (離別) [n.]

wakare 別れ

i byeol 이별(離別)

lí hūn 离婚 (離婚) [n.]; [v.]

rikon 離婚; rikon suru 離婚する

i hon 이혼(離婚); i hon ha da 이혼(離婚)하다

lǐ bài 礼拜 (禮拜) [n.]

reihai 礼拝

ye bae 예배(禮拜)

lǐ jié 礼节 (禮節) [n.]

reigi 礼儀

ye jeol 예절(禮節)

lǐ wù 礼物 (禮物) [n.]

okuri mono 贈り物

seon mul 선물(膳物)

lǐ fà 理发 (理髮) [n.]

sanpatsu 散髪

i bal 이발(理髮)

lǐ fà shī 理发师 (理髮師) [n.]

rihatsu shi 理髪師

i bal ssa 이발사(理髮師)

lǐ jiě 理解 [n.]; [v.]

rikai 理解; rikai suru 理解する

i hae 이해(理解); i hae ha da 이해(理解)하다

lǐ lùn 理论 (理論) [n.]

riron 理論

i ron 이론(理論)

lǐ xiǎng 理想 [n.]

risō 理想

i sang 이상(理想)

lǐ xiǎng zhǔ yì zhě 理想主义者 (理想主義者) [n.]

risō shugi sha 理想主義者

i sang ju i ja 이상주의자(理想主義者)

lǐ xìng 理性 [n.]

risei 理性

i seong 이성(理性)

lǐ yóu 理由 [n.]

riyū 理由

i yu 이유(理由)

lì 蛎 (蠣) [n.]

kaki カキ

gul 굴

lì 粒 [n.]

tsubu 粒

na dal 낟알

lì 例 [n.]

rei 例

ye 예(例)

lì wài 例外 [n.]

reigai 例外

ye oe 예외(例外)

lì chǎng 立场 (立場) [n.]

tachiba 立場

ip jjang 입장(立場)

lì fǎ 立法 [n.]

rippō 立法

ip ppeop 입법(立法)

lì fǎ jī guān 立法机关 (立法機關) [n.]

rippō fu 立法府

ip ppeop ppu 입법부(立法府)

lì fǎ quán 立法权 (立法權) [n.]

rippō ken 立法権

ip ppeop kkwon 입법권(立法權)

lì fāng tǐ　立方体 (立方體) 　[n.]

  rippōtai　立方体

  ip ppang che　입방체(立方體)

lì liang　**力**量　[n.]

  rikiryō　力量

  yeok nyang　역량(力量)

lì shí　砾石 (礫石) 　[n.]

  jari　砂利

  ja gal　자갈

lì shǐ　历史 (歷史) 　[n.]

  rekishi　歷史

  yeok ssa　역사(歷史)

lì shǐ jiā　历史家 (歷史家) 　[n.]

  rekishi ka　歷史家

  yeok ssa ga　역사가(歷史家)

lì xí　**利**息　[n.]

  risoku　利息

  i ja　이자(利子)

lì yì　利益　[n.]

  rieki　利益

  i ik　이익(利益)

lì yòng　利用　[n.]

  riyō　利用

  i yong　이용(利用)

lì hài　利害　[n.]

  rigai　利害

  i hae　이해(利害)

lì zǐ　**栗子**　[n.]

  kuri　栗

  bam　밤

lián bāng　联邦 (**聯**邦) 　[n.]

  renpō　連邦

  yeon bang　연방(聯邦)

lián bāng zhèng fǔ　联邦政府 (聯邦政府) 　[n.]

  renpō seifu　連邦政府

  yeon bang jeong bu　연방정부(聯邦政府)

lián hé　联合 (聯合) 　[n.]; [v.]

  rengō　連合; rengō suru　連合する

  yeon hap　연합(聯合); yeon ha pa da　연합(聯合)하다

lián hé guǎn lǐ　联合管理 (聯合管理) 　[n.]

  kyōdō keiei　共同経営

  gong dong gyeong yeong　공동경영(共同經營)

lián hé jì suàn　联合计算 (聯合計算) 　[n.]

  kyōdō keisan　共同計算

  gong dong ge san　공동계산(共同計算)

lián luò　联络 (聯絡) 　[n.]; [v.]

  renraku　連絡; renraku suru　連絡する

  yeol rak　연락(連絡); yeol ra ka da　연락(連絡)하다

lián méng　联盟 (聯盟) 　[n.]

  renmei　連盟

  yeon maeng　연맹(聯盟)

lián duì　连队 (**連**隊) 　[n.]

  rentai　連隊

  yeon dae　연대(聯隊)

lián jiē　连接 (連接) 　[n.]

  setsuzoku　接続

  jeop ssok　접속(接續)

lián jiē cí　连接词 (連接詞) 　[n.]

  setsuzokushi　接続詞

  jeop ssok ssa　접속사(接續詞)

lián lěi　连累 (連累) 　[n.]; [v.]

  renrui　連累; renrui suru　連累する

  yeol ru　연루(連累); yeol ru ha da　연루(連累)하다

lián suǒ　连锁 (連鎖) 　[n.]

  rensa　連鎖

  yeon swae　연쇄(連鎖)

lián xù 连续 (連續) [n.]

  renzoku 連続

  yeon sok 연속(連續)

liǎn 脸 (臉) [n.]

  gao 顔

  eol gul 얼굴

liǎn jiá 脸颊 (臉頰) [n.]

  hoho 頬

  bol 볼

liǎn sè 脸色 (臉色) [n.]

  kao iro 顔色; **gao no hyōjō** 顔の表情

  an saek 안색(顔色); **eol gul pyo jeong** 얼굴 표정(表情)

liàn 链 (鏈) [n.]

  kusari 鎖

  sa seul 사슬

liàn jiē 链接 (鏈接) [n.]

  kusari no wa 鎖の輪

  sa seu re go ri 사슬의 고리

liàn jīn shù shì 炼金术士 (煉金術士) [n.]

  renkinjutsu shi 錬金術師

  yeon geum sul ssa 연금술사(鍊金術師)

liàn rén 恋人 (戀人) [n.]

  koibito 恋人

  yeo nin 연인(戀人)

liàn ài 恋爱 (戀愛) [n.]

  ren'ai 恋愛

  yeo nae 연애(戀愛)

liàn qíng 恋情 (戀情) [n.]

  renjō 恋情

  yeon jeong 연정(戀情)

liàn xí 练习 (練習) [n.]

  renshū 練習

  yeon seup 연습(練習)

liáng 粮 (糧) [n.]

  koku motsu 穀物

  gok mul 곡물(穀物)

liáng shi 粮食 (糧食) [n.]

  ryōshoku 糧食

  yang sik 양식(糧食)

liáng xīn 良心 [n.]

  ryōshin 良心

  yang sim 양심(良心)

liáng hǎo 良好 [n.]

  ryōkō 良好

  yang ho 양호(良好)

liǎng zhōu 两周 (兩週) [n.]

  ni shūkan 二週間

  i ju gan 이주간(二週間)

liàng 量 [n.]

  ryō 量

  yang 양(量)

liè 列 [n.]

  retsu 列

  yeol 열(列)

liè chē 列车 (列車) [n.]

  ressha 列車

  yeol cha 열차(列車)

liè hén 裂痕 [n.]

  hibi ひび, **wareme** 割れ目

  geum 금, **teum** 틈

liè kǒu 裂口 [n.]

  kirema 切れ間

  gal la jin teum 갈라진 틈

liè qiè 趔趄 [n.]

  yoromeki よろめき

  bi teul geo rim 비틀거림

liè quǎn 猎犬 (獵犬) [n.]

  ryōken 猟犬

  sa nyang kkae 사냥개

liè rén 猎人 (獵人) [n.]

  karyūdo 狩人

  sa nyang kkun 사냥꾼

lín dì 林地 [n.]

  shinrin chitai 森林地帯

  sam rim ji dae 삼림지대(森林地帶)

lín yè 林业 (林業) [n.]

  ringyō 林業

  i meop 임업(林業)

lín jū 邻居 (鄰居) [n.]

  rinjin 隣人

  i ut 이웃

lín guó 邻国 (鄰國) [n.]

  ringoku 隣国

  in guk 인국(隣國)

lín zhōng 临终 (臨終) [n.]

  rinjū 臨終

  im jong 임종(臨終)

lín chuáng 临床 (臨床) [n.]

  rinshō 臨床

  im sang 임상(臨床)

lín hǎi 临海 (臨海) [n.]

  rinkai 臨海

  im hae 임해(臨海)

líng 龄 (齡) [n.]

  toshi 年

  na i 나이

líng 零 [n.]

  rei 零

  yeong 영(零)

líng jiàn 零件 [n.]

  buhin 部品

  bu pum 부품(部品)

lǐng 领 (領) [n.]

  eri 襟; **kubi** 首

  git 깃; **mok** 목

lǐng dǎo 领导 (領導) [n.]

  tōsotsu ryoku 統率力

  young do 영도(領導)

lǐng tǔ 领土 (領土) [n.]

  ryōdo 領土

  yeong to 영토(領土)

lǐng yù 领域 (領域) [n.]

  ryōiki 領域

  yeong yeok 영역(領域)

líng lì 伶俐 [n.]

  kashiko sa 賢さ

  yeong ri 영리(怜悧)

lǐng 岭 (嶺) [n.]

  yama no se 山の背

  san ma ru 산(山)마루

líng gǎn 灵感 (靈感) [n.]

  reikan 霊感

  yeong gam 영감(靈感)

líng hún 灵魂 (靈魂) [n.]

  reikon 霊魂

  yeong hon 영혼(靈魂)

liú chéng 流程 [n.]

  nagare 流れ

  heu reum 흐름

liú chū 流出 [n.]; [v.]

  ryūshutsu 流出; **ryūshutsu suru** 流出する

  yu chul 유출(流出); **yu chul ha da** 유출(流出)하다

liú gǎn　流感　[n.]

　ryūkan　流感

　dok kkam　독감(毒感)

liú làng　流浪　[n.]; [v.]

　hōrō　放浪; hōrō suru　放浪する

　bang rang　방랑(放浪); bang rang ha da　방랑(放浪)하다

liú làng zhě　流浪者　[n.]

　hōrō sha　放浪者

　bang rang ja　방랑자(放浪者)

liú máng　流氓　[n.]

　furyō　不良

　bul lyang bae　불량배(不良輩)

liú tǐ　流体 (流體)　[n.]

　ryūdō tai　流動体

　yu dong che　유동체(流動體)

liú xíng　流行　[n.]

　ryūkō　流行

　yu haeng　유행(流行)

liú xīng　流星　[n.]

　ryūsei　流星

　yu seong　유성(流星)

liú huáng　硫黄　[n.]

　iō　硫黄

　yu hwang　유황(硫黃)

liú shēng jī　留声机 (留聲機)　[n.]

　chikuon ki　蓄音機

　chu geum gi　축음기(蓄音機)

liǔ　柳　[n.]

　yanagi　柳

　beo deu na mu　버드나무

liù　六　[n.]

　roku　六

　yuk　육(六)

liù shí　六十　[n.]

　rokujū　六十

　yuk ssip　육십(六十)

liù yuè　六月　[n.]

　roku gatsu　六月

　yu wol　유월(六月)

lóng　龙 (龍)　[n.]

　ryū　龍

　yong　용(龍)

lóu dào　楼道 (樓道)　[n.]

　rōka　廊下

　bok tto　복도(複道)

lóu shàng　楼上 (樓上)　[n.]

　ni kai　二階

　i cheung　이층(二層)

lóu tī　楼梯 (樓梯)　[n.]

　kaidan　階段

　ge dan　계단(階段)

lóu xià　楼下 (樓下)　[n.]

　kaika　階下

　a rae cheung　아래층(層)

lóu zhǔ　楼主 (樓主)　[n.]

　yanushi　家主

　jip jju in　집 주인(主人)

lú　炉 (爐)　[n.]

　ro　炉

　no　노(爐)

lǚ guǎn　旅馆 (旅館)　[n.]

　ryokan　旅館

　yeo gwan　여관(旅館)

lǚ xíng　旅行　[n.]; [v.]

　ryokō　旅行; ryokō suru　旅行する

　yeo haeng　여행(旅行); yeo haeng ha da　여행(旅行)하다

lǚ xíng zhě　旅行者　[n.]

　ryokō sha　旅行者

　yeo haeng ja　여행자(旅行者)

lǚ yóu　旅游　[n.]; [v.]

　kankō　観光; kankō suru　観光する

　gwan gwang 관광(觀光); gwan gwang ha da 관광(觀光)하다

lǚ yóu zhě　旅游者　[n.]

　kankō kyaku　観光客

　gwan gwang gaek　관광객(觀光客)

lǚ xíng　履行　[n.]; [v.]

　rikō　履行; rikō suru　履行する

　i haeng　이행(履行); i haeng ha da　이행(履行)하다

lú wěi　芦苇 (蘆葦)　[n.]

　ashi　アシ

　gal ttae　갈대

lǔ　橹 (櫓)　[n.]

　ro　櫓

　no　노(櫓)

lù　鹿　[n.]

　shika　鹿

　sa seum　사슴

lù　露　[n.]

　tsuyu　露

　i seul　이슬

lù chū　露出　[n.]; [v.]

　roshutsu　露出; roshutsu suru　露出する

　no chul　노출(露出); no chul ha da　노출(露出)하다

lǜ　率　[n.]

　ritsu　率

　yul　율(率)

lù dì　陆地 (陸地)　[n.]

　rikuchi　陸地

　yuk jji　육지(陸地)

lù jūn　陆军 (陸軍)　[n.]

　rikugun　陸軍

　yuk kkun　육군(陸軍)

lù jūn shàng jiàng　陆军上将 (陸軍上將)　[n.]

　rikugun taishō　陸軍大将

　yuk kkun dae jang　육군대장(陸軍大將)

lù jūn shàng xiào　陆军上校 (陸軍上校)　[n.]

　rikugun taisa　陸軍大佐

　yuk kkun dae ryeong　육군대령(陸軍大領)

lù jūn yuán shuài　陆军元帅 (陸軍元帥)　[n.]

　rikugun gensui　陸軍元帥

　yuk kkun won su　육군원수(陸軍元帥)

lù jūn zhōng wèi　陆军中尉 (陸軍中尉)　[n.]

　rikugun chūi　陸軍中尉

　yuk kkun jung wi　육군중위(陸軍中尉)

lǜ dòng　律动 (律動)　[n.]; [v.]

　ritsudō　律動; ritsudō suru　律動する

　yul ttong　율동(律動); yul ttong ha da　율동(律動)하다

lǜ shī　律师 (律師)　[n.]

　bengoshi　弁護士

　byeon ho sa　변호사(辯護士)

lù jìng　路径 (路徑)　[n.]

　kōro　行路

　haeng no　행로(行路)

lù miàn diàn chē　路面电车 (路面電車)　[n.]

　romen densha　路面電車

　no myeon jeon cha　노면전차(路面電車)

lù rén　路人　[n.]

　tsūkōnin　通行人

　tong haeng in　통행인(通行人)

lǜ sè　绿色 (綠色)　[n.]

　midori iro　緑色

　nok ssaek　녹색(綠色)

lǜ zhōu 绿洲 (綠洲) [n.]

  ikoi no ba 憩いの場

  hyu sik cheo 휴식처(休息處)

lù yīn 录音 (錄音) [n.]

  rokuon 錄音

  no geum 녹음(錄音)

lù yīn jī 录音机 (錄音機) [n.]

  rokuon ki 錄音機

  no geum gi 녹음기(錄音機)

luǎn 卵 [n.]

  tamago 卵

  dal gyal 달걀

lüè duó 略夺 (略奪) [n.]; [v.]

  ryaku datsu 略奪; ryaku datsu suru 略奪する

  yak tal 약탈(掠奪); yak tal ha da 약탈(掠奪)하다

lüè tú 略图 (略圖) [n.]

  ryakuzu 略図

  yak tto 약도(略圖)

lüè zì 略字 [n.]

  ryakuzi 略字

  yak jja 약자(略字)

lún 轮 (輪) [n.]

  wa 輪

  go ri 고리

lún chuán 轮船 (輪船) [n.]

  jōki sen 蒸気船

  jeung gi seon 증기선(蒸氣船)

lún dù 轮渡 (輪渡) [n.]

  renraku sen 連絡船

  yeol rak sseon 연락선(連絡船)

lún kuò 轮廓 (輪廓) [n.]

  rinkaku 輪郭

  yun gwak 윤곽(輪廓)

lùn lǐ 论理 (論理) [n.]

  ronri 論理

  nol ri 논리(論理)

lùn lǐ xué 论理学 (論理學) [n.]

  ronri gaku 論理学

  nol ri hak 논리학(論理學)

lùn wén 论文 (論文) [n.]

  ronbun 論文

  non mun 논문(論文)

luó sī 螺丝 (螺絲) [n.]

  neji ねじ

  na sa 나사(螺絲)

luó xuán 螺旋 [n.]

  rasen 螺旋

  na seon 나선(螺旋)

luó tǐ 裸体 (裸體) [n.]

  ratai 裸体, hadaka 裸

  na che 나체(裸體), beol geo sung i 벌거숭이

luò hòu 落后 (落後) [n.]

  rakugo 落後

  na ku 낙후(落後)

luò wǔ 落伍 [n.]

  rakugo 落伍

  na go 낙오(落伍)

luò wǔ zhě 落伍者 [n.]

  rakugo sha 落伍者

  na go ja 낙오자(落伍者)

M

mā mī 妈咪 (媽咪) [n.]

  okāsan お母さん

  eom ma 엄마

má 蟆 [n.]

　hiki gaeru ヒキガエル

　du kkeo bi 두꺼비

má bì 麻痹 (麻痹) [n.]; [v.]

　mahi 麻痹; mahi suru 麻痹する

　ma bi 마비(麻痹); ma bi doe da 마비(麻痹)되다

má fan 麻烦 (麻煩) [n.]; [v.]

　mendō 面倒; nayamu 悩む

　gwi cha neum 귀찮음; go min ha da 고민(苦悶)하다

má què 麻雀 [n.]

　suzume スズメ

　cham sae 참새

mǎ 马 (馬) [n.]

　uma 馬

　mal 말

mǎ bèi 马背 (馬背) [n.]

　uma no senaka 馬の背中

　ma re deung 말의 등

mǎ chē 马车 (馬車) [n.]

　basha 馬車

　ma cha 마차(馬車)

mǎ fáng 马房 (馬房) [n.]

　umaya 馬屋

　ma gu kkan 마구간

mǎ jù 马具 (馬具) [n.]

　bagu 馬具

　ma gu 마구(馬具)

mǎ luó 马骡 (馬騾) [n.]

　raba ラバ

　no sae 노새

mǎ líng shǔ 马铃薯 (馬鈴薯) [n.]

　jagaimo ジャガイモ

　gam ja 감자

mǎ xì 马戏 (馬戲) [n.]

　kyokugei 曲芸

　go gye 곡예(曲藝)

mǎ tóu 码头 (碼頭) [n.]

　hatoba 波止場, futō 埠頭

　seon chang 선창(船艙), bu du 부두(埠頭)

mái fú 埋伏 [n.]

　machi buse 待ち伏せ

　mae bok 매복(埋伏)

mái zàng 埋葬 [n.]; [v.]

　maisō 埋葬; maisō suru 埋葬する

　mae jang 매장(埋葬); mae jang ha da 매장(埋葬)하다

mǎi fāng 买方 (買方) [n.]

　kōnyū sha 購入者

　gu mae ja 구매자(購買者)

mǎi rù 买入 (買入) [n.]; [v.]

　kaitori 買い取り; kau 買う

　mae ip 매입(買入); mae ip ha da 매입(買入) 하다

mài bó 脉搏 (脈搏) [n.]

　myaku haku 脈拍

　maek ppak 맥박(脈搏)

mài dòng 脉动 (脈動) [n.]

　kodō 鼓動

　go dong 고동(鼓動)

mǎn qī 满期 (滿期) [n.]

　manki 満期

　man gi 만기(滿期)

mǎn zú 满足 (滿足) [n.]; [v.]

　manzoku 満足; manzoku suru 満足する

　man jok 만족(滿足); man jo ka da 만족(滿足)하다

màn bù 漫步 [n.]; [v.]

　sanpo 散歩; sanpo suru 散歩する

　san chaek 산책(散策); san chae ka da 산책(散策)하다

màn chē 慢车 (慢車) [n.]

　donkō ressha　鈍行列車

　wan haeng yeol cha　완행열차(緩行列車)

máng mù 盲目 [n.]

　mōmoku　盲目

　maeng mok　맹목(盲目)

máng rén 盲人 [n.]

　mōjin　盲人

　maeng in　맹인(盲人)

māo 猫 (貓) [n.]

　neko　猫

　go yang i　고양이

máo 锚 (錨) [n.]

　ikari　錨

　dat　닻

máo 毛 [n.]

　hane　羽

　git teol　깃털

máo fà 毛发 (毛髮) [n.]

　mōhatsu　毛髮

　mo bal　모발(毛髮)

máo pí 毛皮 [n.]

　kegawa　毛皮

　mo pi　모피(毛皮)

máo shuā 毛刷 [n.]

　ke burashi　毛ブラシ

　meo ri sol　머리 솔

máo tǎn 毛毯 [n.]

　mōfu　毛布

　mo po　모포(毛布)

máo zhī wù 毛织物 (毛織物) [n.]

　keori mono　毛織物

　mo jik mul　모직물(毛織物)

máo dùn 矛盾 [n.]

　mujun　矛盾

　mo sun　모순(矛盾)

mào jià 帽架 [n.]

　bōshi kake　帽子掛け

　mo ja geo ri　모자(帽子) 걸이

mào zi 帽子 [n.]

　bōshi　帽子

　mo ja　모자(帽子)

mào xiǎn 冒险 (冒險) [n.]; [v.]

　bōken　冒険; bōken suru　冒険する

　mo heom　모험(冒險); mo heom ha da　모험(冒險)하다

mào xiǎn gù shì 冒险故事 (冒險故事) [n.]

　bōken dan　冒険談

　mo heom dam　모험담(冒險談)

mào xiǎn jiā 冒险家 (冒險家) [n.]

　bōken ka　冒険家

　mo heom ga　모험가(冒險家)

mào xiǎn xīn 冒险心 (冒險心) [n.]

　bōken shin　冒険心

　mo heom sim　모험심(冒險心)

mào yì 贸易 (貿易) [n.]

　bōeki　貿易

　mu yeok　무역(貿易)

mào yì shāng 贸易商 (貿易商) [n.]

　bōeki shō　貿易商

　mu yeok ssang　무역상(貿易商)

méi 莓 [n.]

　ichigo　イチゴ

　ttal gi　딸기

méi 霉 [n.]

　kabi　かび

　gom pang i　곰팡이

106

méi 煤 [n.]

sekitan 石炭

seok tan 석탄(石炭)

méi jiè 媒介 [n.]

baikai 媒介

mae gae 매개(媒介)

méi jiè wù 媒介物 [n.]

baikai butsu 媒介物

mae gae mul 매개물(媒介物)

méi tǐ 媒体 (媒體) [n.]

baitai 媒体

mae che 매체(媒體)

méi máo 眉毛 [n.]

mayuge 眉毛

nun sseop 눈썹

méi yǒu rén 没有人 [n.]

mumei no hito 無名の人

mu myeong in sa 무명인사(無名人士)

měi 美 [n.]

utsukushi sa 美しさ; **bi** 美

a reum da um 아름다움; **mi** 미(美)

měi dé 美德 [n.]

bitoku 美徳

mi deok 미덕(美德)

měi guó 美国 (美國) [n.]

beikoku 米国

mi guk 미국(美國)

měi guó rén 美国人 (美國人) [n.]

beikoku jin 米国人

mi gu gin 미국인(美國人)

měi shù 美术 (美術) [n.]

bijutsu 美術

mi sul 미술(美術)

měi shù guǎn 美术馆 (美術館) [n.]

bijutsu kan 美術館

mi sul gwan 미술관(美術館)

mèi 妹 [n.]

imōto 妹

nu i, yeo dong saeng 누이, 여동생

mèi lì 魅力 [n.]

miryoku 魅力

mae ryeok 매력(魅力)

mèi huò 魅惑 [n.]

miwaku 魅惑

mae hok 매혹(魅惑)

mén 门 (門) [n.]

mon 門

mun 문(門)

mén kǎn 门槛 (門檻) [n.]

shikii 敷居

mun jji bang 문지방

mén kǒu 门口 (門口) [n.]

genkan 玄関

hyeon gwan 현관(玄關)

mén líng 门铃 (門鈴) [n.]

yobi rin 呼び鈴

cho in jong 초인종(招人鐘)

mén wài hàn 门外汉 (門外漢) [n.]

mongaikan 門外漢

mu noe han 문외한(門外漢)

méng dǎ 猛打 [n.]; [v.]

mōda 猛打; **mōda suru** 猛打する

maeng ta 맹타(猛打); **maeng ta ha da** 맹타(猛打)하다

měng liè 猛烈 [n.]

mōretsu 猛烈

maeng ryeol 맹렬(猛烈)

méng shì　盟誓　[n.]

　chikai　誓い

　maeng se　맹세(盟誓)

méng yá　萌芽　[n.]; [v.]

　wakame　若芽; me ga deru　芽が出る

　sae ssak　새싹; ba ra ha da　발아(發芽)하다

mèng　梦 (夢)　[n.]

　yume　夢

　kkum　꿈

mí　麛　[n.]

　kojika　子鹿

　sae kki sa seum　새끼 사슴

mí　谜 (謎)　[n.]

　nazo　謎

　su su kke kki　수수께끼

mí xìn　迷信 (迷信)　[n.]

　meishin　迷信

　mi sin　미신(迷信)

mí lù　迷路　[n.]

　meiro　迷路

　mi ro　미로(迷路)

mǐ　米　[n.]

　kome　米

　ssal　쌀

mì fēng　蜜蜂 (蜜蜂)　[n.]

　mitsu bachi　蜜蜂

　kkul beol　꿀벌

mì yuè　蜜月　[n.]

　mitsu getsu　蜜月

　mi lwol　밀월(蜜月)

mì gān　蜜柑　[n.]

　mikan　蜜柑

　mil gam　밀감(蜜柑)

mì lín　密林　[n.]

　mitsurin　密林

　mil lim　밀림(密林)

mì yǒu　密友　[n.]

　shitashii yūjin　親しい友人

　chin han chin gu　친(親)한 친구(親舊)

mì jué　秘诀 (秘訣)　[n.]

　hiketsu　秘訣

　bi gyeol　비결(秘訣)

mì mì　秘密　[n.]

　himitsu　秘密

　bi mil　비밀(秘密)

mì shū　秘书 (秘書)　[n.]

　hisho　秘書

　bi seo　비서(秘書)

mián　眠　[n.]

　nemuri　眠り

　jam　잠

mián　绵 (綿)　[n.]

　men　綿

　myeon　면(綿)

miàn bāo diàn　面包店 (麵包店)　[n.]

　pan ya san　パン屋さん

　ppang jjip　빵집

miàn bāo pí　面包皮 (麵包皮)　[n.]

　pan no kawa　パンの皮

　ppang kkeop jjil　빵 껍질

miàn bāo xiè　面包屑 (麵包屑)　[n.]

　panko　パン粉

　ppang bu seu reo gi　빵 부스러기

miàn fěn　面粉 (麵粉)　[n.]

　komugiko　小麦粉

　mil kka ru　밀가루

miàn tuán 面团 (麵團) [n.]

  neri kona 練り粉

  ban juk 반죽

miàn jī 面积 (面積) [n.]

  menseki 面積

  myeon jeok 면적(面積)

miàn shì 面试 (面試) [n.]; [v.]

  mensetsu 面接; **mensetsu suru** 面接する

  myeon jeop 면접(面接); myeon jeo pa da 면접(面接)하다

miáo xiǎo 渺小 [n.]

  toruni taranai koto 取るに足らない事

  ha cha neum 하찮음

miáo xiě 描写 (描寫) [n.]; [v.]

  byōsha 描写; **byōsha suru** 描写する

  myo sa 묘사(描寫); **myo sa ha da** 묘사(描寫)하다

miǎo 秒 [n.]

  byō 秒

  cho 초(秒)

miǎo zhēn 秒针 (秒針) [n.]

  byōshin 秒針

  cho chim 초침(秒針)

miè huǒ 灭火 (滅火) [n.]; [v.]

  shōka 消火; **shōka suru** 消火する

  so hwa 소화(消火); **so hwa ha da** 소화(消火)하다

miè huǒ qì 灭火器 (滅火器) [n.]

  shōka ki 消火器

  so hwa gi 소화기(消火器)

miè wáng 灭亡 (滅亡) [n.]; [v.]

  metsubō 滅亡; **metsubō suru** 滅亡する

  myeol mang 멸망 (滅亡); **myeol mang ha da** 멸망 (滅亡)하다

mín 民 [n.]

  tami 民

  baek sseong 백성(百姓)

mín yáo 民谣 (民謠) [n.]

  min'yō 民謡

  mi nyo 민요(民謠)

mín zhú zhǔ yì 民主主义 (民主主義) [n.]

  minshu shugi 民主主義

  min ju ju i 민주주의(民主主義)

mín zhú zhǔ yì zhě 民主主义者(民主主義者) [n.]

  minshu shugi sha 民主主義者

  min ju ju i ja 민주주의자(民主主義者)

míng 名 [n.]

  namae 名前

  i reum 이름

míng chēng 名称 (名稱) [n.]

  meishō 名称

  myeong ching 명칭(名稱)

míng cí 名词 (名詞) [n.]

  meishi 名詞

  myeong sa 명사(名詞)

míng dān 名单 (名單) [n.]

  meibo 名簿

  myeong bu 명부(名簿)

míng shēng 名声 (名聲) [n.]

  meisei 名声

  myeong seong 명성(名聲)

míng shì 名士 [n.]

  meishi 名士

  myeong sa 명사(名士)

míng yù 名誉 (名譽) [n.]

  meiyo 名誉

  myeong ye 명예(名譽)

míng zuò 名作 [n.]

  meisaku 名作

  myeong jak 명작(名作)

míng bai　**明**白　[n.]

　meihaku　明白

　myeong baek　명백(明白)

míng lǎng　**明朗**　[n.]

　yōki　陽気

　myeong nang　명랑(明朗)

míng rì　**明日**　[n.]

　ashita　明日

　nae il　내일(來日)

míng xìn piàn　**明信片**　[n.]

　yūbin hagaki　郵便はがき

　u pyeon yeop sseo　우편엽서(郵便葉書)

míng kè　**铭刻 (銘**刻)　[n.]

　mei koku　銘刻

　myeong gak　명각(銘刻)

míng xiǎng　**瞑想**　[n.]; [v.]

　meisō　瞑想; meisō suru　瞑想する

　myeong sang　명상(瞑想);myeong sang ha da　명상(瞑想)하다

mìng lìng　**命令**　[n.]

　meirei　命令

　myeong nyeong　명령(命令)

mìng yùn　**命运 (命運)**　[n.]

　mei'un　命運

　myeong un　명운(命運)

mó cā　**摩擦**　[n.]

　masatsu　摩擦

　ma chal　마찰(摩擦)

mó fǎ　**魔法**　[n.]

　mahō　魔法

　ma beop　마법(魔法)

mó lì　**魔力**　[n.]

　maryoku　魔力

　ma ryeok　마력(魔力)

mó nǚ　**魔女**　[n.]

　majo　魔女

　ma nyeo　마녀(魔女)

mó shù　**魔术 (魔術)**　[n.]

　majutsu　魔術

　ma sul　마술(魔術)

mó shù shī　**魔术师 (魔術師)**　[n.]

　majutsu shi　魔術師

　ma sul ssa　마술사(魔術師)

mó fàn　**模范 (模範)**　[n.]

　mohan　模範

　mo beom　모범(模範)

mó hu　**模糊**　[n.]

　moko　模糊

　mo ho　모호(模糊)

mò dà　**莫大**　[n.]

　bakudai　莫大

　mak ttae　막대(莫大)

mò fāng　**磨坊**　[n.]

　seifun jo　製粉所

　je bun so　제분소(製粉所)

mò fāng zhǔ　**磨坊主**　[n.]

　seifun gyōsha　製粉業者

　je bun eop jja　제분업자(製粉業者)

mó sǔn　**磨损 (磨損)**　[n.]

　surikizu　擦り傷

　ma son　마손(磨損)

mò zǐ　**磨子**　[n.]

　seifun ki　製粉機

　je bun gi　제분기(製粉機)

mò luò　**没落**　[n.]; [v.]

　botsuraku　没落; botsuraku suru　没落する

　mol lak　몰락(沒落); mol la ka da　몰락(沒落)하다

mò shōu 没收 (沒收) [n.]; [v.]

　bosshū 没収; **bosshū suru** 没収する

　mol ssu 몰수(沒收); **mol ssu ha da** 몰수(沒收)하다

mò xī gē rén 墨西哥人 [n.]

　mekishiko jin メキシコ人

　mek ssi ko in 멕시코인(人)

mò xiǎng 默想 [n.]; [v.]

　mokusō 黙想; **mokusō suru** 黙想する

　muk ssang 묵상(默想); **muk ssang ha da** 묵상(默想)하다

mǔ jī 母鸡 (母雞) [n.]

　mendori 雌鳥

　am tak 암탉

mú mǎ 母马 (母馬) [n.]

　hinba 牝馬

　am mal 암말

mǔ qīn 母亲 (母親) [n.]

　haha oya 母親

　mo chin 모친(母親)

mǔ yīn 母音 [n.]

　boin 母音

　mo eum 모음(母音)

mǔ zhū 母猪 (母豬) [n.]

　mesu buta 雌豚

　am twae ji 암돼지

mú zhǐ 拇指 (拇指) [n.]

　oyayubi 親指

　eom ji son kka rak 엄지 손가락

mù 木 [n.]

　ki 木

　na mu 나무

mù cái 木材 [n.]

　mokuzai 木材

　mok jae 목재(木材)

mù jiàng 木匠 [n.]

　daiku 大工

　mok ssu 목수(木手)

mù mián 木棉 [n.]

　momen 木綿

　mok myeon 목면(木綿)

mù xīng 木星 [n.]

　mokusei 木星

　mok sseong 목성(木星)

mù zhuāng 木桩 (木椿) [n.]

　kui 杭

　mal ttuk 말뚝

mù 霖 [n.]

　kirisame 霧雨

　i seul bi 이슬비

mù 墓 [n.]

　haka 墓

　mu deom 무덤

mù dì 墓地 [n.]

　bochi 墓地

　myo ji 묘지(墓地)

mù 目 [n.]

　me 目

　nun 눈

mù biāo 目标 (目標) [n.]

　mokuhyō 目標

　mok pyo 목표(目標)

mù dì 目的 [n.]

　mokuteki 目的

　mok jjeok 목적(目的)

mù dì dì 目的地 [n.]

　mokuteki chi 目的地

　mok jjeok jji 목적지(目的地)

mù jī zhě 目击者（目撃者） [n.]

mokugeki sha 目撃者

mok kkyeok jja 목격자(目擊者)

mù lù 目录（目録） [n.]

mokuroku 目録

mok nok 목록(目録)

mù cǎo 牧草 [n.]

bokusō 牧草

mok cho 목초(牧草)

mù cǎo dì 牧草地 [n.]

bokusō chi 牧草地

mok cho ji 목초지(牧草地)

mù chǎng 牧场（牧場） [n.]

bokujō 牧場

mok jjang 목장(牧場)

mù shī 牧师（牧師） [n.]

bokushi 牧師

mok ssa 목사(牧師)

mù yáng rén 牧羊人 [n.]

hitsuji kai 羊飼い

yang chi gi 양치기

mù yù 沐浴 [n.]; [v.]

nyūyoku 入浴; nyūyoku suru 入浴する

mo gyok 목욕(沐浴); mo gyo ka da 목욕(沐浴)하다

N

nǎi 奶 [n.]

chichi 乳

jeot 젖

nǎi nai 奶奶 [n.]

obāchan おばあちゃん

hal meo ni 할머니

nài jiǔ 耐久 [n.]

taikyū 耐久

nae gu 내구(耐久)

nài jiǔ xìng 耐久性 [n.]

taikyū sei 耐久性

nae gu sseong 내구성(耐久性)

nài xīn 耐心 [n.]

koraeshō こらえ性

cha meul sseong 참을성

nán 南 [n.]

minami 南

nam 남(南)

nán cè 南侧（南側） [n.]

minami gawa 南側

nam cheuk 남측(南側)

nán guā 南瓜 [n.]

kabocha カボチャ

ho bak 호박

nán fú wù yuán 男服务员（男服務員） [n.]

jimu chō 事務長

sa mu jang 사무장(事務長)

nán hái zi 男孩子 [n.]

otoko no ko 男の子

sa nae a i 사내 아이

nán jué 男爵 [n.]

danshaku 男爵

nam jak 남작(男爵)

nán shēng 男生 [n.]

danshi gakusei 男子学生

nam hak ssaeng 남학생(男學生)

nán xìng 男性 [n.]

dansei 男性

nam seong 남성(男性)

nán zǐ 男子 [n.]

  danshi 男子

  nam ja 남자(男子)

nán zǐ hàn 男子汉 (男子漢) [n.]

  otoko 男

  sa nae 사내

nán zǐ lǎo shī 男子老师 (男子老師) [n.]

  danshi kyōshi 男子教師

  nam ja gyo sa 남자교사(男子教師)

nán zǐ qì gài 男子气概 (男子氣概) [n.]

  otoko rashisa 男らしさ

  nam ja da um 남자(男子)다움

nǎo cù zhòng 脑卒中 (腦卒中) [n.]

  nōsocchū 脳卒中

  noe jol jjung 뇌졸중(腦卒中)

nǎo nù 恼怒 (惱怒) [n.]; [v.]

  fungeki 憤激; fungeki suru 憤激する

  gyeok ppun 격분(激憤);gyeok ppun ha da 격분(激憤)하다

nèi bù 內部 [n.]

  naibu 内部

  nae bu 내부(內部)

nèi gé 内阁 (內閣) [n.]

  naikaku 内閣

  nae gak 내각(內閣)

nèi lù 内陆 (內陸) [n.]

  nairiku 内陸

  nae ryuk 내륙(內陸)

nèi róng 内容 [n.]

  naiyō 内容

  nae yong 내용(內容)

nèi yī 内衣 [n.]

  shitagi 下着

  nae eui 내의(內衣)

nèi zàng 内脏 (內臟) [n.]

  naizō 内臓

  nae jang 내장(內臟)

néng lì 能力 [n.]

  nōryoku 能力

  neung nyeok 능력(能力)

nì 逆 [n.]

  gyaku 逆

  yeok 역(逆)

nián 年 [n.]

  toshi 年

  yeon 연(年)

nián dài jì 年代记 (年代記) [n.]

  nendai ki 年代記

  yeon dae gi 연대기(年代記)

nián dù 年度 [n.]

  nendo 年度

  yeon do 연도(年度)

nián jiàn 年鉴 (年鑑) [n.]

  nenkan 年鑑

  yeon gam 연감(年鑑)

nián líng 年龄 (年齡) [n.]

  nenrei 年齢

  yeol ryeong 연령(年齡)

nián qīng rén 年轻人 (年輕人) [n.]

  wakamono 若者

  jeol meu ni 젊은이

nián zhǎng de 年长的 (年長的) [n.]

  nenchō sha 年長者

  yeon jang ja 연장자(年長者)

nián tǔ 粘土 [n.]

  nendo 粘土

  jeom to 점토(粘土), jin heuk 진흙

nián yè　粘液　[n.]

　nen'eki　粘液

　jeo maek　점액(粘液)

niàn zhū　念珠　[n.]

　juzu dama　じゅず玉

　yeom ju　염주(念珠)

niàn tou　念头 (念頭)　[n.]

　nentō　念頭

　yeom du　염두(念頭)

niǎo　鸟 (鳥)　[n.]

　tori　鳥

　sae　새

níng jìng　宁静 (寧靜)　[n.]

　shizukesa　静けさ

　go yo　고요

níng shì　凝视 (凝視)　[n.]; [v.]

　gyōshi　凝視; gyōshi suru　凝視する

　eung si　응시(凝視); eung si ha da　응시(凝視)하다

níng gù　凝固　[n.]; [v.]

　gyōko　凝固; gyōko suru　凝固する

　eung go　응고(凝固); eung go ha da　응고(凝固)하다

niú nǎi　牛奶　[n.]

　gyūnyū　牛乳

　u yu　우유(牛乳)

niú ròu　牛肉　[n.]

　gyū niku　牛肉

　soe go gi　쇠고기

nóng chǎng　农场 (農場)　[n.]

　nōjō　農場

　nong jang　농장(農場)

nóng fū　农夫 (農夫)　[n.]

　nōfu　農夫

　nong bu　농부(農夫)

nóng jiā　农家 (農家)　[n.]

　nōka　農家

　nong ga　농가(農家)

nóng yè　农业 (農業)　[n.]

　nōgyō　農業

　nong eop　농업(農業)

nóng yuán　农园 (農園)　[n.]

　nōen　農園

　nong won　농원(農園)

nóng zuò wù　农作物 (農作物)　[n.]

　nōsaku motsu　農作物

　nong jak mul　농작물(農作物)

nóng dù　浓度 (濃度)　[n.]

　nōdo　濃度

　nong do　농도(濃度)

nóng hòu　浓厚 (濃厚)　[n.]

　nōkō　濃厚

　nong hu　농후(濃厚)

nǚ ér　女儿 (女兒)　[n.]

　musume　娘

　ttal　딸

nǚ fú wù yuán　女服务员 (女服務員)　[n.]

　jo kyūji　女給仕

　yeo geup ssa　여급사(女給仕)

nǚ fú wù yuán　女服务员 (女服務員)　[n.]

　josei jōmu in　女性乗務員

　yeo seung mu won　여승무원(女乘務員)

nǚ pú　女仆 (女僕)　[n.]

　gejo　下女

　ha nyeo　하녀(下女)

nǚ shén　女神　[n.]

　megami　女神

　yeo sin　여신(女神)

nǚ shēng 女生 [n.]

  jogakusei 女学生

  yeo hak ssaeng 여학생(女學生)

nǚ wáng 女王 [n.]

  joō 女王

  yeo wang 여왕(女王)

nǚ xìng 女性 [n.]

  josei 女性

  yeo seong 여성(女性)

nǚ yǎn yuán 女演员 (女演員) [n.]

  joyū 女優

  yeo u 여우(女優)

nǚ yōng 女佣 (女傭) [n.]

  kasei fu 家政婦

  ga jeong bu 가정부(家政婦)

nǚ yǒu 女友 [n.]

  on'na tomodachi 女友達

  yeo ja chin gu 여자친구(女子親舊)

nǚ zhǔ rén 女主人 [n.]

  jo shujin 女主人

  yeo ju in 여주인(女主人)

nǚ zhuāng 女装 [n.]

  josei fuku 女性服

  yeo seong bok 여성복(女性服)

nǚ zǐ 女子 [n.]

  joshi 女子

  yeo ja 여자(女子)

nú lì 奴隶 (奴隸) [n.]

  dorei 奴隷

  no ye 노예(奴隸)

nú lì zhì dù 奴隶制度 (奴隸制度) [n.]

  dorei no mibun 奴隷制度

  no ye je do 노예제도(奴隸制度)

nú pú 奴仆 (奴僕) [n.]

  kerai 家来, **meshi tsukai** 召使い

  sin ha 신하(臣下), **ha in** 하인(下人)

nǔ lì 努力 [n.]; [v.]

  doryoku 努力; **doryoku suru** 努力する

  no ryeok 노력(努力); **no ryeo ka da** 노력(努力)하다

nuǎn lú 暖炉 (暖爐) [n.]

  danro 暖炉

  nal ro 난로(煖爐)

nüè shā 虐杀 (虐殺) [n.]; [v.]

  gyakusatsu 虐殺; **gyakusatsu suru** 虐殺する

  hak ssal 학살(虐殺); **hak ssal ha da** 학살(虐殺)하다

nüè dài 虐待 [n.]; [v.]

  gyakutai 虐待; **gyakutai suru** 虐待する

  hak ttae 학대(虐待); **hak ttae ha da** 학대(虐待)하다

nuò fū 懦夫 [n.]

  yowa mushi 弱虫

  geop jjaeng i 겁쟁이

O

ǒu xiàng 偶像 [n.]

  gūzō 偶像

  u sang 우상(偶像)

ǒu rán 偶然 [n.]

  gūzen 偶然

  u yeon 우연(偶然)

P

pāi shǒu hē cǎi 拍手喝采 (拍手喝彩) [n.]

  hakushu kassai 拍手喝采

  bak ssu gal chae 박수갈채(拍手喝采)

pái fàng kǒu　排放口　[n.]

　haishutsu guchi　排出口

　bae chul gu　배출구(排出口)

pái liè　排列　[n.]

　hairetsu　配列

　bae yeol　배열(配列)

pān dēng　攀登　[n.]; [v.]

　tōhan　登攀; tōhan suru　登攀する

　deung ban 등반(登攀); deung ban ha da 등반(登攀)하다

pán zi　盘子（盤子）　[n.]

　bon　盆

　jaeng ban　쟁반(錚盤)

pàn duàn　判断（判斷）　[n.]; [v.]

　handan　判断; handan suru　判断する

　pan dan 판단(判斷); pan dan ha da 판단(判斷)하다

pàn duàn jī zhǔn　判断基准（判斷基準）　[n.]

　handan no kijun　判断の基準

　pan da ne gi jun　판단(判斷)의 기준(基準)

pàn jué　判决　[n.]; [v.]

　hanketsu　判決; hanketsu suru　判決する

　pan gyeol 판결(判決); pan gyeol ha da 판결(判決)하다

pàn luàn　叛乱（叛亂）　[n.]

　hanran　反乱

　bal ran　반란(反亂)

pàn nì　叛逆　[n.]

　hangyaku　反逆

　ba nyeok　반역(反逆)

pàn tú　叛徒　[n.]

　hangyaku sha　反逆者

　ba nyeok jja　반역자(反逆者)

páng bái　旁白　[n.]

　bōhaku　傍白

　bang baek　방백(傍白)

pāo zhì　抛掷（抛擲）　[n.]; [v.]

　nage　投げ; nageru　投げる

　deon ji gi　던지기; deon ji da　던지다

páo　刨　[n.]

　kassō　滑走

　hwal jju　활주(滑走)

páo xiào　咆哮　[n.]; [v.]

　unari goe　うなり声; unaru　唸る

　po hyo 포효(咆哮); po hyo ha da 포효(咆哮)하다

pǎo bù zhě　跑步者　[n.]

　kyōsō sha　競走者

　gyeong ju ja　경주자(競走者)

pào mò　泡沫　[n.]

　awa　泡

　geo pum　거품

péi kuǎn　赔款（賠款）　[n.]

　baishō kin　賠償金

　bae sang geum　배상금(賠償金)

péi cháng　赔偿（賠償）　[n.]

　baishō　賠償

　bae sang　배상(賠償)

péi shěn　陪审（陪審）　[n.]

　baishin　陪審

　bae si m　배심(陪審)

péi shěn yuán　陪审员（陪審員）　[n.]

　baishin in　陪審員

　bae si mwon　배심원(陪審員)

pèi ǒu　配偶　[n.]

　haigū sha　配偶者

　bae u ja　배우자(配偶者)

pèi hé　配合　[n.]

　haigō　配合

　bae hap　배합(配合)

pèi jǐ 配给 (配給) [n.]

  haikyū 配給

  bae geup 배급(配給)

pēn chū 喷出 (噴出) [n.]; [v.]

  funshutsu 噴出; **funshutsu suru** 噴出する

  bun chul 분출(噴出); **bun chul ha da** 분출(噴出)하다

pēn shuǐ 喷水 (噴水) [n.]

  funsui 噴水

  bun su 분수(噴水)

pēn wù qì 喷雾器 (噴霧器) [n.]

  funmu ki 噴霧器

  bun mu gi 분무기(噴霧器)

pēng rèn fāng fǎ 烹饪方法 (烹飪方法) [n.]

  chōri hō 調理法

  jo ri ppeop 조리법(調理法)

péng you 朋友 [n.]

  yūjin 友人

  chin gu 친구(親舊)

péng dǎng 朋党 (朋黨) [n.]

  hōtō 朋党

  bung dang 붕당(朋黨)

pī pàn 批判 [n.]; [v.]

  hihan 批判; **hihan suru** 批判する

  bi pan 비판(批判); **bi pan ha da** 비판(批判)하다

pī píng 批评 (批評) [n.]; [v.]

  hihyō 批評; **hihyō suru** 批評する

  bi pyeong 비평(批評); **bi pyeong ha da** 비평(批評)하다

pī píng jiā 批评家 (批評家) [n.]

  hihyō ka 批評家

  bi pyeong ga 비평가(批評家)

pí 皮 [n.]

  kawa 皮

  kkeop jjil 껍질

pí chǐ 皮尺 [n.]

  makijaku 巻き尺

  jul ja 줄자

pí dài 皮带 (皮帶) [n.]

  kawaobi 革帯

  hyeok ttae 혁대(革帶)

pí fū 皮肤 (皮膚) [n.]

  hifu 皮膚

  pi bu 피부(皮膚)

pí gé 皮革 [n.]

  kawa 革

  ga juk 가죽

pí zhěn 皮疹 [n.]

  hasshin 発疹

  bal jjin 발진(發疹)

pí láo 疲劳 (疲勞) [n.]

  hirō 疲労

  pi ro 피로(疲勞)

pí kùn 疲困 [n.]

  hirō 疲労

  pi gon 피곤(疲困)

pì gu 屁股 [n.]

  o shiri お尻

  eong deong i 엉덩이

piān ài 偏爱 (偏愛) [n.]

  hiiki ひいき

  deo jo a ham 더 좋아함

piān hào 偏好 [n.]; [v.]

  yori gonomi 選り好み; **yori gonomu** 選り好む

  seon ho 선호(選好); **seon ho ha da** 선호(選好)하다

piān jiàn 偏见 (偏見) [n.]

  henken 偏見

  pyeon gyeon 편견(偏見)

piàn duàn　片段　[n.]

　danpen　断片

　dan pyeon　단편(斷片)

piāo liú　漂流　[n.]; [v.]

　hyōryū　漂流; hyōryū suru　漂流する

　pyo ryu　표류(漂流); pyo ryu ha da　표류(漂流)하다

piào　票　[n.]

　kippu　切符

　pyo　표(票)

piào qiè　剽窃 (剽竊)　[n.]

　hyōsetsu　剽窃

　pyo jeol　표절(剽竊)

piào qiè zhě　剽窃者 (剽竊者)　[n.]

　hyōsetsu sha　剽窃者

　pyo jeol jja　표절자(剽竊者)

pīn xié fǎ　拼写法 (拼寫法)　[n.]

　teiji hō　綴字法

　cheol jja ppeop　철자법(綴字法)

pín kùn　贫困 (貧困)　[n.]

　hinkon　貧困

　bin gon　빈곤(貧困)

pín mín　贫民 (貧民)　[n.]

　hinmin　貧民

　bin min　빈민(貧民)

pín qióng　贫穷 (貧窮)　[n.]

　hinkyū　貧窮

　bin gon　빈궁(貧窮)

pín fù　贫富 (貧富)　[n.]

　hinpu　貧富

　bin bu　빈부(貧富)

pǐn mù　品目　[n.]

　hinmoku　品目

　pum mok　품목(品目)

pǐn zhì　品质 (品質)　[n.]

　hinshitsu　品質

　pum jil　품질(品質)

pín zhǒng　品种 (品種)　[n.]

　hinshu　品種

　pum jong　품종(品種)

píng　瓶　[n.]

　bin　瓶

　byeong　병(瓶)

píng dì　平地　[n.]

　heichi　平地

　pyeong ji　평지(平地)

píng guō　平锅 (平鍋)　[n.]

　hiratai nabe　平たい鍋

　nap jja kan naem bi　납작한 냄비

píng hé　平和　[n.]

　heiwa　平和

　pyeong hwa　평화(平和)

píng jìng　平静 (平靜)　[n.]

　heisei　平静

　pyeong jeong　평정(平靜)

píng jú　平局　[n.]

　hikiwake　引き分け

　mu seung bu　무승부(無勝負)

píng jūn　平均　[n.]

　heikin　平均

　pyeong gyun　평균(平均)

píng miàn　平面　[n.]

　heimen　平面

　pyeong myeon　평면(平面)

píng rì　平日　[n.]

　heijitsu　平日

　pyeong il　평일(平日)

píng xíng　平行　[n.]

　heikō　平行

　pyeong haeng　평행(平行)

píng yuán　平原　[n.]

　nohara　野原

　deul　들

píng jià　评价 (**評價**)　[n.]; [v.]

　hyōka　評価; hyōka suru　評価する

　pyeong kka 평가(評價);pyeong kka ha da 평가(評價)하다

píng lùn　评论 (評論)　[n.]; [v.]

　ron pyō　論評; ron pyō suru　論評する

　non pyeong 논평(論評);non pyeong ha da 논평(論評)하다

píng pàn　评判 (評判)　[n.]; [v.]

　hyōban　評判; hyōban suru　評判する

　pyeong pan 평판(評判) pyeong pan ha da 평판(評判)하다

píng shěn tuán　评审团 (評審團)　[n.]

　shinsa iin dan　審査委員団

　sim sa wi won dan　심사위원단(審査委員團)

pō　泼 (潑)　[n.]

　shibuki　しぶき

　mul bo ra　물보라

pò huài　破坏 (破壞)　[n.]; [v.]

　hakai　破壊; hakai suru　破壊する

　pa goe 파괴(破壞); pa goe ha da 파괴(破壞)하다

pò huài zhě　破坏者 (破壞者)　[n.]

　hakai sha　破壊者

　pa goe ja　파괴자(破壞者)

pò miè　破灭 (破滅)　[n.]; [v.]

　hametsu　破滅; hametsu suru　破滅する

　pa myeol 파멸(破滅); pa myeol ha da 파멸(破滅)하다

pò xiǎo　破晓 (破曉)　[n.]

　yoake　夜明け

　sae byeok　새벽

pú tao　葡萄　[n.]

　budō　ブドウ

　po do　포도(葡萄)

pú tao jiǔ　葡萄酒　[n.]

　budō shu　葡萄酒

　po do ju　포도주(葡萄酒)

pù bù　瀑布　[n.]

　bakufu　瀑布, taki　滝

　pok po　폭포(瀑布)

Q

qī　七　[n.]

　shichi　七

　chil　칠(七)

qī shí　七十　[n.]

　nanajū　七十

　chil ssip　칠십(七十)

qī yuè　七月　[n.]

　shichi gatsu　七月

　chil wol　칠월(七月)

qī　妻　[n.]

　tsuma　妻

　cheo　처(妻)

qī dài　期待　[n.]; [v.]

　kitai　期待; kitai suru　期待する

　gi dae　기대(期待);

qī jiān　期间 (期間)　[n.]

　kikan　期間

　gi gan　기간(期間)

qī líng　**欺**凌　[n.]

　ijime　苛め

　goe ro pim　괴롭힘

qī piàn　欺骗（欺騙）　[n.]; [v.]

　giman　欺瞞; damasu　騙す

　gi man　기만(欺瞞); gi man ha da　기만(欺瞞)하다

qī zhà　欺诈（欺詐）　[n.]; [v.]

　sagi　詐欺; sagi suru　詐欺する

　sa gi　사기(詐欺); sa gi chi da　사기(詐欺)치다

qí bīng　骑兵（騎兵）　[n.]

　kihei　騎兵

　gi byeong　기병(騎兵)

qí mǎ　骑马（騎馬）　[n.]; [v.]

　jōba　乗馬; jōba suru　乗馬する

　seung ma　승마(乘馬); seung ma ha da　승마(乘馬)하다

qí shì　骑士（騎士）　[n.]

　kishi　騎士

　gi sa　기사(騎士)

qí shǒu　骑手（騎手）　[n.]

　kishu　騎手

　gi su　기수(騎手)

qí mò　期末　[n.]

　kimatsu　期末

　gi mal　기말(期末)

qí mò kǎo shì　期末考试（期末考試）　[n.]

　kimatsu shiken　期末試験

　gi mal si heom　기말시험(期末試驗)

qī jiān　期间（期間）　[n.]

　kikan　期間

　gi gan　기간(期間)

qī xiàn　期限　[n.]

　kigen　期限

　gi han　기한(期限)

qī dài　期待　[n.]

　kitai　期待

　gi dae　기대(期待)

qí dǎo　祈祷（祈禱）　[n.]; [v.]

　inori　祈り; inoru　祈る

　gi do　기도(祈禱); gi do ha da　기도(祈禱)하다

qí jì　奇迹（奇跡）　[n.]

　kiseki　奇蹟

　gi jeok　기적(奇蹟)

qí xí　奇袭（奇襲）　[n.]

　kishū　奇襲

　gi seup　기습(奇襲)

qí jiān　其间（其間）　[n.]

　sono aida　その間

　geu reo neun dong an　그러는 동안

qí tā　其他　[n.]

　sono hoka　その他

　gi ta　기타(其他)

qí zi　旗子　[n.]

　hata　旗

　gi　기(旗)

qí cǎo zhě　起草者　[n.]

　seizu sha　製図者

　je do sa　제도사(製圖士)

qí diǎn　起点（起點）　[n.]

　ki ten　起点

　gi jjeom　기점(起點)

qǐ lì　起立　[n.]; [v.]

　kiritsu　起立; kiritsu suru　起立する

　gi rip　기립(起立); gi ri pa da　기립(起立)하다

qǐ yuán　起源　[n.]; [v.]

　kigen　起源; kigen suru　起源する

　gi won　기원(起源); gi won ha da　기원(起源)하다

qǐ zhòng jī　起重机（起重機）　[n.]

　kijūki　起重機

　gi jung gi　기중기(起重機)

qǐ gài 乞丐 [n.]

  ko jiki 乞食

  geo ji 거지

qǐ méng 启蒙 (啟蒙) [n.]

  keimō 啓蒙

  ge mong 계몽(啓蒙)

qǐ shì 启示 (啟示) [n.]; [v.]

  keiji 啓示; **keiji suru** 啓示する

  ge si 계시(啓示); **ge si ha da** 계시(啓示)하다

qǐ yè 企业 (企業) [n.]

  kigyō 企業

  gi eop 기업(企業)

qǐ tú 企图 (企圖) [n.]

  kito 企図

  gi do 기도(企圖)

qì chē 汽车 (汽車) [n.]

  kuruma 車, **jidōsha** 自動車

  cha 차(車), **ja dong cha** 자동차(自動車)

qì chuán 汽船 [n.]

  kisen 汽船

  gi seon 기선(汽船)

qì guān 器官 [n.]

  kikan 器官

  gi gwan 기관(器官)

qì jù 器具 [n.]

  kigu 器具

  gi gu 기구(器具)

qì hòu 气候 (氣候) [n.]

  kikō 気候

  gi hu 기후(氣候)

qì lì 气力 (氣力) [n.]

  chikara 力

  him 힘

qì něi 气馁 (氣餒) [n.]

  rakutan 落胆

  nak ttam 낙담(落膽)

qì qiú 气球 (氣球) [n.]

  fūsen 風船

  pung seon 풍선(風船)

qì tǐ 气体 (氣體) [n.]

  kitai 気体

  gi che 기체(氣體)

qì yuē 契约 (契約) [n.]

  keiyaku 契約

  ge yak 계약(契約)

qiān 千 [n.]

  sen 千

  cheon 천(千)

qiān 铅 (鉛) [n.]

  namari 鉛

  nap 납

qiān bǐ 铅笔 (鉛筆) [n.]

  enpitsu 鉛筆

  yeon pil 연필(鉛筆)

qiān gōng 谦恭 (謙恭) [n.]

  teinei 丁寧

  gong son 공손(恭遜)

qiān xū 谦虚 (謙虛) [n.]

  kenkyo 謙虚

  gyeom heo 겸허(謙虛)

qiān xùn 谦逊 (謙遜) [n.]

  kenson 謙遜

  gyeom son 겸손(謙遜)

qiān yǐn 牵引 (牽引) [v.]

  ken'in 牽引

  gyeo nin 견인(牽引)

qiān yǐn chē　牵引车 (牽引車)　[n.]

 ken'in sha　牽引車

 gyeo nin cha　견인차(牽引車)

qián　钱 (錢)　[n.]

 okane　お金

 don　돈

qián bāo　钱包 (錢包)　[n.]

 saifu　財布

 ji gap　지갑(紙匣)

qián　前　[n.]

 mae　前

 ap　앞

qián é　前额 (前額)　[n.]

 hitai　額

 i ma　이마

qián jìn　前进 (前進)　[n.]; [v.]

 zenshin　前進; zenshin suru　前進する

 jeon jin　전진(前進); jeon jin ha da　전진(前進)하다

qián miàn　前面　[n.]

 shōmen　正面

 jeong myeon　정면(正面)

qián yè　前夜　[n.]

 zen ya　前夜

 jeo nya　전야(前夜)

qián zhào　前兆　[n.]

 zenchō　前兆

 jeon jo　전조(前兆)

qián zhì cí　前置词 (前置詞)　[n.]

 zenchi shi　前置詞

 jeon chi sa　전치사(前置詞)

qián lì　潜力 (潛力)　[n.]

 senzai ryoku　潜在力

 jam jae ryeok　잠재력(潛在力)

qián shuǐ　潜水 (潛水)　[n.]

 sensui　潜水

 jam su　잠수(潛水)

qián tǐng　潜艇 (潛艇)　[n.]

 sensui kan　潜水艦

 jam su ham　잠수함(潛水艦)

qiǎn tān　浅滩 (淺灘)　[n.]

 hayase　早瀬

 ya teun yeo ul　얕은 여울

qiǎn bó　浅薄 (淺薄)　[n.]

 senpaku　浅薄

 cheon bak　천박(淺薄)

qiàn háo　堑壕 (塹壕)　[n.]

 zangō　塹壕

 cham ho　참호(塹壕)

qiāng　枪 (槍)　[n.]

 jū　銃; yari　槍

 chong　총(銃); chang　창(槍)

qiāng cì　枪刺 (槍刺)　[n.]

 jūken　銃剣

 chong geom　총검(銃劍)

qiáng dào　强盗 (強盜)　[n.]

 gōtō　強盗

 gang do　강도(強盜)

qiáng diào　强调 (強調)　[n.]; [v.]

 kyōchō　強調; kyōchō suru　強調する

 gang jo　강조(強調); gang jo ha da　강조(強調)하다

qiáng dù　强度 (強度)　[n.]

 kyōdo　強度

 gang do　강도(強度)

qiáng fēng　强风 (強風)　[n.]

 kyōfū　強風

 gang pung　강풍(強風)

qiáng jiān 强奸 (強姦) [n.]; [v.]

  gōkan 強姦; gōkan suru 強姦する

  gang gan 강간(强姦); gang gan ha da 강간(强姦)하다

qiáng liè 强烈 (強烈) [n.]

  gekiretsu 激烈

  gyeok nyeol 격렬(激烈)

qiáng yīn 强音 (強音) [n.]

  kyō'on 強音

  gang eum 강음(强音)

qiáo 桥 (橋) [n.]

  hashi 橋

  da ri 다리

qiáo zhuāng 乔装 (喬裝) [n.]; [v.]

  hensō 変装; hensō suru 変装する

  byeon jang 변장(變裝); byeon jang ha da 변장(變裝)하다

qiào 壳 (殼) [n.]

  kara 殻

  kkeop jjil 껍질

qiào bì 峭壁 [n.]

  kewashii tokoro 険しい所

  heom jun han got 험준(險峻)한 곳

qiē duàn 切断 (切斷) [n.]

  setsudan 切断

  jeol ttan 절단(切斷)

qiē xiāo 切削 [n.]

  sessaku 切削

  jeol ssak 절삭(切削)

qiè zéi 窃贼 (竊賊) [n.]

  dorobō 泥棒

  do duk 도둑

qīn hài 侵害 [n.]; [v.]

  shingai 侵害; shingai suru 侵害する

  chim hae 침해(侵害); chim hae ha da 침해(侵害)하다

qīn lüè 侵略 [n.]

  shin ryaku 侵略

  chim nyak 침략(侵略)

qīn qi 亲戚 (親戚) [n.]

  shinseki 親戚

  chin cheok 친척(親戚)

qīn qiè 亲切 (親切) [n.]

  shinsetsu 親切

  chin jeol 친절(親切)

qīn shàn 亲善 (親善) [n.]

  shinzen 親善

  chin seon 친선(親善)

qīn zú 亲族 (親族) [n.]

  shinzoku 親族

  chin jok 친족(親族)

qín miǎn 勤勉 [n.]

  kinben 勤勉

  geun myeon 근면(勤勉)

qǐn chē 寝车 (寢車) [n.]

  shindai sha 寝台車

  chim dae cha 침대차(寢臺車)

qīng 青 [n.]

  ao 青

  pa rang 파랑

qīng cài 青菜 [n.]

  yasai 野菜

  ya chae 야채(野菜)

qīng chūn 青春 [n.]

  seishun 青春

  cheong chun 청춘(靑春)

qīng nián 青年 [n.]

  seinen 青年

  cheong nyeon 청년(靑年)

qīng nián shí qí　青年时期 (青年時期)　[n.]

　seishun jidai　青春時代

　cheong chun si dae　청춘시대(靑春時代)

qīng tóng　青铜 (青銅)　[n.]

　seidō　青銅

　cheong dong　청동(靑銅)

qīng yú　青鱼 (青魚)　[n.]

　saba　鯖

　cheong eo　청어(靑魚)

qīng　卿　[n.]

　kei　卿

　gyeong　경(卿)

qīng jiào tú　清教徒　[n.]

　seikyōto　清教徒

　cheong gyo do　청교도(淸敎徒)

qīng jié　清洁 (清潔)　[n.]

　seiketsu　清潔

　cheong gyeol　청결(淸潔)

qīng jié gong　清洁工 (清潔工)　[n.]

　sōji ya　掃除屋

　cheong so bu　청소부(淸掃夫)

qīng lǐ　清理　[n.]

　issō　一掃

　il sso　일소(一掃)

qīng qì　氢气 (氫氣)　[n.]

　suiso　水素

　su so　수소(水素)

qīng shì　轻视 (輕視)　[n.]; [v.]

　keisi　軽視; keisi suru　軽視する

　gyeong si　경시(輕視); gyeong si ha da　경시(輕視)하다

qīng shuài　轻率 (輕率)　[n.]

　keisotsu　軽率

　gyeong sol　경솔(輕率)

qīng tīng　倾听 (傾聽)　[n.]

　keichō　傾聴

　gyung cheong　경청(傾聽)

qīng tīng zhě　倾听者 (傾聽者)　[n.]

　chōshu sha　聴取者

　cheong chwi ja　청취자(聽取者)

qīng xiàng　倾向 (傾向)　[n.]

　keikō　傾向

　gyeong hyang　경향(傾向)

qīng xié　倾斜 (傾斜)　[n.]

　keisha　傾斜

　gyeong sa　경사(傾斜)

qíng bào　情报 (情報)　[n.]

　jōhō　情報

　jeong bo　정보(情報)

qíng jié　情节 (情節)　[n.]

　arasuji　粗筋

　jul geo ri　줄거리

qíng xù　情绪 (情緒)　[n.]

　jōcho　情緒

　jeon seo　정서(情緒)

qíng tiān　晴天　[n.]

　hare　晴れ

　mal geum　맑음

qǐng yuàn　请愿 (請願)　[n.]

　seigan　請願

　cheong won　청원(請願)

qǐng zuì　请罪 (請罪)　[n.]; [v.]

　wabi　詫び; ayamaru　謝る

　sa gwa　사과(謝過); sa gwa ha da　사과(謝過)하다

qìng diǎn　庆典 (慶典)　[n.]

　shukuten　祝典

　chuk jjeon　축전(祝典)

qìng zhù 庆祝 (慶祝) [n.]
　keishuku 慶祝
　gyoung chuk 경축(慶祝)

qìng zhù huì 庆祝会 (慶祝會) [n.]
　matsuri 祭り
　chuk jje 축제(祝祭)

qiū 秋 [n.]
　aki 秋
　ga eul 가을

qiū 丘 [n.]
　oka 丘
　eon deok 언덕

qiú 囚 [n.]
　shūjin 囚人
　joe su 죄수(罪囚)

qiú 球 [n.]
　kyū 球
　gu 구(球)

qiú gēn 球根 [n.]
　kyūkon 球根
　gu geun 구근(球根)

qiú chǎng 球场 (球場) [n.]
　kyūjō 球場
　gu jang 구장(球場)

qiú hūn 求婚 [n.]; [v.]
　kyūkon 求婚; kyūkon suru 求婚する
　gu hon 구혼(求婚); gu hon ha da 구혼(求婚)하다

qū bié 区别 (區別) [n.]
　kubetsu 区別
　gu byeol 구별(區別)

qū yù 区域 (區域) [n.]
　ku'iki 区域
　gu yeok 구역(區域)

qū fēn 区分 (區分) [n.]
　kubun 区分
　gu bun 구분(區分)

qū huà 区划 (區劃) [n.]
　kukaku 区画
　gu hyek 구획(區劃)

qū dòng 驱动 (驅動) [n.]; [v.]
　sadō 作動; sadō suru 作動する
　jak ttong 작동(作動); jak ttong ha da 작동(作動)하다

qū shì 趋势 (趨勢) [n.]
　sūsei 趨勢
　chu se 추세(趨勢)

qǔ 曲 [n.]
　kyoku 曲
　gok 곡(曲)

qǔ diào 曲调 (曲調) [n.]
　kyoku chō 曲調
　gok jjo 곡조(曲調)

qū xiàn 曲线 (曲線) [n.]
　kyokusen 曲線
　gok sseon 곡선(曲線)

qǔ dé 取得 [n.]; [v.]
　shutoku 取得; shutoku suru 取得する
　chwi deuk 취득(取得); chwi deu ka da 취득(取得)하다

qǔ xiāo 取消 [n.]; [v.]
　torikeshi 取消; torikeshi suru 取消する
　chwi so 취소(取消); chwi so ha da 취소(取消)하다

qù chú 去除 [n.]; [v.]
　jokyo 除去; tori nozoku 取り除く
　je geo 제거(除去); je geo ha da 제거(除去)하다

qù nián 去年 [n.]
　kyonen 去年
　jak nyun 작년(昨年)

qù xiàng　去向　[n.]

yukue　行方

haeng bang　행방(行方)

qù wèi　趣味　[n.]

shumi　趣味

chwi mi　취미(趣味)

quán　泉　[n.]

izumi　泉

saem　샘

quán　拳　[n.]

kobushi　拳

ju meok　주먹

quán jí　拳击 (拳擊)　[n.]

kentō　拳闘

gwon tu　권투(拳鬪)

quán bù　全部　[n.]

zenbu　全部

jeon bu　전부(全部)

quán chéng qī　全盛期　[n.]

zenseiki　全盛期

jeon seong gi　전성기(全盛期)

quán jǐng　全景　[n.]

zenkei　全景

jeon gyeong　전경(全景)

quán néng　全能　[n.]

zen'nō sha　全能者

jeon neung ja　전능자(全能者)

quán shì jiè　全世界　[n.]

zen sekai　全世界

jeon se ge　전세계(全世界)

quán lì　权利 (權利)　[n.]

kenri　権利

gwol ri　권리(權利)

quán lì　权力 (權力)　[n.]

kenryoku　権力

gwol ryeok　권력(權力)

quán yì　权益 (權益)　[n.]

ken'eki　権益

gwo nik　권익(權益)

quán wēi　权威 (權威)　[n.]

ken'i　権威

gwo nwi　권위(權威)

quán xiàn　权限 (權限)　[n.]

kengen　権限

gwon han　권한(權限)

quàn yòu　劝诱 (勸誘)　[n.]

kan'yū　勧誘

gwo nyu　권유(勸誘)

quē diǎn　缺点 (缺點)　[n.]

ketten　欠点

gyeol jjeom　결점(缺點)

quē fá　缺乏　[n.]; [v.]

ketsubō　欠乏; ketsubō suru　欠乏する

gyeol pip　결핍(缺乏); gyeol pi pa da　결핍(缺乏)하다

quē xí　缺席　[n.]

kesseki　欠席

gyeol sseok　결석(缺席)

quē xiàn　缺陷　[n.]

kekkan　欠陥

gyeol ham　결함(缺陷)

què lì　确立 (確立)　[n.]; [v.]

kakuritsu　確立; kakuritsu suru　確立する

hwak nip　확립(確立); hwak ni pa da　확립(確立)하다

què xìn　确信 (確信)　[n.]

kakushin　確信

hwak ssin　확신(確信)

qún tǐ **群**体 (群體) [n.]

　fukugō tai 複合体

　bo kap che 복합체(複合體)

qún zhòng 群众 (群眾) [n.]

　gunshū 群衆

　gun jung 군중(群眾)

R

rán **髯** [n.]

　ago hige あごひげ

　teok ssu yeom 턱수염

rán liào **燃**料 [n.]

　nenryō 燃料

　yeol ryo 연료(燃料)

rán shāo 燃烧 (燃燒) [n.]

　nenshō 燃焼

　yeon so 연소(燃燒)

rán qì 燃气 (燃氣) [n.]

　kemuri 煙

　yeon gi 연기(煙氣)

rǎn liào **染**料 [n.]

　senryō 染料

　yeom ryo 염료(染料)

rǎn sè 染色 [n.]

　senshoku 染色

　yeom saek 염색(染色)

ràng dù 让渡 (**讓**渡) [n.]

　jōto 讓渡

　yang do 양도(讓渡)

rang bù 让步 (讓步) [n.]; [v.]

　jōho 讓歩; yuzuru 讓る

　yang bo 양보(讓步); yang bo ha da 양보(讓步)하다

rè 热 (**熱**) [n.]

　netsu 熱

　yeol 열(熱)

rè ài 热爱 (熱愛) [n.]

　netsuai 熱愛

　yeo rae 열애(熱愛)

rè dài 热带 (熱帶) [n.]

　nettai 熱帯

　yeol ttae 열대(熱帶)

rè qì 热气 (熱氣) [n.]

　nekki 熱気

　yeol gi 열기(熱氣)

rè qíng 热情 (熱情) [n.]

　netsujō 熱情

　yeol jjeong 열정(熱情)

rè wàng 热望 (熱望) [n.]; [v.]

　netsubō 熱望; netsubō suru 熱望する

　yeol mang 열망(熱望); yeol mang ha da 열망(熱望)하다

rè xīn 热心 (熱心) [n.]

　nesshin 熱心

　yeol ssim 열심(熱心)

rén 人 [n.]

　hito 人

　saram 사람

rén běn zhǔ yì 人本主义 (人本主義) [n.]

　jinponshugi 人本主義

　in bon ju i 인본주의(人本主義)

rén dào zhǔ yì zhě 人道主义者 (人道主義者) [n.]

　jindō shugi sha 人道主義者

　in do ju i ja 인도주의자(人道主義者)

rén gé 人格 [n.]

　jinkaku 人格

　in kkyeok 인격(人格)

rén gōng　人工　[n.]

　jinkō　人工

　in gong　인공(人工)

rén gōng wèi xīng　人工卫星 (人工衛星)　[n.]

　jinkō eisei　人工衛星

　in gong wi seong　인공위성(人工衛星)

rén jì guān xì　人际关系 (人際關係)　[n.]

　ningen kankei　人間関係

　in gan gwan ge　인간관계(人間關係)

rén jiān　人间 (人間)　[n.]

　ningen　人間

　in gan　인간(人間)

rén kǒu　人口　[n.]

　jinkō　人口

　in gu　인구(人口)

rén lèi　人类 (人類)　[n.]

　jinrui　人類

　il ryu　인류(人類)

rén liú　人流　[n.]

　hitonami　人波

　in pa　인파(人波)

rén men　人们 (人們)　[n.]

　hitobito　人々

　sa ram deul　사람들

rén qì　人气 (人氣)　[n.]

　ninki　人気

　in kki　인기(人氣)

rén wù　人物　[n.]

　jinbutsu　人物

　in mul　인물(人物)

rén xìng　人性　[n.]

　ningen sei　人間性

　in gan sseong　인간성(人間性)

rén xíng dào　人行道　[n.]

　jindō　人道

　in do　인도(人道)

rén xíng héng dào　人行横道　[n.]

　ōdan hodō　横断歩道

　hoeng dan bo do　횡단보도(橫斷步道)

rén zhǒng　人种 (人種)　[n.]

　jinshu　人種

　in jong　인종(人種)

rèn gòu　认购 (認購)　[n.]

　yoyaku kōdoku　予約購読

　ye yak gu dok　예약구독(豫約購讀)

rèn kě　认可 (認可)　[n.]; [v.]

　ninka　認可; ninka suru　認可する

　in ga　인가(認可); in ga ha da　인가(認可)하다

rèn shi　认识 (認識)　[n.]; [v.]

　ninshiki　認識; ninshiki suru　認識する

　in sik　인식(認識); in si ka da　인식(認識)하다

rèn mìng　任命　[n.]; [v.]

　ninmei　任命; ninmei suru　任命する

　im myeong　임명(任命); im myeong ha da　임명(任命)하다

rèn wù　任务 (任務)　[n.]

　ninmu　任務

　im mu　임무(任務)

rěn nài　忍耐　[n.]; [v.]

　nintai　忍耐; nintai suru　忍耐する

　in nae　인내(忍耐); in nae ha da　인내(忍耐)하다

rèn shēn　妊娠　[n.]

　ninshin　妊娠

　im sin　임신(妊娠)

rì bào　日报 (日報)　[n.]

　nikkan shi　日刊紙, nikkan shinbun　日刊新聞

　il gan ji　일간지(日刊紙),il gan sin mun　일간신문(日刊新聞)

rì běn 日本 [n.]

nihon 日本

il bon 일본(日本)

rì běn rén 日本人 [n.]

nihonjin 日本人

il bo nin 일본인(日本人)

rì chéng 日程 [n.]

nittei 日程

il jjeong 일정(日程)

rì chéng biǎo 日程表 [n.]

nittei hyō 日程表

il jjeong pyo 일정표(日程表)

rì chū 日出 [n.]

hinode 日の出

il chul 일출(日出)

rì guāng 日光 [n.]

nikkō 日光

il gwang 일광(日光)

rì jì 日记 (日記) [n.]

nikki 日記

il gi 일기(日記)

rì mò 日没 [n.]

nichi botsu 日没

il mol 일몰(日没)

rì yǔ 日语 [n.]

nihongo 日本語

il bo neo 일본어(日本語)

rì zhì 日志 (日誌) [n.]

nisshi 日誌

il jji 일지(日誌)

rì zi 日子 [n.]

hizuke 日付

nal jja 날짜

róng jiě 溶解 [n.]; [v.]

yōkai 溶解; yōkai suru 溶解する

yong hae 용해(溶解); yong hae ha da 용해(溶解)하다

róng yè 溶液 [n.]

yōeki 溶液

yong aek 용액(溶液)

róng mào 容貌 [n.]

yōbō 容貌

yong mo 용모(容貌)

róng yì 容易 [n.]

yōi 容易

yong i 용이(容易)

róng qì 容器 [n.]

yōki 容器

yong gi 용기(容器)

róng liàng 容量 [n.]

yōryō 容量

yong ryang 용량(容量)

róng yán 熔岩 [n.]

yōgan 溶岩

yong am 용암(熔岩)

róu qíng 柔情 [n.]

yawaraka sa 柔らかさ

bu deu reo um 부드러움

róu ruǎn 柔软 (柔軟) [n.]

jūnan 柔軟

yu yeon 유연(柔軟)

róu ruò 柔弱 [n.]

nyūjaku 柔弱

yu yak 유약(柔弱)

ròu 肉 [n.]

niku 肉

sal 살; go gi 고기

ròu tǐ 肉体 (肉體) [n.]

  nikutai 肉体

  yuk che 육체(肉體)

rǔ ér 乳儿 (乳兒) [n.]

  nyūji 乳児

  yu a 유아(乳兒)

rǔ fáng 乳房 [n.]

  chibusa 乳房

  yu bang 유방(乳房)

rú mǔ 乳母 [n.]

  uba 乳母

  yu mo 유모(乳母)

rǔ niú 乳牛 [n.]

  nyūgyū 乳牛

  jeot sso 젖소

rǔ zhì pǐn 乳制品 (乳製品) [n.]

  nyūseihin 乳製品

  yu je pum 유제품(乳製品)

rù chǎng 入场 (入場) [n.]; [v.]

  nyūjō 入場; **nyūjō suru** 入場する

  ip jjang 입장(入場); **ip jjang ha da** 입장(入場)하다

rù chǎng quàn 入场券 (入場券) [n.]

  nyūjō ken 入場券

  ip jjang kkwon 입장권(入場券)

rù kǒu 入口 [n.]

  iriguchi 入口

  ip kku 입구(入口)

rù mén 入门 (入門) [n.]; [v.]

  nyūmon 入門; **nyūmon suru** 入門する

  ip mun 입문(入門); **ip mun ha da** 입문(入門)하다

rù xué 入学 (入學) [n.]; [v.]

  nyūgaku 入学; **nyūgaku suru** 入学する

  i pak 입학(入學); **i pa ka da** 입학(入學)하다

rún 犉 [n.]

  oushi 雄牛

  hwang so 황소

ruò diǎn 弱点 (弱點) [n.]

  jakuten 弱点

  yak jjeom 약점(弱點)

ruò shì 弱势 (弱勢) [n.]

  ressei 劣勢

  yak sse 약세(弱勢)

ruò xiǎo 弱小 [n.]

  jakushō 弱小

  yak sso 약소(弱小)

S

sān 三 [n.]

  san 三

  sam 삼(三)

sān bèi 三倍 [n.]

  sanbai sū 三倍数

  sam bae su 삼배수(三倍數)

sān lún chē 三轮车 (三輪車) [n.]

  sanrinsha 三輪車

  sam ryun cha 삼륜차(三輪車)

sān shí 三十 [n.]

  sanjū 三十

  sam sip 삼십(三十)

sān yuè 三月 [n.]

  san gatsu 三月

  sa mwol 삼월(三月)

sān zhèn 三振 [n.]

  sanshin 三振

  sam jin 삼진(三振)

sǎn 伞 (傘) [n.]

  kasa 傘

  u san 우산(雨傘)

sǎn wén 散文 [n.]

  sanbun 散文

  san mun 산문(散文)

sàn bù 散布 (散佈) [n.]; [v.]

  sanpu 散布; **sanpu suru** 散布する

  sal po 살포(撒布); **sal po ha da** 살포(撒布)하다

sāo dòng 骚动 (騷動) [n.]

  sawagi 騒ぎ; **sōdō** 騒動

  so dong 소동(騷動)

sāo luàn 骚乱 (騷亂) [n.]

  sōran 騒乱; **sawagi**

  so ran 소란(騷亂)

sǎo chú 扫除 (掃除) [n.]; [v.]

  sōji 掃除; **sōji suru** 掃除する

  cheong so 청소(淸掃); **cheong so ha da** 청소(淸掃)하다

sè 色 [n.]

  iro 色

  saek 색(色)

sè cǎi 色彩 [n.]

  shikisai 色彩

  saek chae 색채(色彩)

sè diào 色调 (色調) [n.]

  iroai 色合い

  saek jjo 색조(色調)

sēn lín 森林 [n.]

  shinrin 森林; **mori** 森

  sam rim 삼림(森林); **sup** 숲

sēng lǚ 僧侣 [n.]

  sōryo 僧侶

  seung nyeo 승려(僧侶)

shā 砂 [n.]

  suna 砂

  mo rae 모래

shā táng 砂糖 [n.]

  satō 砂糖

  seol tang 설탕(雪糖)

shā lā 沙拉 [n.]

  seisai ryōri 生彩料理

  saeng chae yo ri 생채요리(生彩料理)

shā mò 沙漠 [n.]

  sabaku 砂漠

  sa mak 사막(砂漠)

shā shā shēng 沙沙声 (沙沙聲) [n.]

  kasakasa oto カサカサ音

  ba sak ba sak so ri 바삭바삭 소리

shā rén 杀人 (殺人) [n.]; [v.]

  satsujin 殺人; **satsujin suru** 殺人する

  sa rin 살인(殺人); **sa rin ha da** 살인(殺人)하다

shā rén fàn 杀人犯 (殺人犯) [n.]

  satsujin sha 殺人者

  sa rin ja 살인자(殺人者)

shā xiàn 纱线 (紗線) [n.]

  bōseki ito 紡績糸

  bang jeok ssa 방적사(紡績絲)

shǎ guā 傻瓜 [n.]

  manuke 間抜け

  meong cheong i 멍청이

shǎ zi 傻子 [n.]

  baka 馬鹿

  ba bo 바보

shān 杉 [n.]

  sugi 杉

  sam na mu 삼나무

shān 山 [n.]

yama 山

san 산(山)

shān dǐng 山顶 (山頂) [n.]

sanchō 山頂

san jeong 산정(山頂)

shān mài 山脉 (山脈) [n.]

sanmyaku 山脈

san maek 산맥(山脈)

shān pō 山坡 [n.]

oka no chūfuku 丘の中腹

eon deok bi tal 언덕 비탈

shān yáng 山羊 [n.]

yagi 山羊

san yang 산양(山羊)

shān yāo 山腰 [n.]

sanpuku 山腹

san jung teok 산(山)중턱

shān dòng 煽动 (煽動) [n.]; [v.]

sendō 煽動; sendō suru 扇動する

seon dong 선동(煽動); seon dong ha da 선동(煽動)하다

shān hú 珊瑚 [n.]

sango 珊瑚

san ho 산호(珊瑚)

shān jié 删节 (刪節) [n.]; [v.]

shōryaku 省略; shōryaku suru 省略する

saeng nyak 생략(省略); saeng nya ka da 생략(省略)하다

shǎn diàn 闪电 (閃電) [n.]

inazuma 稲妻

beon gae 번개

shǎn guāng 闪光 (閃光) [n.]

senkō 閃光

seom gwang 섬광(閃光)

shǎn shuò 闪烁 (閃爍) [n.]

kirameki 煌めき

ban jja gim 반짝임

shǎn yào 闪耀 (閃耀) [n.]

kagayaki 輝き

bit nam 빛남

shàn 扇 [n.]

uchiwa うちわ

bu chae 부채

shàn 善 [n.]

zen 善

seon 선(善)

shàn liáng 善良 [n.]

zenryō 善良

seol ryang 선량(善良)

shāng 伤 (傷) [n.]

kizu 傷

sang cheo 상처(傷處)

shāng hài 伤害 (傷害) [n.]; [v.]

shōgai 傷害; shōgai suru 傷害する

sang hae 상해(傷害); sang hae ha da 상해(傷害)하다

shāng biāo 商标 (商標) [n.]

shōhyō 商標

sang pyo 상표(商標)

shāng diàn 商店 [n.]

shōten 商店

sang jeom 상점(商店)

shāng liang 商量 [n.]

sōdan 相談

sang dam 상담(相談)

shāng pǐn 商品 [n.]

shōhin 商品

sang pum 상품(商品)

shāng pǐn liú tōng 商品流通 [n.]

shōhin ryūtsū 商品流通

sang pum yu tong 상품유통(商品流通)

shāng rén 商人 [n.]

shōnin 商人

sang in 상인(商人)

shāng yè 商业 (商業) [n.]

shōgyō 商業

sang eop 상업(商業)

shāng yè qū 商业区 (商業區) [n.]

shōgyō chiku 商業地区

sang eop jji gu 상업지구(商業地區)

shǎng 赏 (賞) [n.]

shō 賞

sang 상(賞)

shàng bàn shēn 上半身 [n.]

jōhanshin 上半身

sang ban sin 상반신(上半身)

shàng bian 上边 (上邊) [n.]

uwa gawa 上側

wi jjok 위쪽

shàng bù 上部 [n.]

jōbu 上部

sang bu 상부(上部)

shàng guān 上官 [n.]

jōkan 上官

sang gwan 상관(上官)

shàng pō 上坡 [n.]

nobori zaka 上り坂

o reu mak kkil 오르막길

shàng shēng 上升 [n.]; [v.]

jōshō 上昇; jōshō suru 上昇する

sang seung 상승(上昇);sang seung ha da 상승(上昇)하다

shàng si 上司 [n.]

jōshi 上司

sang sa 상사(上司)

shàng tiáo 上调 (上調) [n.]; [v.]

hikiage 引上; hikiageru 引き上げる

in sang 인상(引上); in sang ha da 인상(引上)하다

shàng yī 上衣 [n.]

uwagi 上着

sang i 상의(上衣)

shàng yuàn 上院 [n.]

jōin 上院

sang won 상원(上院)

shāo shāng 烧伤 (燒傷) [n.]

kashō 火傷

hwa sang 화상(火傷)

shǎo liàng 少量 [n.]

shōryō 少量

so ryang 소량(少量)

shào nián 少年 [n.]

shōnen 少年

so nyeon 소년(少年)

shào nǚ 少女 [n.]

shōjo 少女

so nyeo 소녀(少女)

shǎo shù 少数 (少數) [n.]

shōsū 少数

so su 소수(少數)

shǎo shù pài 少数派 (少數派) [n.]

shōsū ha 少数派

so su pa 소수파(少數派)

shē chǐ 奢侈 [n.]

zeitaku 贅沢

sa chi 사치(奢侈)

133

shé 舌 [n.]

shita 舌

hyeo 혀

shé 蛇 [n.]

hebi 蛇

baem 뱀

shè bèi 设备 (設備) [n.]

setsubi 設備

seol bi 설비(設備)

shè jì 设计 (設計) [n.]; [v.]

sekkei 設計; sekkei suru 設計する

seol ge 설계(設計); seol ge ha da 설계(設計)하다

shè jì shī 设计师 (設計師) [n.]

sekkei sha 設計者

seol ge ja 설계자(設計者)

shè jì tú 设计图 (設計圖) [n.]

sekkei zu 設計図

seol ge do 설계도(設計圖)

shè lì 设立 (設立) [n.]; [v.]

setsuritsu 設立; setsuritsu suru 設立する

seol lip 설립(設立); seol li pa da 설립(設立)하다

shè xiǎng 设想 (設想) [n.]; [v.]

chakusō 着想; chakusō suru 着想する

chak ssang 착상(着想); chak ssang ha da 착상(着想)하다

shè huì 社会 (社會) [n.]

shakai 社会

sa hoe 사회(社會)

shè huì zhǔ yì 社会主义 (社會主義) [n.]

shakai shugi 社会主義

sa hoe ju i 사회주의(社會主義)

shè huì zhǔ yì zhě 社会主义者 (社會主義者) [n.]

shakai shugi sha 社会主義者

sa hoe ju i ja 사회주의자(社會主義者)

shè lùn 社论 (社論) [n.]

shasetsu 社説

sa seol 사설(社說)

shè qū 社区 (社區) [n.]

chiiki shakai 地域社会

ji yeok sa hoe 지역사회(地域社會)

shè zhǎng 社长 (社長) [n.]

shachō 社長

sa jang 사장(社長)

shè jí 射击 (射擊) [n.]; [v.]

shageki 射撃; shageki suru 射撃する

sa gyeok 사격(射擊); sa gyeo ka da 사격(射擊)하다

shēn bào 申报 (申報) [n.]; [v.]

shinkoku 申告; shinkoku suru 申告する

sin go 신고(申告); sin go ha da 신고(申告)하다

shēn míng 申明 [n.]; [v.]

kōhyō 公表; kōhyō suru 公表する

gong pyo 공표(公表); gong pyo ha da 공표(公表)하다

shēn qǐng 申请 (申請) [n.]; [v.]

mōshikomi 申し込み; mōshikomu 申し込む

sin cheong 신청(申請); sin cheong ha da 신청(申請)하다

shēn cháng 身长 (身長) [n.]

shinchō 身長

sin jang 신장(身長)

shēn gāo 身高 [n.]

se 背

ki 키

shēn tǐ 身体 (身體) [n.]

shintai 身体

sin che 신체(身體)

shēn hóng sè 深红色 (深紅色) [n.]

shinku shoku 真紅色

jin hong saek 진홍색(眞紅色)

shēn qiǎn　深浅（深淺）　[n.]

　fuka sa　深さ

　gi pi　깊이

shēn sī shú lǜ　深思熟虑（深思熟慮）　[n.]

　shinshi jukkō　深思熟考

　sim sa suk kko　심사숙고(深思熟考)

shēn yuan　深渊（深淵）　[n.]

　shin'en　深淵

　si myeon　심연(深淵)

shēn shì　绅士（紳士）　[n.]

　shinshi　紳士

　sin sa　신사(紳士)

shēn yín　呻吟　[n.]

　umeki goe　呻き声

　si neum　신음(呻吟)

shén　神　[n.]

　kami　神

　sin　신(神)

shén diàn　神殿　[n.]

　shinden　神殿

　sin jeon　신전(神殿)

shén huà　神话（神話）　[n.]

　shinwa　神話

　sin hwa　신화(神話)

shén jīng　神经（神經）　[n.]

　shinkei　神経

　sin gyeong　신경(神經)

shén mì　神秘　[n.]

　shinpi　神秘

　sin bi　신비(神秘)

shén shè　神社（神社）　[n.]

　zinja　神社

　sin sa　신사(神社)

shén zhí rén yuán　神职人员（神職人員）　[n.]

　seishoku sha　聖職者

　seong jik jja　성직자(聖職者)

shěn pàn　审判（審判）　[n.]

　shinpan　審判

　sim pan　심판(審判)

shěn wèn　审问（審問）　[n.]; [v.]

　shinmon　審問; jinmon suru　尋問する

　sim mun　심문(審問); sim mun ha da　심문(尋問)하다

shēng chǎn　生产（生產）　[n.]; [v.]

　seisan　生産; seisan suru　生産する

　saeng san　생산(生產); saeng san ha da　생산(生產)하다

shēng chǎn lì　生产力（生產力）　[n.]

　seisan sei　生産性

　saeng san nyeok　생산력(生產力)

shēng chǎn liàng　生产量（生產量）　[n.]

　seisan ryō　生産量

　saeng san nyang　생산량(生產量)

shēng chán zhě　生产者（生產者）　[n.]

　seisan sha　生産者

　saeng san ja　생산자(生產者)

shēng cún　生存　[n.]; [v.]

　seizon　生存; seizon suru　生存する

　saeng jon　생존(生存); saeng jon ha da　생존(生存)하다

shēng cún zhě　生存者　[n.]

　seizon sha　生存者

　saeng jon ja　생존자(生存者)

shēng huó　生活　[n.]

　seikatsu　生活, gurashi　暮らし

　saeng hwal　생활(生活), sal lim　살림

shēng huó fèi　生活费（生活費）　[n.]

　seikatsu hi　生活費

　saeng hwal bi　생활비(生活費)

shēng huó tōng zhī shū 生活通知书(生活通知書)[n.]
  seikatsu tsūchi sho 生活通知書
  saeng hwal tong ji pyo 생활통지표(生活通知表)

shēng jì 生计 (生計) [n.]
  seikei 生計
  saeng ge 생계(生計)

shēng mìng 生命 [n.]
  seimei 生命
  saeng myeong 생명(生命)

shēng rén 生人 [n.]
  mishiranu hito 見知らぬ人
  nat sseon sa ram 낯선 사람

shēng rì 生日 [n.]
  tanjō bi 誕生日
  saeng il 생일(生日)

shēng wù 生物 [n.]
  seibutsu 生物
  saeng mul 생물(生物)

shēng wù xué 生物学 (生物學) [n.]
  seibutsu gaku 生物学
  saeng mul hak 생물학(生物學)

shēng yá 生涯 [n.]
  shōgai 生涯
  saeng ae 생애(生涯)

shēng jí 升级 (升級) [n.]
  shinkyū 進級
  jin geup 진급(進級)

shēng jiàng jī 升降机 (升降機) [n.]
  shōkō ki 昇降機
  seung gang gi 승강기(昇降機)

shēng míng 声明 (聲明) [n.]
  seimei 声明
  seong myeong 성명(聲明)

shēng míng shū 声明书 (聲明書) [n.]
  seimei sho 声明書
  seong myeong seo 성명서(聲明書)

shēng yīn 声音 (聲音) [n.]
  onsei 音声
  eum seong 음성(音聲)

shēng yuán 声援 (聲援) [n.]
  seien 声援
  seong won 성원(聲援)

shěng 省 [n.]
  shō 省
  seong 성(省)

shěng lüè 省略 [n.]
  shōryaku 省略
  saeng nyak 생략(省略)

shěng lüè fú hào 省略符号 (省略符號) [n.]
  shōryaku fugō 省略符号
  saeng nyak bu ho 생략부호(省略符號)

shèng gē 圣歌 (聖歌) [n.]
  seika 聖歌, sanbika 賛美歌
  seong ga 성가(聖歌), chan song ga 찬송가(讚頌歌)

shèng gē duì 圣歌队 (聖歌隊) [n.]
  seika tai 聖歌隊
  seong ga dae 성가대(聖歌隊)

shèng jīng 圣经 (聖經) [n.]
  seisho 聖書
  seong gyoung 성경(聖經)

shèng rén 圣人 (聖人) [n.]
  seijin 聖人
  seong in 성인(聖人)

shèng zhí 圣职 (聖職) [n.]
  seishoku 聖職
  seong jik 성직(聖職)

shèng lì 胜利 (**勝**利) [n.]

  shōri 勝利

  seung ni 승리(勝利)

shèng lì zhě 胜利者 (勝利者) [n.]

  shōri sha 勝利者, **shōsha** 勝者

  seung ni ja 승리자(勝利者), **seung ja** 승자(勝者)

shèng qián **剩**钱 (剩錢) [n.]

  jōyo kin 剩余金

  ing yeo geum 잉여금(剩餘金)

shèng yú 剩余 (剩餘) [n.]

  jyōyo 剩余

  ying yeo 잉여(剩餘)

shī 诗 (**詩**) [n.]

  shi 詩

  si 시(詩)

shī jí 诗集 (詩集) [n.]

  shishū 詩集

  si jip 시집(詩集)

shī piān 诗篇 (詩篇) [n.]

  shihen 詩篇

  si pyeon 시편(詩篇)

shī rén 诗人 (詩人) [n.]

  shijin 詩人

  si in 시인(詩人)

shī jù 诗句 (詩句) [n.]

  shiku 詩句

  si gu 시구(詩句)

shī bài **失**败 (失敗) [n.]; [v.]

  shippai 失敗; **shippai suru** 失敗する

  sil pae 실패(失敗); **sil pae ha da** 실패(失敗)하다

shī wàng 失望 [n.]; [v.]

  shitsubō 失望; **shitsubō saseru** 失望させる

  sil mang 실망(失望); **sil mang si ki da** 실망(失望)시키다

shī xiào 失效 [n.]; [v.]

  jikkō 失効; **jikkō suru** 失効する

  sil hyo 실효(失效); **sil hyo ha da** 실효(失效)하다

shī yè 失业 (失業) [n.]; [v.]

  shitsugyō 失業; **shitsugyō suru** 失業する

  si reop 실업(失業); **si reo pa da** 실업(失業)하다

shī zhēn 失真 [n.]; [v.]

  yugami 歪み; **yugamu** 歪む

  bi ttu reo jim 비뚤어짐; **bi ttu reo ji da** 비뚤어지다

shī zōng 失踪 [n.]; [v.]

  yukue fumei 行方不明; **kieru** 消える

  sil jjong 실종(失踪); **sil jjong doe da** 실종(失踪)되다

shī dì 湿地 (**濕**地) [n.]

  shicchi 湿地

  seup jji 습지(濕地)

shī qì 湿气 (濕氣) [n.]

  shikke 湿気

  seup kki 습기(濕氣)

shī xíng **施**行 [n.]; [v.]

  shikō 施行; **shikō suru** 施行する

  si haeng 시행(施行); **si haeng ha da** 시행(施行)하다

shī gong 施工 [n.]; [v.]

  shikō 施工; **shikō suru** 施工する

  si gong 시공(施工); **si gong ha da** 시공(施工)하다

shí 石 [n.]

  ishi 石

  dol 돌

hí gāo 石膏 [n.]

  shikkui 漆喰

  seok kko 석고(石膏)

shí gōng 石工 [n.]

  sekkō 石工

  seok kkong 석공(石工)

shí huī 石灰 [n.]

  sekkai 石灰

  seo koe 석회(石灰)

shí huī yán 石灰岩 [n.]

  sekkaigan 石灰岩

  seo koe seok 석회석(石灰石)

shí yīng 石英 [n.]

  sekiei 石英

  seo gyeong 석영(石英)

shí yóu 石油 [n.]

  sekiyu 石油

  seo gyu 석유(石油)

shí zǐ 石子 [n.]

  koishi 小石

  jo yak ttol 조약돌

shí 十 [n.]

  jū 十

  sip 십(十)

shí bā 十八 [n.]

  jū hachi 十八

  si pal 십팔(十八)

shí èr 十二 [n.]

  jūni 十二

  si bi 십이(十二)

shí èr yuè 十二月 [n.]

  jūni gatsu 十二月

  si bi wol 십이월(十二月)

shí jǐ suì de 十几岁的 (十幾歲的) [n.]

  jūdai 十代

  sip ttae 십대(十代)

shí jiǔ 十九 [n.]

  jūkyū 十九

  sip kku 십구(十九)

shí liù 十六 [n.]

  jūroku 十六

  sip nyuk 십육(十六)

shí nián 十年 [n.]

  jū nen 十年

  sip nyeon 십년(十年)

shí qī 十七 [n.]

  jū shichi 十七

  sip chil 십칠(十七)

shí sān 十三 [n.]

  jūsan 十三

  sip ssam 십삼(十三)

shí sì 十四 [n.]

  jūyon 十四

  sip ssa 십사(十四)

shí wǔ 十五 [n.]

  jūgo 十五

  si bo 십오(十五)

shí yì 十亿 (十億) [n.]

  jūoku 十億

  si beok 십억(十億)

shí yī 十一 [n.]

  jūichi 十一

  si bil 십일(十日)

shí yī yuè 十一月 [n.]

  jūichi gatsu 十一月

  si bil wol 십일월(十一月)

shí yuè 十月 [n.]

  jū gatsu 十月

  si wol 시월(十月)

shí zì jià 十字架 [n.]

  jūjika 十字架

  sip jja ga 십자가(十字架)

shí zì jūn　十字军 (十字軍)　[n.]

　jūjigun　十字軍

　sip jja gun　십자군(十字軍)

shí　时 (時)　[n.]

　toki　時

　ttae　때

shí dài　时代 (時代)　[n.]

　jidai　時代

　si dae　시대(時代)

shí jiān　时间 (時間)　[n.]

　jikan　時間

　si gan　시간(時間)

shí jiān biǎo　时间表 (時間表)　[n.]

　jikan hyō　時間表

　si gan pyo　시간표(時間表)

shí kè　时刻 (時刻)　[n.]

　jikoku　時刻

　si gak　시각(時刻)

shí qī　时期 (時期)　[n.]

　jiki　時期

　si gi　시기(時期)

shí tài　时态 (時態)　[n.]

　jisei　時制

　si je　시제(時制)

shí zhōng　时钟 (時鐘)　[n.]

　tokei　時計

　si ge　시계(時計)

shí lì　实例 (實例)　[n.]

　jitsurei　実例

　sil lye　실례(實例)

shí shī　实施 (實施)　[n.]; [v.]

　jisshi　実施; jisshi suru　実施する

　sil ssi　실시(實施); sil ssi ha da　실시(實施)하다

shí xiàn　实现 (實現)　[n.]; [v.]

　jitsugen　実現; jitsugen suru　実現する

　sil hyeon　실현(實現); sil hyeon ha da　실현(實現)하다

shí xíng　实行 (實行)　[n.]; [v.]

　jikkō　実行; jikkō suru　実行する

　sil haeng　실행(實行); sil haeng ha da　실행(實行)하다

shí yàn　实验 (實驗)　[n.]; [v.]

　jikken　実験; jikken suru　実験する

　sil heom　실험(實驗); sil heom ha da　실험(實驗)하다

shí yàn shì　实验室 (實驗室)　[n.]

　jikken shitsu　実験室

　sil heom sil　실험실(實驗室)

shí yè jiā　实业家 (實業家)　[n.]

　jitsugyō ka　実業家

　si reop kka　실업가(實業家)

shí yòng xìng　实用性 (實用性)　[n.]

　jitsuyō sei　実用性

　si ryong sseong　실용성(實用性)

shí pǐn　食品　[n.]

　shokuhin　食品

　sik pum　식품(食品)

shí pín chǔ cáng shì　食品储藏室(食品储藏室)　[n.]

　shokuryō chozō shitsu　食料貯蔵室

　sik nyo pum jeo jang sil　식품 저장실(食品 貯藏室)

shí táng　食堂　[n.]

　shokudō　食堂

　sik ttang　식당(食堂)

shí yù　食欲 (食慾)　[n.]

　shoku yoku　食欲

　si gyok　식욕(食慾)

shǐ yòng　使用　[n.]; [v.]

　shiyō　使用; tsukau　使う

　sa yong　사용(使用); sa yong ha da　사용(使用)하다

shǐ yòng shǒu cè　使用手册（使用手冊）[n.]

　toriatsukai setsumei sho　取扱説明書

　chwi geup seol myeong seo　취급설명서(取扱說明書)

shǐ yòng zhě　使用者 [n.]

　shiyō sha　使用者

　sa yong ja　사용자(使用者)

shí zhě　使者 [n.]

　shisha　使者

　sa ja　사자(使者)

shì chǎng　市场（市場）[n.]

　shijō　市場

　si jang　시장(市場)

shì jiāo　市郊 [n.]

　toshi kinkō　都市近郊

　do si geun gyo　도시근교(都市近郊)

shì mín　市民 [n.]

　shimin　市民

　si min　시민(市民)

shì nèi diàn chē　市内电车（市内電車）[n.]

　shinai densha　市内電車

　si nae jeon cha　시내전차(市內電車)

shì qū　市区（市區）[n.]

　toshin chi　都心地

　do sim ji　도심지(都心地)

shì zhǎng　市长（市長）[n.]

　shichō　市長

　si jang　시장(市長)

shì cí　誓词（誓詞）[n.]

　kōgen　公言

　gong eon　공언(公言)

shì yuē　誓约（誓約）[n.]

　seiyaku　誓約

　seo yak　서약(誓約)

shì dài　饰带（飾帶）[n.]

　kazari tai　飾帯

　jang sik tti　장식(裝飾)띠

shì wù　饰物（飾物）[n.]

　sōshingu　装身具

　jang sin gu　장신구(裝身具)

shì dài　世代 [n.]

　sedai　世代

　se dae　세대(世代)

shì jì　世纪 [n.]

　seiki　世紀

　se gi　세기(世紀)

shì jiè　世界 [n.]

　sekai　世界

　se ge　세계(世界)

shì dàng　适当（適當）[n.]

　tekitō　適当

　jeok ttang　적당(適當)

shì qiè　适切（適切）[n.]

　tekisetsu　適切

　jeok jjeol　적절(適切)

shì yìng　适应（適應）[n.]; [v.]

　tekiō　適応; tekiō suru　適応する

　jeo geung　적응(適應); jeo geung ha da　적응(適應)하다

shì yòng　适用（適用）[n.]; [v.]

　tekiyō　適用; tekiyō suru　適用する

　jeo gyong　적용(適用); jeo gyong ha da　적용(適用)하다

shì gù　事故 [n.]

　jiko　事故

　sa go　사고(事故)

shì jiàn　事件 [n.]

　jiken　事件

　sa kkeon　사건(事件)

shì qing 事情 [n.]

  jijō 事情

  sa jeong 사정(事情)

shì shí 事实 (事實) [n.]

  jijitsu 事実

  sa sil 사실(事實)

shì wù yuán 事务员 (事務員) [n.]

  jimu in 事務員

  sa mu won 사무원(事務員)

shì yè 事业 (事業) [n.]

  jigyō 事業

  sa eop 사업(事業)

shì yè jiā 事业家 (事業家) [n.]

  jigyō ka 事業家

  sa eop kka 사업가(事業家)

shì hào 嗜好 [n.]

  shikō 嗜好

  gi ho 기호(嗜好)

shì jiè 视界 (視界) [n.]

  shikai 視界

  si ge 시계(視界)

shì lì 视力 (視力) [n.]

  shiryoku 視力

  si ryeok 시력(視力)

shì yě 视野 (視野) [n.]

  shiya 視野

  si ya 시야(視野)

shì li 势力 (勢力) [n.]

  seiryoku 勢力

  se ryeok 세력(勢力)

shì tú 试图 (試圖) [n.]; [v.]

  kokoromi 試み; **kokoro miru** 試みる

  si do 시도(試圖); **si do ha da** 시도(試圖)하다

shì yàn 试验 (試驗) [n.]

  shiken 試験

  si heom 시험(試驗)

shōu huò 收获 (收穫) [n.]; [v.]

  shūkaku 収穫; **shūkaku suru** 収穫する

  su hwak 수확(收穫); **su hwa ka da** 수확(收穫)하다

shōu huò wù 收获物 (收穫物) [n.]

  shūkaku butsu 収穫物

  su hwak mul 수확물(收穫物)

shōu jí 收集 [n.]; [v.]

  shūshū 収集; **shūshū suru** 収集する

  su jip 수집(收集); **su ji pa da** 수집(收集)하

shōu róng 收容 [n.]; [v.]

  shūyō 収容; **shūyō suru** 収容する

  su yong 수용(收容); **su yong ha da** 수용(收容)하다

shōu róng néng lì 收容能力 [n.]

  shūyō nōryoku 収容能力

  su yong neung nyeok 수용능력(收容能力)

shōu rù 收入 [n.]

  shūnyū 収入

  su ip 수입(收入)

shōu suō 收缩 (收縮) [n.]; [v.]

  shūshuku 収縮; **shūshuku suru** 収縮する

  su chuk 수축(收縮); **su chu ka da** 수축(收縮)하다

shōu tiáo 收条 (收條) [n.]

  ryōshū shō 領収証

  yeong su jeung 영수증(領收證)

shǒu 手 [n.]

  te 手

  son 손

shóu biǎo 手表 (手錶) [n.]

  ude dokei 腕時計

  son mok ssi ge 손목 시계(時計)

141

shóu bǐng　手柄　[n.]

　totte　取っ手

　son ja bi　손잡이

shǒu cè　手册 (手冊)　[n.]

　techō　手帳

　su cheop　수첩(手帖)

shǒu duàn　手段　[n.]

　shudan　手段

　su dan　수단(手段)

shǒu jì　手记 (手記)　[n.]

　shuki　手記

　su gi　수기(手記)

shǒu jīn　手巾　[n.]

　tenugui　手ぬぐい

　su geon　수건(手巾)

shǒu juǎn　手卷 (手捲)　[n.]

　maki mono　巻き物

　du ru ma ri　두루마리

shǒu qiāng　手枪 (手槍)　[n.]

　kenjū　拳銃

　gwon chong　권총(拳銃)

shǒu shì　手势 (手勢)　[n.]

　miburi　身振り

　mom jjit　몸짓

shǒu shù　手术 (手術)　[n.]

　shujutsu　手術

　su sul　수술(手術)

shǒu tào　手套　[n.]

　tebukuro　手袋

　jang gap　장갑

shǒu wàn　手腕　[n.]

　tekubi　手首

　son mok　손목

shóu xiě　手写 (手寫)　[n.]

　tegaki　手書き

　su gi　수기(手記)

shǒu xù　手续 (手續)　[n.]

　tetsuzuki　手続き

　jeol cha　절차(節次)

shóu zhǎng　手掌　[n.]

　teno hira　手のひら

　son ppa dak　손바닥

shóu zhǐ　手指　[n.]

　yubi　指

　son kka rak　손가락

shǒu zú　手足　[n.]

　teashi　手足

　pal da ri　팔다리

shǒu bèi duì　守备队 (守備隊)　[n.]

　shubi tai　守備隊

　su bi dae　수비대(守備隊)

shǒu mén yuán　守门员 (守門員)　[n.]

　shubi sha　守備者

　su bi ja　수비자(守備者)

shǒu wèi　守卫 (守衛)　[n.]

　shuei　守衛

　su wi　수위(守衛)

shǒu dū　首都　[n.]

　shuto　首都

　su do　수도(首都)

shǒu xí　首席　[n.]

　shuseki　首席

　su seok　수석(首席)

shǒu xiàng　首相　[n.]

　shushō　首相

　su sang　수상(首相)

shǒu zì mǔ 首字母 [n.]

kashira moji 頭文字

meo ri geul jja 머리글자

shòu huà qì 受话器（受話器）[n.]

juwa ki 受話器

su hwa gi 수화기(受話器)

shòu lǐng 受领（受領）[n.]; [v.]

juryō 受領; **ukeru** 受ける

su ryeong 수령(受領); **su ryeong ha da** 수령(受領)하다

shòu nàn 受难（受難）[n.]

junan 受難

su nan 수난(受難)

shòu 狩 [n.]

kari 狩り

sa nyang 사냥

shòu mìng 寿命（壽命）[n.]

jumyō 寿命

su myeong 수명(壽命)

shū 梳 [n.]

kushi 櫛 / m

o ri bit 머리 빗

shū 书（書）[n.]

hon 本

chaek 책(冊)

shū diàn 书店（書店）[n.]

shoten 書店

seo jeom 서점(書店)

shū jià 书架（書架）[n.]

hondana 本棚

chaek jjang 책장(冊欌)

shū xìn 书信（書信）[n.]

shoshin 書信, **tegami** 手紙

seo sin 서신(書信), 편지(便紙)

shū zhāi 书斋（書齋）[n.]

shosai 書斎

seo jae 서재(書齋)

shū zhuō 书桌（書桌）[n.]

tsukue 机

chaek ssang 책상(冊床)

shū chū 输出（輸出）[n.]; [v.]

yushutsu 輸出; **yushutsu suru** 輸出する

su chul 수출(輸出); **su chul ha da** 수출(輸出)하다

shū rù 输入（輸入）[n.]; [v.]

yunyū 輸入; **yunyū suru** 輸入する

su ip 수입(輸入); **su i pa da** 수입(輸入)하다

shū sòng 输送（輸送）[n.]; [v.]

yusō 輸送; **yusō suru** 輸送する

su song 수송(輸送); **su song ha da** 수송(輸送)하다

shū sòng pǐn 输送品（輸送品）[n.]

yusō hin 輸送品

su song pum 수송품(輸送品)

shū hū 疏忽 [n.]

fuchūi 不注意

so hol 소홀(疎忽)

shū nǚ 淑女 [n.]

shukujo 淑女

suk nyeo 숙녀(淑女)

shú jīn 赎金（贖金）[n.]

minoshiro kin 身代金

mom kkap 몸 값

shú rén 熟人 [n.]

chijin 知人

ji in 지인(知人)

shǔ 鼠 [n.]

nezumi ねずみ

jwi 쥐

shǔ míng 署名 [n.]; [v.]

  shomei 署名; shomei suru 署名する

  seo myeong 서명(署名);seo myeong ha da 서명(署名)하다

shǔ xìng 属性 (屬性) [n.]

  zokusei 属性

  sok sseong 속성(屬性)

shù 束 [n.]

  taba 束

  mu kkeum 묶음

shù gàn 树干 (樹幹) [n.]

  ki no miki 木の幹

  na mu jul gi 나무 줄기

shù lí 树篱 (樹籬) [n.]

  ikegaki 生垣

  sa nul ta ri 산울타리

shù pí 树皮 (樹皮) [n.]

  ki no kawa 木の皮

  na mu kkeop jjil 나무 껍질

shù yè 树液 (樹液) [n.]

  jueki 樹液

  su aek 수액(樹液)

shù zhī 树枝 (樹枝) [n.]

  ki no eda 木の枝

  na mu kka ji 나무 가지

shù zhī 树脂 (樹脂) [n.]

  jushi 樹脂

  su ji 수지(樹脂)

shù liàng 数量 (數量) [n.]

  sūryō 数量

  su ryang 수량(數量)

shù xué 数学 (數學) [n.]

  sūgaku 数学

  su hak 수학(數學)

shù zì 数字 (數字) [n.]

  sūji 数字

  sut jja 숫자(數字)

shù yǔ 述语 (述語) [n.]

  jutsu go 述語

  su reo 술어(述語)

shuāi ruò 衰弱 [n.]

  suijaku 衰弱

  soe yak 쇠약(衰弱)

shuāi tuì 衰退 [n.]

  suitai 衰退

  soe toe 쇠퇴(衰退)

shuài xiān 率先 [n.]; [v.]

  sossen 率先; sossen suru 率先する

  sol sseon 솔선(率先); sol sseon ha da 솔선(率先)하다

shuài zhēn 率真 [n.]

  socchoku 率直

  sol jjik 솔직(率直)

shuān 闩 (閂) [n.]

  kan'nuki 閂

  geol ssoe 걸쇠

shuāng 霜 [n.]

  shimo 霜

  seo ri 서리

shuāng bāo tāi 双胞胎 (雙胞胎) [n.]

  futago 双子

  ssang dung i 쌍둥이

shuǐ 水 [n.]

  mizu 水

  mul 물

shuǐ dī 水滴 [n.]

  suiteki 水滴

  mul ppang ul 물방울

144

shuǐ fèn 水分 [n.]

  suibun 水分

  su bun 수분(水分)

shuǐ gōu 水沟 (水溝) [n.]

  gesui kō 下水溝

  ha su gu 하수구(下水溝)

shuǐ jīng 水晶 [n.]

  suishō 水晶

  su jeong 수정(水晶)

shuǐ kēng 水坑 [n.]

  mizu tamari 水たまり

  mu rung deong i 물웅덩이

shuǐ lù 水路 [n.]

  suiro 水路

  su ro 수로(水路)

shuǐ píng 水平 [n.]

  suihei 水平

  su pyeong 수평(水平)

shuǐ píng xiàn 水平线 (水平線) [n.]

  suiheisen 水平線

  su pyeong seon 수평선(水平線)

shuí tǒng 水桶 [n.]

  mizu oke 水桶

  mul tong 물통

shuǐ yín 水银 (水銀) [n.]

  suigin 水銀

  su eun 수은(水銀)

shuǐ zhēng qì 水蒸汽 [n.]

  suijōki 水蒸気

  su jeung gi 수증기(水蒸氣)

shuí zhǔn 水准 (水準) [n.]

  suijun 水準

  su jun 수준(水準)

shuì jīn 税金 [n.]

  zeikin 税金

  se geum 세금(稅金)

shuì shōu 税收 (稅收) [n.]

  zeishū 税収

  se su 세수(稅收)

shuì wù 税务 (稅務) [n.]

  zeimu 税務

  se mu 세무(稅務)

shuì lǜ 税率 (稅率) [n.]

  zeiritsu 税率

  se yul 세율(稅率)

shuì mián 睡眠 [n.]

  suimin 睡眠

  su myeon 수면(睡眠)

shùn jiān 瞬间 (瞬間) [n.]

  shunkan 瞬間

  sun gan 순간(瞬間)

shùn xù 顺序 (順序) [n.]

  junjo 順序

  sun seo 순서(順序)

shuō huáng zhě 说谎者 (說謊者) [n.]

  uso tsuki 嘘つき

  geo jit mal jaeng i 거짓말쟁이

shuō jiào 说教 (說教) [n.]; [v.]

  sekkyō 説教; **sekkyō suru** 説教する

  seol gyo 설교(說敎); **seol gyo ha da** 설교(說敎)하다

shuō míng 说明 (說明) [n.]; [v.]

  setsumei 説明; **setsumei suru** 説明する

  seol myeong 설명(說明); **seol myeong ha da** 설명(說明)하다

sī jī 司机 (司機) [n.]

  unten shi 運転士; **unten sha** 運転者

  un jeon sa 운전사(運轉士); **un jeon ja** 운전자(運轉者)

sī lìng bù　司令部　[n.]

　shirei bu　司令部

　sa ryeong bu　사령부(司令部)

sī lìng guān　司令官　[n.]

　shirei kan　司令官

　sa ryeong gwan　사령관(司令官)

sī kǎo　思考　[n.]

　kangae　考え; sikō　思考

　saeng gak　생각; sa go　사고(思考)

sī suǒ　思索　[n.]; [v.]

　shisaku　思索; kangaeru　考える

　sa saek　사색(思索); saeng ga ka da　생각하다

sī wéi fāng shì　思维方式 (思維方式)　[n.]

　kangae kata　考え方

　sa go bang sik　사고방식(思考方式)

sī xiǎng　思想　[n.]

　shisō　思想

　sa sang　사상(思想)

sī pò　撕破　[n.]

　hikisaki　引裂き

　jji jeum　찢음

sǐ wáng　死亡　[n.]; [v.]

　shibō　死亡; shinu　死ぬ

　sa mang　사망(死亡); juk tta　죽다

sǐ xíng　死刑　[n.]

　shikei　死刑

　sa hyung　사형(死刑)

sì　寺　[n.]

　tera　寺

　jeol　절

sì　四　[n.]

　yon　四

　sa　사(四)

sì děng fēn　四等分　[n.]

　yontōbun　四等分

　sa deung bun　사등분(四等分)

sì shí　四十　[n.]

　yonjū　四十

　sa sip　사십(四十)

sì yuè　四月　[n.]

　shi gatsu　四月

　sa wol　사월(四月)

sōng　松　[n.]

　matsu　松

　so na mu　소나무

sōng míng　松明　[n.]

　taimatsu　松明

　hwaet ppul　횃불

sōng shǔ　松鼠　[n.]

　risu　リス

　da ram jwi　다람쥐

sōu suǒ　搜索　[n.]; [v.]

　sōsaku　搜索; sōsaku suru　搜索する

　su saek　수색(搜索); su sae ka da　수색(搜索)하다

sōu chá　搜查　[n.]; [v.]

　sōsa　搜查; sōsa suru　搜查する

　su sa　수사(搜查); su sa ha da　수사(搜查)하다

sòu　嗽　[n.]

　seki　咳

　gi chim　기침

sú yǔ　俗语 (俗語)　[n.]

　zokugo　俗語, kotowaza　諺

　so geo　속어(俗語), sok ttam　속담(俗談)

sù dù　速度　[n.]

　sokudo　速度

　sok tto　속도(速度)

sù jì 速记 (速記) [n.]

sokki 速記

sok kki 속기(速記)

sù miáo 素描 [n.]

shasei ga 写生画

sa saeng hwa 사생화(寫生畵)

sù pǔ 素朴 (素樸) [n.]

soboku 素朴

so bak 소박(素朴)

sù zhì 素质 (素質) [n.]

soshitsu 素質

so jil 소질(素質)

sù mìng 宿命 [n.]

shukumei 宿命

suk myeong 숙명(宿命)

sù shè 宿舍 [n.]

geshuku beya 下宿部屋

ha suk ppang 하숙방(下宿房)

sù sòng 诉讼 (訴訟) [n.]

soshō 訴訟

so song 소송(訴訟)

sù sòng chéng xù 诉讼程序 (訴訟程序) [n.]

soshō tetsuzuki 訴訟手続き

so song jeol cha 소송절차(訴訟節次)

suàn shù 算术 (算術) [n.]

sansū 算数

san su 산수(算數)

suí cóng rén yuán 随从人员 (隨從人員) [n.]

tsukisoi nin 付添い人

su haeng won 수행원(隨行員)

suí jī yìng biàn 随机应变 (隨機應變) [n.]

rinki ōhen 臨機応変

im gi ung byeon 임기응변(臨機應變)

suì bù 碎布 [n.]

boro kire ぼろきれ

neong ma 넝마

suì piàn 碎片 [n.]

hahen 破片

pa pyeon 파편(破片)

suì rù 岁入 (歲入) [n.]

sainyū 歳入

se ip 세입(歲入)

sūn nǚ 孙女 (孫女) [n.]

mago musume 孫娘

son nyeo 손녀(孫女)

sūn zi 孙子 (孫子) [n.]

mago 孫

son ja 손자(孫子)

sǔn hài 损害 (損害) [n.]

songai 損害

son hae 손해(損害)

sǔn shī 损失 (損失) [n.]; [v.]

sonshitsu 損失; nakusu 無くす

son sil 손실(損失); i leo beo ri da 잃어 버리다

suō duǎn 缩短 (縮短) [n.]; [v.]

tanshuku 短縮; tanshuku suru 短縮する

dan chuk 단축(短縮); dan chu ka da 단축(短縮)하다

suō xiǎo 缩小 (縮小) [n.]; [v.]

shukushō 縮小; shukushō suru 縮小する

chuk sso 축소(縮小); chuk sso ha da 축소(縮小)하다

suǒ 锁 (鎖) [n.]

jō 錠

ja mul ssoe 자물쇠

suǒ dé 所得 [n.]

shotoku 所得

so deuk 소득(所得)

suó yǒu 所有 [n.]; [v.]

　shoyū 所有; shoyū suru 所有する

　so yu 소유(所有); so yu ha da 소유(所有)하다

suó yǒu gé 所有格 [n.]

　shoyū kaku 所有格

　so yu kkyeok 소유격(所有格)

suó yǒu gé fú hào 所有格符号 (所有格符號) [n.]

　shoyūkaku fugō 所有格符号

　so yu kkyeok bu ho 소유격부호(所有格符號)

suó yǒu quán 所有权 (所有權) [n.]

　shoyū ken 所有権

　so yu kkwon 소유권(所有權)

suó yǒu wù 所有物 [n.]

　shoyū butsu 所有物

　so yu mul 소유물(所有物)

suǒ zài 所在 [n.]

　shozai 所在

　so jae 소재(所在)

suǒ péi 索赔 (索賠) [n.]

　baishō seikyū 賠償請求

　bae sang cheong gu 배상청구(賠償請求)

suó yǐn 索引 [n.]

　sakuin 索引

　sae gin 색인(索引)

T

tǎ 塔 [n.]

　tō 塔

　tap 탑(塔)

tà 踏 [n.]

　aruki 歩き

　geot kki 걷기

tái 苔 [n.]

　koke コケ

　i kki 이끼

tái fēng 台风 (颱風) [n.]

　taifū 台風

　tae pung 태풍(颱風)

tài dù 态度 (態度) [n.]

　taido 態度

　tae do 태도(態度)

tàishì 态势 (態勢) [n.]

　taisei 態勢

　tae se 태세(態勢)

tài kōng rén 太空人 [n.]

　uchū jin 宇宙人

　u ju in 우주인(宇宙人)

tài tai 太太 [n.]

　okusama 奥様, okusan 奥さん

　ma nim 마님, bu in 부인(婦人)

tài yáng 太阳 (太陽) [n.]

　taiyō 太陽

　tae yang 태양(太陽)

tài yáng zhī guāng 太阳之光 (太陽之光) [n.]

　taiyō no hikari 太陽の光

　tae yang gwang seon 태양광선(太陽光線)

tān xīn 贪心 (貪心) [n.]

　yoku 欲

　tam sim 탐심(貪心), yok ssim 욕심(慾心)

tān yù 贪欲 (貪慾) [n.]

　don'yoku 貪欲

　ta myok 탐욕(貪慾)

tān zi 摊子 (攤子) [n.]

　roten 露店

　no jeom 노점(露店)

tán 坛 (壇) [n.]

  dan 壇

  dan 단(壇)

tán gyǐ 躺椅 [n.]

  nagaisu 長椅子

  gin ui ja 긴 의자(椅子)

tàn chá 探查 [n.]; [v.]

  tansa 探査; tansa suru 探査する

  tam sa 탐사(探査); tam sa ha da 탐사(探査)하다

tàn jiū 探究 [n.]; [v.]

  tankyū 探究; tankyū suru 探究する

  tam gu 탐구(探求); tam gu ha da 탐구(探求)하다

tàn suǒ 探索 [n.]; [v.]

  tansaku 探索; tansaku suru 探索する

  tam saek 탐색(探索); tam sae ka da 탐색(探索)하다

tàn xiǎn 探险 (探險) [n.]; [v.]

  tanken 探険; tanken suru 探険する

  tam heom 탐험(探險); tam heom ha da 탐험(探險)하다

tàn xiǎn jiā 探险家 (探險家) [n.]

  tanken ka 探険家

  tam heom ga 탐험가(探險家)

tàn yuán 探员 (探員) [n.]

  keiji 刑事

  hyeong sa 형사(刑事)

tàn sù 碳素 [n.]

  tanso 炭素

  tan so 탄소(炭素)

tàn suān 碳酸 (碳酸) [n.]

  tansan 炭酸

  tan san 탄산(炭酸)

tàn suān yǐn liào 碳酸饮料 (碳酸飲料) [n.]

  tansan inryō 炭酸飲料

  tan san eum ryo 탄산음료(炭酸飲料)

tàn xī 叹息 (嘆息) [n.]; [v.]

  tameiki ため息; tameiki suru ため息する

  tan sik 탄식(嘆息); tan si ka da 탄식(嘆息)하다

táo bì 逃避 [n.]

  tōhi 逃避; tōhi suru 逃避する

  do pi 도피(逃避); do pi ha da 도피(逃避)하다

táo tuō 逃脱 [n.]; [v.]

  dasshutsu 脱出; dasshutsu suru 脱出する

  tal chul 탈출(脱出); tal chul ha da 탈출(脱出)하다

táo zǒu 逃走 [n.]; [v.]

  tōsō 逃走; tōsō suru 逃走する

  do ju 도주(逃走); do ju ha da 도주(逃走)하다

táo cí qì 陶瓷器 (陶瓷器) [n.]

  tōjiki 陶磁器

  do ja gi 도자기(陶磁器)

táo zi 桃子 [n.]

  momo 桃

  bok ssung a 복숭아

tǎo lùn 讨论 (討論) [n.]; [v.]

  tōron 討論; tōron suru 討論する

  to ron 토론(討論); to ron ha da 토론(討論)하다

tǎo yàn 讨厌 (討厭) [n.]

  meiwaku 迷惑

  pe 폐(弊)

tè kuài 特快 [n.]

  kyūkō 急行

  geu paeng 급행(急行)

tè pài yuán 特派员 (特派員) [n.]

  tokuha in 特派員

  teuk pa won 특파원(特派員)

tè quán 特权 (特權) [n.]

  tokken 特権

  teuk kkwon 특권(特權)

tè sè　特色　[n.]

　tokushoku　特色

　teuk ssaek　특색(特色)

tè xǔ　特许 (特許)　[n.]

　tokkyo　特許

　teu keo　특허(特許)

tè zhēng　特征 (特徵)　[n.]

　tokuchō　特徵

　teuk jjing　특징(特徵)

tè zhì　特质 (特質)　[n.]

　tokushitsu　特質

　teuk jjil　특질(特質)

tí　蹄　[n.]

　hizume　ひずめ

　bal kkup　발굽

tí　题 (題)　[n.]

　hyōdai　表題

　pyo je　표제(表題)

tí àn　提案　[n.]; [v.]

　tei'an　提案; tei'an suru　提案する

　je an　제안(提案); je an ha da　제안(提案)하다

tí gōng　提供　[n.]; [v.]

　teikyō　提供; teikyō suru　提供する

　je gong　제공(提供); je gong ha da　제공(提供)하다

tí jí　提及　[n.]; [v.]

　genkyū　言及; genkyū suru　言及する

　eon geup　언급(言及); eon geu pa da　언급(言及)하다

tí míng　提名　[n.]; [v.]

　shimei　指名; shimei suru　指名する

　ji myeong　지명(指名); ji myeong ha da　지명(指名)하다

tí xīn　提薪　[n.]

　shōkyū　昇給

　seung geup　승급(昇給)

tǐ cāo　体操 (體操)　[n.]

　taisō　体操

　che jo　체조(體操)

tǐ gé　体格 (體格)　[n.]

　taikaku　体格

　che gyeok　체격(體格)

tǐ xì　体系 (體系)　[n.]

　taikei　体系

　che ge　체계(體系)

tǐ yù　体育 (體育)　[n.]

　taiiku　体育

　che yuk　체육(體育)

tǐ yù guǎn　体育馆 (體育館)　[n.]

　taiiku kan　体育館

　che yuk kkwan　체육관(體育館)

tǐ yù lǎo shī　体育老师 (體育老師)　[n.]

　taiiku kyōshi　体育教師

　che yuk gyo sa　체육교사(體育敎師)

tǐ zhì　体质 (體質)　[n.]

　taishitsu　体質

　che jil　체질(體質)

tǐ cāo xuǎn shǒu　体操选手 (體操選手)　[n.]

　taisō kyōgi sha　体操競技者

　che jo seon su　체조선수(體操選手)

tì　屉 (屜)　[n.]

　tansu　タンス

　ot jjang　옷장

tì dāo　剃刀　[n.]

　kamisori　剃刀

　myeon do kal　면도(面刀)칼

tiān　天　[n.]

　sora　空

　ha neul　하늘

tiān cái 天才 [n.]

tensai 天才

cheon jae 천재(天才)

tiān dì 天地 [n.]

yono naka 世の中

se sang 세상(世上)

tiān é 天鹅 (天鵝) [n.]

hakuchō 白鳥

baek jjo 백조(白鳥)

tiān fù luó 天妇罗 (天婦羅) [n.]

tenpura 天ぷら

twi gim 튀김

tiān guó 天国 (天國) [n.]

tengoku 天国

cheon guk 천국(天國)

tiān huā bǎn 天花板 [n.]

tenjō 天井

cheon jeong 천정(天井)

tiān qì 天气 (天氣) [n.]

tenki 天気

nal ssi 날씨

tiān shǐ 天使 [n.]

tenshi 天使

cheon sa 천사(天使)

tiān xìng 天性 [n.]

tensei 天性

cheon seong 천성(天性)

tiān yì 天意 [n.]

setsuri 摂理

seop ni 섭리(攝理)

tiān zhēn 天真 [n.]

mujaki 無邪気

cheon jin nan man 천진난만(天眞爛漫)

tiān zhǔ jiào tú 天主教徒 [n.]

katorikku kyōto カトリック教徒

cheon ju gyo do 천주교도(天主敎徒)

tián 甜 [n.]

amai mono 甘い物

dan geot 단 것

tián wèi 甜味 [n.]

amami 甘味

dan mat 단 맛

tiáo 笤 [n.]

hōki ほうき

bi 비

tiáo hé 调和 (調和) [n.]; [v.]

chōwa 調和; chōwa suru 調和する

jo hwa 조화(調和); jo hwa ha da 조화(調和)하다

tiáo jié 调节 (調節) [n.]; [v.]

chōsetsu 調節; chōsetsu suru 調節する

jo jeol 조절(調節); jo jeol ha da 조절(調節)하다

tiáo jiàn 条件 (條件) [n.]

jōken 条件

jo kkeon 조건(條件)

tiáo kuǎn 条款 (條款) [n.]

jōkō 条項

jo hang 조항(條項)

tiáo wén 条纹 (條紋) [n.]

shima gara 縞柄

jul mu ni 줄 무늬

tiáo yuē 条约 (條約) [n.]

jōyaku 条約

jo yak 조약(條約)

tiǎo zhàn 挑战 (挑戰) [n.]; [v.]

chōsen 挑戦; chōsen suru 挑戦する

do jeon 도전(挑戰); do jeon ha da 도전(挑戰)하다

tiào jìn　**跳**进（跳進）　[n.]; [v.]

　tobikomi　飛び込み; tobikomu　飛び込む

　ttwi eo deum　뛰어듦; ttwi eo deul da　뛰어들다

tiào yuè　跳跃（跳躍）　[n.]; [v.]

　chōyaku　跳躍; chōyaku suru　跳躍する

　do yak　도약(跳躍); do ya ka da　도약(跳躍)하다

tiào wàng　**眺**望　[n.]; [v.]

　chōbō　眺望; chōbō suru　眺望する

　jo mang　조망(眺望); jo mang ha da　조망(眺望)하다

tiě　**铁**（鐵）　[n.]

　tetsu　鉄

　cheol　철(鐵)

tiě lù　铁道（鐵道）　[n.]

　tetsudō　鉄道

　cheol tto　철도(鐵道)

tiě lù guǐ dào　铁路轨道（鐵路軌道）　[n.]

　tetsudō senro　鉄道線路

　cheol tto seol ro　철도선로(鐵道線路)

tiě sī　铁丝（鐵絲）　[n.]

　harigane　針金

　cheol ssa　철사(鐵絲)

tīng jué　听觉（聽覺）　[n.]

　chōkaku　聴覚

　cheong gak　청각(聽覺)

tīng xiě　听写（聽寫）　[n.]; [v.]

　kaki tori　書き取り; kaki toru　書き取る

　ba da sseu gi　받아쓰기; ba da sseu da　받아쓰다

tīng zhèng huì　听证会（聽證會）　[n.]

　chōmon kai　聴聞会

　cheong mun hoe　청문회(聽聞會)

tīng zhòng　听众（聽眾）　[n.]

　chōshū　聴衆

　cheong jung　청중(聽眾)

tíng yuán　庭园（庭園）　[n.]

　tei'en　庭園; niwa　庭

　jeong won　정원(庭園)

tōng cháng　**通**常　[n.]

　tsūjō　通常

　tong sang　통상(通常)

tōng dào　通道　[n.]

　tsūro　通路

　tong no　통로(通路)

tōng fēng　通风（通風）　[n.]; [v.]

　tsūfū　通風; tsūfū suru　通風する

　tong pung　통풍(通風); tong pung ha da　통풍(通風)하다

tōng guò　通过（通過）　[n.]; [v.]

　tsūka　通過; tsūka suru　通過する

　tong gwa　통과(通過); tong gwa ha da　통과(通過)하다

tōng huò　通货（通貨）　[n.]

　tsūka　通貨

　tong hwa　통화(通貨)

tōng xìn　通信（通信）　[n.]

　tsūshin　通信

　tong sin　통신(通信)

tōng xìn yuán　通信员（通信員）　[n.]

　tsūshin in　通信員

　tong si nwon　통신원(通信員)

tōng xíng　通行　[n.]; [v.]

　tsūkō　通行; tsūkō suru　通行する

　tong haeng　통행(通行); tong haeng ha da　통행(通行)하다

tōng xíng shuì　通行税　[n.]

　tsūkō ryōkin　通行料金

　tong haeng yo geum　통행요금(通行料金)

tōng zhī　通知　[n.]; [v.]

　tsūchi　通知; tsūchi suru　通知する

　tong ji　통지(通知); tong ji ha da　통지(通知)하다

tóng 铜 (銅) [n.]

 dō 銅

 dong 동(銅)

tóng bāo 同胞 [n.]

 dōhō 同胞

 dong po 동포(同胞)

tóng gé 同格 [n.]

 dōkaku 同格

 dong kkyeok 동격(同格)

tóng jí 同级 (同級) [n.]

 dōkyū 同級

 dong kkeup 동급(同級)

tóng méng 同盟 [n.]

 dōmei 同盟

 dong maeng 동맹(同盟)

tóng méng guó 同盟国 (同盟國) [n.]

 dōmei koku 同盟國

 dong maeng guk 동맹국(同盟國)

tóng qíng 同情 [n.]; [v.]

 dōjō 同情; dōjō suru 同情する

 dong jeong 동정(同情); dong jeong ha da 동정(同情)하다

tóng shì 同事 [n.]

 dōryō 同僚

 dong nyo 동료(同僚)

tóng xìng 同性 (同性) [n.]

 dōsei 同性

 dong seong 동성(同性)

tóng xìng liàn zhě 同性恋者 (同性戀者) [n.]

 dōsei renai sha 同性恋愛者

 dong seong yeo nae ja 동성연애자(同性戀愛者)

tóng xué 同学 (同學) [n.]

 kyūyū 級友

 geu bu 급우(級友)

tóng yì 同意 [n.]; [v.]

 dōi 同意; dōi suru 同意する

 dong i 동의(同意); dong i ha da 동의(同意)하다

tóng nián 童年 [n.]

 shōnen jidai 少年時代

 so nyeon si jeol 소년시절(少年時節)

tǒng 桶 [n.]

 tarai タライ; taru 樽

 dae ya 대야; tong 통(桶)

tǒng jì 统计 (統計) [n.]

 tōkei 統計

 tong ge 통계(統計)

tǒng jì xué 统计学 (統計學) [n.]

 tōkei gaku 統計学

 tong ge hak 통계학(統計學)

tǒng shuài 统率 (統率) [n.]; [v.]

 tōsotsu 統率; hikiiru 率いる

 tong sol 통솔(統率); tong sol ha da 통솔(統率)하다

tǒng yī 统一 (統一) [n.]; [v.]

 tōitsu 統一; tōitsu suru 統一する

 tong il 통일(統一); tong il ha da 통일(統一)하다

tǒng zhì 统制 (統制) [n.]; [v.]

 tōsei 統制; tōsei suru 統制する

 tong je 통제(統制); tong je ha da 통제(統制)하다

tǒng zhì 统治 (統治) [n.]; [v.]

 tōchi 統治; tōchi suru 統治する

 tong chi 통치(統治); tong chi ha da 통치(統治)하다

tǒng zhì zhě 统治者 (統治者) [n.]

 tōchi sha 統治者

 tong chi ja 통치자(統治者)

tòng kǔ 痛苦 [n.]

 itami 痛み

 go tong 고통(苦痛)

tòng hèn 痛恨 [n.]

  tsūkon 痛恨

  tong han 통한(痛恨)

tóu 头 (頭) [n.]

  atama 頭

  meo ri 머리

tóu gài 头盖 (頭蓋) [n.]

  tōgai 頭蓋

  du gae 두개(頭蓋)

tóu jīn 头巾 (頭巾) [n.]

  zukin 頭巾

  du geon 두건(頭巾)

tóu kuī 头盔 (頭盔) [n.]

  tetsu bō 鉄帽

  cheol mo 철모(鐵帽)

tóu nǎo 头脑 (頭腦) [n.]

  zunō 頭腦

  du noe 두뇌(頭腦)

tóu tòng 头痛 (頭痛) [n.]

  zutsū 頭痛

  du tong 두통(頭痛)

tóu dì 投递 (投遞) [n.]; [v.]

  haitatsu 配達; haitatsu suru 配達する

  bae dal 배달(配達); bae dal ha da 배달(配達)하다

tóu dì yuán 投递员 (投遞員) [n.]

  haitatsu nin 配達人

  bae da rin 배달인(配達人)

tóu jī 投机 (投機) [n.]; [v.]

  tōki 投機; tōki suru 投機する

  tu gi 투기(投機); tu gi ha da 투기(投機)하다

tóu piào 投票 [n.]; [v.]

  tōhyō 投票; tōhyō suru 投票する

  tu pyo 투표(投票); tu pyo ha da 투표(投票)하다

tóu piào zhàn 投票站 [n.]

  tōhyō sho 投票所

  tu pyo so 투표소(投票所)

tóu shǒu 投手 [n.]

  tōshu 投手

  tu su 투수(投手)

tóu zī 投资 (投資) [n.]; [v.]

  tōshi 投資; tōshi suru 投資する

  tu ja 투자(投資); tu ja ha da 투자(投資)하다

tóu zī é 投资额 (投資額) [n.]

  tōshi gaku 投資額

  tu ja ek 투자액(投資額)

tū jìn 突进 (突進) [n.]

  tosshin 突進

  dol jjin 돌진(突進)

tū rán 突然 [n.]

  totsuzen 突然

  do lyeon 돌연(突然)

tū chū 突出 [n.]

  tosshutsu 突出

  dol chul 돌출(突出)

tū pò 突破 [n.]

  toppa 突破

  dol pa 돌파(突破)

tú àn 图案 (圖案) [n.]

  zuan 図案

  do an 도안(圖案)

tú biǎo 图表 (圖表) [n.]

  zuhyō 図表

  do pyo 도표(圖表)

tú huà 图画 (圖畫) [n.]

  e 絵

  geu rim 그림

tú jiě 图解 (圖解)　[n.]

　zukai　図解

　do hae　도해(圖解)

tú shū 图书 (圖書)　[n.]

　tosho　図書

　do seo　도서(圖書)

tú shū guǎn 图书馆 (圖書館)　[n.]

　toshokan　図書館

　do seo gwan　도서관(圖書館)

tú shū guǎn lǐ yuán 图书管理员(圖書管理員)　[n.]

　shisho　司書

　sa seo　사서(司書)

tú zhāng 图章 (圖章)　[n.]

　hanko　判子

　do jang　도장(圖章)

tú bù 徒步　[n.]

　toho　徒歩

　do bo　도보(徒步)

tú bù lǚ xíng 徒步旅行　[n.]

　toho ryokō　徒歩旅行

　do bo yeo hae ng　도보여행(徒步旅行)

tú dì 徒弟　[n.]

　totei　徒弟

　do je　도제(徒弟)

tú shā 屠杀 (屠殺)　[n.]; [v.]

　tosatsu　屠殺; tosatsu suru　屠殺する

　do sal　도살(屠殺); do sal ha da　도살(屠殺)하다

tú zái zhě 屠宰者 (屠宰者)　[n.]

　tosatsu sha　屠殺者

　do sa reop jja　도살업자(屠殺業者)

tǔ 土　[n.]

　tsuchi　土

　heuk　흙

tǔ dì 土地　[n.]

　tochi　土地

　to ji　토지(土地)

tǔ dì jiè kuǎn rén 土地借款人　[n.]

　tochi no karite　土地の借り手

　to ji cha yong ja　토지차용자(土地借用者)

tú rǎng 土壤　[n.]

　dojō　土壌

　to yang　토양(土壤)

tǔ qì 吐弃 (吐棄)　[n.]

　nibe mo nai kyozetsu　にべもない拒絶

　toe jja　퇴짜

tù zi 兔子　[n.]

　kai usagi　飼いウサギ

　jip to kki　집토끼

tuán jié 团结 (團結)　[n.]; [v.]

　dan ketsu　団結; dan ketsu suru　団結する

　dan gyeol　단결(團結); dan gyeol ha da　단결(團結)하다

tuán tǐ 团体 (團體)　[n.]

　dantai　団体

　dan che　단체(團體)

tuī cè 推测 (推測)　[n.]; [v.]

　suisoku　推測; suisoku suru　推測する

　chu cheuk　추측(推測); chu cheu ka da　추측(推測)하다

tuī jiàn 推荐 (推薦)　[n.]; [v.]

　suisen　推薦; suisen suru　推薦する

　chu cheon　추천(推薦); chu cheon ha da　추천(推薦)하다

tuī jiàn shū 推荐书 (推薦書)　[n.]

　suisen jō　推薦状

　chu cheon seo　추천서(推薦書)

tuī jìn 推进 (推進)　[n.]

　suishin　推進

　chu jin　추진(推進)

tuī jìn qì　推进器 (推進器)　[n.]

　suishin ki　推進機

　chu jin gi　추진기(推進機)

tuǐ dù　腿肚　[n.]

　fukura hagi　ふくらはぎ

　jang ttan ji　장딴지

tuì wǔ jūn rén　退伍军人 (退伍軍人)　[n.]

　taieki gunjin　退役軍人

　toe yeok gu nin　퇴역군인(退役軍人)

tuì xiū　退休　[n.]; [v.]

　intai　引退; intai suru　引退する

　eun toe　은퇴(隱退); eun toe ha da　은퇴(隱退)하다

tūn mò　吞没　[n.]

　nomi komi　飲み込み

　sam ki gi　삼키기

tún　豚　[n.]

　buta　豚

　dwae ji　돼지

tuǒ xié　妥协 (妥協)　[n.]; [v.]

　dakyō　妥協; dakyō suru　妥協する

　ta hyeop　타협(妥協); ta hyeo pa da　타협(妥協)하다

tuǒ dang　妥当 (妥當)　[n.]

　datō　妥当

　ta dang　타당(妥當)

tuò　唾　[n.]

　tsuba　唾

　chim　침

tuò yè　唾液　[n.]

　da'eki　唾液

　ta aek　타액(唾液)

W

wā　蛙　[n.]

　kaeru　蛙

　gae gu ri　개구리

wā yú　蛙鱼 (蛙魚)　[n.]

　sake　サケ

　yeo neo　연어

wài　外　[n.]

　soto　外

　ba kkat　바깥

wài bù　外部　[n.]

　gaibu　外部

　oe bu　외부(外部)

wài cè　外侧 (外側)　[n.]

　sotogawa　外側

　ba kkat jjok　바깥쪽

wài guān　外观 (外觀)　[n.]

　gaikan　外観

　oe gwan　외관(外觀)

wài guó　外国 (外國)　[n.]

　gaikoku　外国

　oe guk　외국(外國)

wài guó rén　外国人 (外國人)　[n.]

　gaikoku jin　外国人

　oe gu gin　외국인(外國人)

wài hang　外行　[n.]

　hisenmon ka　非専門家

　bi jeon mun ga　비전문가(非專門家)

wài jiāo　外交　[n.]

　gaikō　外交

　oe gyo　외교(外交)

wài jiāo shǐ jié　外交使节 (外交使節)　[n.]

　　gaikō shisetsu　外交使節

　　oe gyo sa jeol　외교사절(外交使節)

wài kē　外科　[n.]

　　geka　外科

　　oe kkwa　외과(外科)

wài kē yī shēng　外科医生 (外科醫生)　[n.]

　　geka'i　外科医

　　oe kkwa ui sa　외과의사(外科醫師)

wài tào　外套　[n.]

　　gaitō　外套

　　oe tu　외투(外套)

wān qū　弯曲 (彎曲)　[n.]

　　magari　曲がり

　　man gok　만곡(彎曲), **gu bi**　굽이

wán bàn　玩伴　[n.]

　　asobi tomodachi　遊び友達

　　no ri chin gu　놀이 친구(親舊)

wán jù　玩具　[n.]

　　gangu　玩具

　　wan gu　완구(玩具)

wán jù wá wá　玩具娃娃　[n.]

　　ningyō　人形

　　in hyeong　인형(人形)

wán bì　完璧　[n.]

　　kanpeki　完璧

　　wan byeok　완벽(完璧)

wán chéng　完成　[n.]; [v.]

　　kansei　完成; **kansei suru**　完成する

　　wan seong 완성(完成); **wan seong ha da** 완성(完成)하다

wán quán　完全　[n.]

　　kanzen　完全

　　wan jeon　완전(完全)

wán gù　顽固 (頑固)　[n.]

　　ganko　頑固

　　wan go　완고(頑固)

wán qiáng　顽强 (頑強)　[n.]

　　gankyō　頑強

　　wan gang　완강(頑強)

wán yào　丸药 (丸藥)　[n.]

　　gan'yaku　丸藥

　　a ryak　알약

wǎn dòu　莞豆 (莞荳)　[n.]

　　endō mame　エンドウ豆

　　wan du kong　완두콩

wǎn fàn　晚饭 (晚飯)　[n.]

　　yūshoku　夕食

　　jeo nyeok sik ssa　저녁식사(食事)

wǎn shang　晚上　[n.]

　　yūgata　夕方

　　jeo nyeok　저녁

wáng　王　[n.]

　　ō　王

　　wang　왕(王)

wáng gōng　王宫　[n.]

　　ōkyū　王宮

　　wang gung　왕궁(王宮)

wáng guàn　王冠　[n.]

　　ōkan　王冠

　　wang gwan　왕관(王冠)

wáng guó　王国 (王國)　[n.]

　　ōkoku　王国

　　wang guk　왕국(王國)

wáng shì　王室　[n.]

　　ōshitu　王室

　　wang sil　왕실(王室)

wáng wèi 王位 [n.]

ōi 王位

wang wi 왕위(王位)

wáng zǐ 王子 [n.]

ōji 王子

wang ja 왕자(王子)

wáng zuò 王座 [n.]

ōza 王座

wang jwa 왕좌(王座)

wáng mìng 亡命 [n.]; [v.]

bōmei 亡命; bōmei suru 亡命する

mang myeong 망명(亡命); mang myeong ha da 망명(亡命)하다

wǎng 网 (網) [n.]

ami 網

geu mul 그물

wǎng qiú 网球 (網球) [n.]

teikyū 庭球

jeong gu 정구(庭球)

wàng ēn fù yì 忘恩负义 (忘恩負義) [n.]

on shirazu 恩知らず

bae eun mang deok 배은망덕(背恩忘德)

wàng shì 旺市 [n.]

kōkeiki 好景気

ho gyeong gi 호경기(好景氣)

wàng xiǎng 妄想 [n.]; [v.]

mōsō 妄想; mōsō suru 妄想する

mang sang 망상(妄想);mang sang ha da 망상(妄想)하다

wàng yuǎn jìng 望远镜 (望遠鏡) [n.]

bōenkyō 望遠鏡

mang won kyeong 망원경(望遠鏡)

wēi fēng 微风 (微風) [n.]

soyokaze そよ風

mi pung 미풍(微風)

wēi lì zǐ 微粒子 [n.]

biryūshi 微粒子

mi rip jja 미립자(微粒子)

wēi xiào 微笑 [n.]; [v.]

hohoemi 微笑み, bishō 微笑; hohoemu 微笑む

mi so 미소(微笑); mi so reul jit tta 미소(微笑)를 짓다

wēi hài 危害 [n.]; [v.]

kigai 危害; kigai suru 危害する

wi hae 위해(危害); wi hae ha da 위해(危害)하다

wēi jī 危机 (危機) [n.]

kiki 危機

wi gi 위기(危機)

wēi nàn 危难 (危難) [n.]

kinan 危難

wi nan 위난(危難)

wēi xiǎn 危险 (危險) [n.]

kiken 危険

wi heom 위험(危險)

wēi hè 威吓 (威嚇) [n.]; [v.]

ikaku 威嚇; obiyakasu 脅かす

wi hyeop 위협(威脅); wi hyeo pa da 위협(威脅)하다

wēi yán 威严 (威嚴) [n.]

igen 威厳

wi eom 위엄(威嚴)

wéi 桅 [n.]

ho bashira 帆柱

tot ttae 돛대

wéi chí 维持 (維持) [n.]

iji 維持

yu ji 유지(維持)

wéi hù zhě 维护者 (維護者) [n.]

yōgo sha 擁護者

ong ho ja 옹호자(擁護者)

wéi fǎ 违法 (**違法**) [n.]

　ihō 違法

　wi beop 위법(違法)

wéi fǎn 违反 (**違反**) [n.]; [v.]

　ihan 違反; ihan suru 違反する

　wi ban 위반(違反); wi ban ha da 위반(違反)하다

wéi jīn 围巾 (**圍巾**) [n.]

　eri maki 襟巻き

　mok tto ri 목도리

wéi qún 围裙 (**圍裙**) [n.]

　maekake 前掛け

　ap chi ma 앞치마

wéi yī 唯一 [n.]

　yui'itsu 唯一

　yu il 유일(唯一)

wěi 尾 [n.]

　shippo 尻尾

　kko ri 꼬리

wěi dà 伟大 (**偉大**) [n.]

　idai 偉大

　wi dae 위대(偉大)

wěi dù 纬度 (**緯度**) [n.]

　ido 緯度

　wi do 위도(緯度)

wěi tuō 委托 (**委託**) [n.]; [v.]

　itaku 委託; itaku suru 委託する

　wi tak 위탁(委託); wi ta ka da 위탁(委託)하다

wěi yuán 委员 (**委員**) [n.]

　iin 委員

　wi won 위원(委員)

wěi yuán huì 委员会 (**委員會**) [n.]

　iin kai 委員会

　wi won hoe 위원회(委員會)

wěi zhuāng 伪装 (**偽裝**) [n.]; [v.]

　gisō 偽装; gisō suru 偽装する

　wi jang 위장(偽裝); wi jang ha da 위장(偽裝)하다

wěi zào 伪造 (**偽造**) [n.]; [v.]

　gizō 偽造; gizō suru 偽造する

　wi jo 위조(偽造); wi jo ha da 위조(偽造)하다

wèi 胃 [n.]

　i 胃

　wi 위(胃)

wèi chéng nián 未成年 [n.]

　miseinen 未成年

　mi seong nyeon 미성년(未成年)

wèi hūn 未婚 [n.]

　mikon 未婚

　mi hon 미혼(未婚)

wèi hūn nǚ zǐ 未婚女子 [n.]

　mikon josei 未婚女性

　mi hon yeo seong 미혼여성(未婚女性)

wèi jué 味觉 (**味覺**) [n.]

　mikaku 味覚

　mi gak 미각(味覺)

wèi lái 未来 [n.]

　mirai 未来

　mi rae 미래(未來)

wèi wáng rén 未亡人 [n.]

　mibōjin 未亡人

　mi mang in 미망인(未亡人)

wèi láo 慰劳 (**慰勞**) [n.]; [v.]

　nagusame 慰め; nagusameru 慰める

　wi ro 위로(慰勞); wi ro ha da 위로(慰勞)하다

wèi wèn 慰问 (**慰問**) [n.]

　imon 慰問

　wi mun 위문(慰問)

wèi zhi　位置　[n.]

　ichi　位置

　wi chi　위치(位置)

wēn dù　温度 (溫度)　[n.]

　ondo　温度

　on do　온도(溫度)

wēn dù jì　温度计 (溫度計)　[n.]

　ondo kei　温度計

　on do ge　온도계(溫度計)

wēn nuǎn　温暖 (溫暖)　[n.]

　on'dan　温暖

　on nan　온난(溫暖)

wēn qíng　温情 (溫情)　[n.]

　onjō　温情

　on jeong　온정(溫情)

wēn róu　温柔 (溫柔)　[n.]

　yasashi sa　優しさ

　o nyu　온유(溫柔)

wén　蚊　[n.]

　ka　蚊

　mo gi　모기

wén fǎ　文法　[n.]

　bunpō　文法

　mun ppeop　문법(文法)

wén huà　文化　[n.]

　bunka　文化

　mun hwa　문화(文化)

wén jiàn　文件　[n.]

　shorui　書類

　seo ryu　서류(書類)

wén míng　文明　[n.]

　bunmei　文明

　mun myeong　문명(文明)

wén wù　文物　[n.]

　bunbutsu　文物

　mun mul　문물(文物)

wén xué　文学 (文學)　[n.]

　bungaku　文学

　mun hak　문학(文學)

wén yì　文艺 (文藝)　[n.]

　bungei　文芸

　mu nye　문예(文藝)

wén yì fù xīng　文艺复兴 (文藝復興)　[n.]

　bungei fukkō　文芸復興

　mu nye bu heung　문예부흥(文藝復興)

wén zì　文字　[n.]

　moji　文字

　geul jja　글자

wěn dìng　稳定 (穩定)　[n.]

　antei sei　安定性

　an jeong sseong　안정성(安定性)

wěn jiàn　稳健 (穩健)　[n.]

　onken　穩健

　on geon　온건(穩健)

wèn hòu yǔ　问候语 (問候語)　[n.]

　aisatsu　挨拶

　in sa　인사(人事)

wèn tí　问题 (問題)　[n.]

　mondai　問題

　mun je　문제(問題)

wō niú　蜗牛 (蝸牛)　[n.]

　katatsumuri　カタツムリ

　dal paeng i　달팽이

wǒ　我　[n.]

　jibun　自分

　ja gi　자기(自己)

wò 握 [n.]

  shikkari nigiri　しっかり握り

  kkwak jwim　꽉 쥠

wò shì 卧室 (臥室) [n.]

  shin shitsu　寝室

  chim sil　침실(寢室)

wū 乌 (烏) [n.]

  karasu　烏

  kka ma gwi　까마귀

wū tuō bāng 乌托邦 (烏托邦) [n.]

  risō kyō　理想郷

  i sang hyang　이상향(理想鄕)

wū diǎn 污点 (污點) [n.]

  oten 污点, yogore　汚れ

  o jjeom 오점(汚點), eol luk　얼룩

wū rǎn 污染 [n.]

  osen　汚染

  o yeom　오염(汚染)

wū wù 污物 [n.]

  obutsu　汚物

  o mul　오물(汚物)

wū ding 屋顶 (屋頂) [n.]

  yane　屋根

  ji bung　지붕

wū yè 呜咽 (嗚咽) [n.]

  susuri naki　すすり泣き

  heu neu kkyeo ul gi　흐느껴 울기

wú 无 (無) [n.]

  mu　無

  mu　무(無)

wú guān xīn 无关心 (無關心) [n.]

  mukanshin　無関心

  mu gwan sim　무관심(無關心)

wú huā guǒ 无花果 (無花果) [n.]

  ichijiku　イチジク

  mu hwa gwa　무화과(無花果)

wú shì 无视 (無視) [n.]; [v.]

  mushi　無視; mushi suru　無視する

  mu si　무시(無視); mu si ha da　무시(無視)하다

wú xiàn 无限 (無限) [n.]

  mugen　無限

  mu han　무한(無限)

wú xiàn 无线 (無線) [n.]

  musen　無線

  mu seon　무선(無線)

wú xiàn diàn xìn 无线电信 (無線電信) [n.]

  musen denshin　無線電信

  mu seon jeon sin　무선전신(無線電信)

wú xiàn tōng xìn 无线通信 (無線通信) [n.]

  musen tsūshin　無線通信

  mu seon tong sin　무선통신(無線通信)

wú yì 无益 (無益) [n.]

  mueki　無益

  mu ik　무익(無益)

wú yì yì 无意义 (無意義) [n.]

  muigi　無意義

  mu i i　무의의(無意義)

wú zhī 无知 (無知) [n.]

  muchi　無知

  mu ji　무지(無知)

wú zhǐ shǒu tào 无指手套 (無指手套) [n.]

  yubi nashi tebukuro　指なし手袋

  beong eo ri jang gap　벙어리 장갑

wú zuì 无罪 (無罪) [n.]

  muzai　無罪

  mu joe　무죄(無罪)

wú rǔ 侮辱 [n.]; [v.]

bujoku 侮辱; bujoku suru 侮辱する

mo yok 모욕(侮辱); mo yo ka da 모욕(侮辱)하다

wǔ 舞 [n.]; [v.]

odori 踊り; odoru 踊る

chum 춤; chum chu da 춤추다

wú dǎo 舞蹈 [n.]

buyō 舞踊

mu yong 무용(舞踊)

wú dǎo jiā 舞蹈家 [n.]

buyōka 舞踊家

mu yong ga 무용가(舞踊家)

wǔ tái 舞台 [n.]

butai 舞台

mu dae 무대(舞臺)

wǔ tái bèi jǐng 舞台背景 [n.]

butai haikei 舞台背景

mu dae bae gyeong 무대배경(舞臺背景)

wǔ 五 [n.]

go 五

o 오(五)

wǔ jīn 五金 [n.]

kanamono rui 金物類

cheol mul lyu 철물류(鐵物類)

wǔ shí 五十 [n.]

gojū 五十

o sip 오십(五十)

wǔ yuè 五月 [n.]

go gatsu 五月

o wol 오월(五月)

wǔ cān 午餐 [n.]

gosan 午餐

o chan 오찬(午餐)

wǔ fàn 午饭 (午飯) [n.]

chūshoku 昼食

jeom sim 점심(點心)

wǔ qián 午前 [n.]

gozen 午前

o jeon 오전(午前)

wǔ shuì 午睡 [n.]

hirune 昼寝

nat jjam 낮잠

wǔ yè 午夜 [n.]

mayonaka 真夜中

han bam jjung 한밤중

wǔ lì 武力 [n.]

buryoku 武力

mu ryeok 무력(武力)

wǔ qì 武器 [n.]

buki 武器

mu gi 무기(武器)

wù 雾 (霧) [n.]

kiri 霧

an gae 안개

wù jiě 误解 (誤解) [n.]; [v.]

gokai 誤解; gokai suru 誤解する

o hae 오해(誤解); o hae ha da 오해(誤解)하다

wù chā 误差 (誤差) [n.]

gosa 誤差

o cha 오차(誤差)

wù lǐ 物理 [n.]

butsuri 物理

mul li 물리(物理)

wù lǐ xué 物理学 (物理學) [n.]

butsuri gaku 物理学

mul li hak 물리학(物理學)

wù pǐn 物品 [n.]

  buppin 物品

  mul pum 물품(物品)

wù tǐ 物体 (物體) [n.]

  buttai 物体

  mul che 물체(物體)

wù zhì 物质 (物質) [n.]

  busshitsu 物質

  mul jjil 물질(物質)

X

xī 息 [n.]

  ikigire 息

  sum 숨

xī 溪 [n.]

  ogawa 小川

  si nae 시내

xī gǔ 溪谷 (谿谷) [n.]

  keikoku 渓谷

  ge gok 계곡(溪谷)

xī 锡 (錫) [n.]

  suzu 錫

  ju seok 주석(朱錫)

xī qì 锡器 (錫器) [n.]

  suzu ki 錫器

  ju seok geu reut 주석(朱錫) 그릇

xī 西 [n.]

  nishi 西

  seo 서(西)

xī bàn qiú 西半球 [n.]

  nishi hankyū 西半球

  seo ban gu 서반구(西半球)

xī běi 西北 [n.]

  hokusei 北西

  buk sseo 북서(北西)

xī běi bù 西北部 [n.]

  hokusei bu 北西部

  buk sseo bu 북서부(北西部)

xī bù 西部 [n.]

  seibu 西部

  seo bu 서부(西部)

xī fāng 西方 [n.]

  seihō 西方

  seo bang 서방(西方)

xī nán 西南 [n.]

  seinan 西南

  seo nam 서남(西南)

xī 膝 [n.]

  hiza 膝

  mu reup 무릎

xī ěr 希尔 (希爾) [n.]

  saka 坂

  bi tal 비탈

xī là yǔ 希腊语 (希臘語) [n.]

  girisha go ギリシャ語

  geu ri seu eo 그리스 어(語)

xī wàng 希望 [n.]; [v.]

  kibō 希望; kibō suru 希望する

  hi mang 희망(希望); hi mang ha da 희망(希望)하다

xī shēng 牺牲 (犠牲) [n.]; [v.]

  gisei 犠牲; gisei suru 犠牲する

  hi saeng 희생(犠牲); hi saeng ha da 희생(犠牲)하다

xī shēng zhě 牺牲者 (犠牲者) [n.]

  gisei sha 犠牲者

  hi saeng ja 희생자(犠牲者)

163

xí 席 [n.]

seki 席

ja ri 자리

xí guàn 习惯 (習慣) [n.]

shūkan 習慣; kanshū 慣習

seup kkwan 습관(習慣); gwan seup 관습(慣習)

xǐ dí jì 洗涤剂 (洗滌劑) [n.]

senzai 洗剤

se je 세제(洗劑)

xǐ liàn 洗练 (洗練) [n.]

senren 洗練

se ryeon 세련(洗鍊)

xǐ yī 洗衣 [n.]

sentaku 洗濯

se tak 세탁(洗濯)

xǐ yī diàn 洗衣店 [n.]

sentaku ya 洗濯屋

se tak sso 세탁소(洗濯所)

xǐ jù 喜剧 (喜劇) [n.]

kigeki 喜劇

hi geuk 희극(喜劇)

xǐ qì 喜气 (喜氣) [n.]

yorokobi 喜び

gi ppeum 기쁨

xǐ yán 喜筵 [n.]

hirōen 披露宴

pi ro yeon 피로연(披露宴)

xì 戏 (戲) [n.]

geki 劇

geuk 극(劇)

xì bāo 细胞 (細胞) [n.]

saibō 細胞

se po 세포(細胞)

xì bù 细部 (細部) [n.]

saibu 細部

se bu 세부(細部)

xì jǐng píng 细颈瓶 (細頸瓶) [n.]

mizu sashi 水差し

mul jju jeon ja 물주전자

xiá gǔ 峡谷 (峽谷) [n.]

kyōkoku 峡谷

hyeop kkok 협곡(峽谷)

xiá zhǎi de dào lù 狭窄的道路 (狹窄的道路) [n.]

semai michi 狭い道

jo beun gil 좁은 길

xià 下 [n.]

shita 下

mit 밑

xià ba 下巴 [n.]

ago あご

teok 턱

xià jiàng 下降 [n.]; [v.]

kakō 下降; kakō suru 下降する

ha gang 하강(下降); ha gang ha da 하강(下降)하다

xià pō 下坡 [n.]

kudari zaka 下り坂

nae ri mak 내리막

xià shǔ 下属 (下屬) [n.]

buka 部下

bu ha 부하(部下)

xià wǔ 下午 [n.]

gogo 午後

o hu 오후(午後)

xià xià 夏 [n.]

natsu 夏

yeo reum 여름

xià jì 夏季 [n.]

  kaki 夏季

  ha ge 하계(夏季)

xiān bèi **先**辈 (先輩) [n.]

  senpai 先輩

  seon bae 선배(先輩)

xiān dǎo 先导 (先導) [n.]

  an'nai nin 案内人

  an nae ja 안내자(案內者)

xiān jiàn zhī míng 先见之明 (先見之明) [n.]

  senken no mei 先見の明

  seon gyeon ji myeong 선견지명(先見之明)

xiān liè 先烈 [n.]

  resshi 烈士

  sun yeol 선열(先烈)

xiān qū 先驱 (先驅) [n.]

  senku 先驅

  seon gu 선구(先驅)

xiān shēng, nǚ shì 先生, 女士 [n.]

  shi, san 氏, さん

  ssi 씨(氏)

xiān tóu 先头 (先頭) [n.]

  sentō 先頭

  seon du 선두(先頭)

xiān míng 鲜明 (鮮明) [n.]

  senmei 鮮明

  seon myeong 선명(鮮明)

xiān wéi 纤维 (纖維) [n.]

  sen'i 纖維

  seo myu 섬유(纖維)

xiǎn wéi jìng **显**微镜 (**顯**微鏡) [n.]

  kenbikyō 顯微鏡

  hyeon mi gyeong 현미경(顯微鏡)

xián 弦 [n.]

  himo 紐

  kkeun 끈

xián yuè qì 弦乐器 (弦樂器) [n.]

  gengakki 弦樂器

  hyeo nak kki 현악기(絃樂器)

xián míng 贤明 (賢明) [n.]

  kenmei sa 賢明

  hyeon myeong 현명(賢明)

xián rén 贤人 (賢人) [n.]

  kenjin 賢人

  hyeo nin 현인(賢人)

xián tán 闲谈 (**閑**談) [n.]; [v.]

  kandan 閑談; **kandan suru** 閑談する

  han dam 한담(閑談); **han dam ha da** 한담(閑談)하다

xián wù 嫌恶 (嫌惡) [n.]; [v.]

  ken'o 嫌惡; **ken'o suru** 嫌惡する

  hyeo mo 혐오(嫌惡); **hyeo mo ha da** 혐오(嫌惡)하다

xián yí fàn 嫌疑犯 [n.]

  yōgi sha 容疑者

  yong i ja 용의자(容疑者)

xián yǐng yè 显影液 (**顯**影液) [n.]

  genzō eki 現像液

  hyeon sang aek 현상액(現像液)

xiàn 县 (**縣**) [n.]

  ken 県

  hyeon 현(縣)

xiàn 线 (線) [n.]

  sen 線, **ito** 糸

  seon 선(線), **sil** 실

xiàn lù 线路 (線路) [n.]

  senro 線路

  seol ro 선로(線路)

xiàn shàng　线上 (線上)　[n.]

　onlain　オンライン

　onlain　온라인

xiàn xià　线下 (線下)　[n.]

　ofulain　オフライン

　ofulain　오프라인

xiàn chéng wù pǐn　现成物品 (現成物品)　[n.]

　kisei hin　既製品

　gi seong pum　기성품(旣成品)

xiàn jīn　现金 (現金)　[n.]

　genkin　現金

　hyeon geum　현금(現金)

xiàn shí　现实 (現實)　[n.]

　genjitsu　現実

　hyeon sil　현실(現實)

xiàn shì　现世 (現世)　[n.]

　gense　現世

　hyeon se　현세(現世)

xiàn xiàng　现象 (現象)　[n.]

　genshō　現象

　hyeon sang　현상(現象)

xiàn dù　限度　[n.]

　gendo　限度

　han do　한도(限度)

xiàn jiè　限界　[n.]

　genkai　限界

　han ge　한계(限界)

xiàn zhì　限制　[n.]; [v.]

　seigen　制限; seigen suru　制限する

　je han　제한(制限); je han ha da　제한(制限)하다

xiàn fǎ　宪法 (憲法)　[n.]

　kenpō　憲法

　heon ppeop　헌법(憲法)

xiàn zhāng　宪章 (憲章)　[n.]

　kenshō　憲章

　heon jang　헌장(憲章)

xiàn jǐng　陷阱 (陷阱)　[n.]

　wana　罠

　deot　덫

xiàn luò　陷落　[n.]

　kanraku　陥落

　ham nak　함락(陷落)

xiàn mù　羡慕　[n.]

　senbō　羨望

　seon mang　선망(羨望)

xiàn shēn　献身 (獻身)　[n.]

　kenshin　献身

　heon sin　헌신(獻身)

xiàn xuè　献血 (獻血)　[n.]

　kenketsu　献血

　heon hyul　헌혈(獻血)

xiāng　香　[n.]

　kō　香

　hyang　향(香)

xiāng qì　香气 (香氣)　[n.]

　kaori　香り

　hyang gi　향기(香氣)

xiāng shuǐ　香水　[n.]

　kōsui　香水

　hyang su　향수(香水)

xiāng bǎn　镶板　[n.]

　hameita　羽目板

　pan byeok neol　판벽널

xiāng sì　相似　[n.]; [v.]

　ruiji　類似; ruiji suru　類似する

　yu sa　유사(類似); yu sa ha da　유사(類似)하다

xiāng sì xìng 相似性 [n.]

　ruiji sei 類似性

　yu sa sseong 유사성(類似性)

xiāng xia 乡下 (鄉下) [n.]

　inaka 田舎

　si gol 시골

xiāng chou 乡愁 (鄉愁) [n.]

　kyōshū 郷愁

　hyang su 향수(鄉愁)

xiāng xià rén 乡下人 (鄉下人) [n.]

　inaka no hito 田舎の人

　si gol ssa ram 시골사람

xiāng zi 箱子 [n.]

　hako 箱

　sang ja 상자(箱子)

xiáng fú 降伏 [n.]; [v.]

　kōfuku 降伏; kōfuku suru 降伏する

　hang bok 항복(降伏); hang bo ka da 항복(降伏)하다

xiáng xì 详细 (詳細) [n.]

　shōsai 詳細

　sang se 상세(詳細)

xiǎng xiàng 想象 [n.]; [v.]

　sōzō 想像; sōzō suru 想像する

　sang sang 상상(想像); sang sang ha da 상상(想像)하다

xiǎng xiàng lì 想象力 [n.]

　sōzō ryoku 想像力

　sang sang nyeok 상상력(想像力)

xiàng 象 [n.]

　zō 象

　ko kki ri 코끼리

xiàng yá 象牙 [n.]

　zōge 象牙

　sang a 상아(象牙)

xiàng zhēng 象征 (象徵) [n.]

　shōchō 象徴

　sang jing 상징(象徵)

xiàng 像 [n.]

　zō 像

　sang 상(像)

xiàng liàn 项链 (項鍊) [n.]

　kubikazari 首飾り

　mok kkeo ri 목걸이

xiàng mù 项目 (項目) [n.]

　kōmoku 項目

　hang mok 항목(項目)

xiàng shàng 向上 [n.]; [v.]

　kōjō 向上; kōjō suru 向上する

　hyang sang 향상(向上);hyang sang ha da 향상(向上)하다

xiàng shí 橡实 (橡實) [n.]

　donguri どんぐり

　do to ri 도토리

xiāo fáng guān 消防官 [n.]

　shōbō kan 消防官

　so bang gwan 소방관(消防官)

xiāo fèi 消费 (消費) [n.]; [v.]

　shōhi 消費; shōhi suru 消費する

　so bi 소비(消費); so bi ha da 소비(消費)하다

xiāo fèi zhě 消费者 (消費者) [n.]

　shōhi sha 消費者

　so bi ja 소비자(消費者)

xiāo shī 消失 [n.]; [v.]

　shōshitsu 消失; shōshitsu suru 消失する

　so sil 소실(消失); so sil ha da 소실(消失)하다

xiāo xi 消息 [n.]

　shōsoku 消息

　so sik 소식(消息)

xiāo shòu　销售（銷售）　[n.]; [v.]

　hanbai　販売; hanbai suru　販売する

　pan mae　판매(販賣); pan mae ha da　판매(販賣)하다

xiāo shòu diǎn　销售点（銷售點）　[n.]

　hanbai ten　販売店

　pan mae jeom　판매점(販賣店)

xiāo shòu hé tóng　销售合同（銷售合同）　[n.]

　baibai keiyaku　売買契約

　mae mae ge yak　매매계약(賣買契約)

xiāo shòu yuán　销售员（銷售員）　[n.]

　hanbai in　販売員

　pan mae won　판매원(販賣員)

xiǎo bāo　小包　[n.]

　kozutsumi　小包

　so po　소포(小包)

xiǎo cè zi　小册子（小冊子）　[n.]

　shō sasshi　小冊子

　so chaek jja　소책자(小冊子)

xiǎo dào　小道　[n.]

　komichi　小道

　o sol kkil　오솔길

xiáo dǎo yǔ　小岛屿（小島嶼）　[n.]

　chiisana shima　小さな島

　ja geun seom　작은 섬

xiǎo dié zi　小碟子　[n.]

　ukezara　受け皿

　bat chim jeop ssi　받침 접시

xiáo gǒu　小狗　[n.]

　koinu　子犬

　gang a ji　강아지

xiǎo jiā shǔ　小家鼠　[n.]

　hatsuka nezumi　ハツカネズミ

　saeng jwi　생쥐

xiǎo jiào qū　小教区（小教區）　[n.]

　shō kyōku　小教区

　so gyo gu　소교구(小敎區)

xiáo lǐ bài táng　小礼拜堂（小禮拜堂）　[n.]

　shō reihai dō　小礼拝堂

　so ye bae dang　소예배당(小禮拜堂)

xiáo mǎ　小马（小馬）　[n.]

　kouma　子馬

　jo rang mal　조랑말

xiǎo mài　小麦（小麥）　[n.]

　komugi　小麦

　mil　밀

xiǎo mài bù　小卖部（小賣部）　[n.]

　baiten　売店

　mae jeom　매점(賣店)

xiǎo māo　小猫（小貓）　[n.]

　koneko　子猫

　sae kki go yang i　새끼 고양이

xiǎo mó xíng　小模型　[n.]

　chi'isai mokei　小さい模型

　ja geun mo hyeong　작은 모형(模型)

xiǎo mù wū　小木屋　[n.]

　maruta　丸太

　tong na mu　통나무

xiǎo niú　小牛　[n.]

　ko ushi　子牛

　song a ji　송아지

xiǎo shí hou　小时候（小時候）　[n.]

　yōnen ki　幼年期

　yu nyeon gi　유년기(幼年期)

xiǎo shù lín　小树林（小樹林）　[n.]

　chiisana mori　小さな森

　ja geun sup　작은 숲

xiǎo shuō　小说 (小說)　[n.]
　shōsetsu　小説
　so seol　소설(小說)

xiǎo shuō jiā　小说家 (小說家)　[n.]
　shōsetsu ka　小説家
　so seol ga　소설가(小說家)

xiǎo wū　小屋　[n.]
　koya　小屋
　o du mak　오두막

xiǎo yā　小鸭 (小鴨)　[n.]
　ahiru no ko　アヒルの子
　sae kki o ri　새끼 오리

xiǎo yáng　小羊　[n.]
　ko hitsuji　子ヒツジ
　eo rin yang　어린 양(羊)

xiǎo zhī　小枝　[n.]
　koeda　小枝
　ja geun ga ji　작은 가지

xiào guǒ　效果　[n.]
　kōka　効果
　hyo kkwa　효과(效果)

xiào lǜ　效率　[n.]
　kōritsu　効率
　hyo yul　효율(效率)

xiào huà　笑话 (笑話)　[n.]; [v.]
　jōdan　冗談; jōdan o iu　冗談を言う
　nong dam　농담(弄談); nong dam ha da　농담(弄談)하다

xiào shēng　笑声 (笑聲)　[n.]
　warai　笑い
　u seum　웃음

xiào shè　校舍　[n.]
　kōsha　校舎
　gyo sa　교사(校舍)

xiào yuán　校园 (校園)　[n.]
　kōtei　校庭
　gyo jeong　교정(校庭)

xiào zhǎng　校长 (校長)　[n.]
　kōchō　校長
　gyo jang　교장(校長)

xiào xiàng huà　肖像画 (肖像畵)　[n.]
　shōzō ga　肖像画
　cho sang hwa　초상화(肖像畵)

xiē　楔　[n.]
　kusabi　楔
　sswae gi　쐐기

xié　鞋　[n.]
　hakimono　履物
　sin bal　신발

xié dài　鞋带 (鞋帶)　[n.]
　kutsu himo　靴ひも
　gu du kkeun　구두 끈

xié dǐ　鞋底　[n.]
　kutsu soko　靴底
　gu du chang　구두창

xié diàn　鞋店　[n.]
　kutsu ya　靴屋
　sin bal kka ge　신발가게

xié dìng　协定 (協定)　[n.]
　kyōtei　協定
　hyeob jjeong　협정(協定)

xié huì　协会 (協會)　[n.]
　kyōkai　協会
　hyeo poe　협회(協會)

xié lì　协力 (協力)　[n.]; [v.]
　kyōryoku　協力; kyōryoku suru　協力する
　hyeom nyeok　협력(協力); hyeom nyeo ka da　협력(協力)하다

169

xié shāng　协商 (協商)　[n.]; [v.]

　kyōshō　協商; kyōshō suru　協商する

　hyeop ssang　협상(協商); hyeop ssang ha da　협상(協商)하다

xié yì　协议 (協議)　[n.]; [v.]

　kyōgi　協議; kyōgi suru　協議する

　hyeo bi　협의(協議); hyeo bi ha da　협의(協議)하다

xié yì huì　协议会 (協議會)　[n.]

　kyōgi kai　協議会

　hyeo bi hoe　협의회(協議會)

xié yuē　协约 (協約)　[n.]

　kyōyaku　協約

　hyeo byak　협약(協約)

xié è　邪恶 (邪惡)　[n.]

　ja aku　邪惡

　sa ak　사악(邪惡)

xié lǜ　斜率　[n.]

　katamuki　傾き

　gi ul gi　기울기

xié miàn　斜面　[n.]

　shamen　斜面

　sa myeon　사면(斜面)

xié pò　胁迫 (脅迫)　[n.]; [v.]

　kyōhaku　脅迫; kyōhaku suru　脅迫する

　hyeop ppak　협박(脅迫);hyeop ppa ka da　협박(脅迫)하다

xié shǒu　携手 (攜手)　[n.]; [v.]

　teikei　提携; teikei suru　提携する

　je hyu　제휴(提携); je hyu ha da　제휴(提携)하다

xié xuè　谐谑 (諧謔)　[n.]

　kaigyaku　諧謔

　hae hak　해학(諧謔)

xiě shàng　写上 (寫上)　[n.]; [v.]

　kinyū　記入; kinyū suru　記入する

　gi ip　기입(記入); gi i pa da　기입(記入)하다

xiě zhēn　写真 (寫真)　[n.]

　shashin　写真

　sa jin　사진(寫眞)

xiè　蟹 (蟹)　[n.]

　kani　かに

　ge　게

xiè ēn　谢恩 (謝恩)　[n.]; [v.]

　shaon　謝恩; shaon suru　謝恩する

　sa eun　사은(謝恩); sa eun ha da　사은(謝恩)하다

xiè yì　谢意 (謝意)　[n.]

　shai　謝意

　sa i　사의(謝意)

xiè zuì　谢罪 (謝罪)　[n.]; [v.]

　shazai　謝罪; shazai suru　謝罪する

　sa joe　사죄(謝罪); sa joe ha da　사죄(謝罪)하다

xīn　锌 (鋅)　[n.]

　aen　亜鉛

　a yeon　아연(亞鉛)

xīn　心　[n.]

　kokoro　心

　ma eum　마음

xīn lǐ　心理　[n.]

　shinri　心理

　sim ni　심리(心理)

xīn lǐ xué　心理学 (心理學)　[n.]

　shinri gaku　心理学

　sim ni hak　심리학(心理學)

xīn shì　心事　[n.]

　shinpai goto　心配事

　geok jjeong kkeo ri　걱정거리

xīn zàng　心脏 (心臟)　[n.]

　shinzō　心臓

　sim jang　심장(心臟)

xīn jì yuán **新**纪元 (新紀元) [n.]

shin kigen 新紀元

sin gi won 신기원(新紀元)

xīn láng 新郎 [n.]

shinrō 新郎

sil rang 신랑(新郎)

xīn nián 新年 [n.]

shin'nen 新年

sae hae 새해

xīn niáng 新娘 [n.]

shinpu 新婦

sin bu 신부(新婦)

xīn qí 新奇 [n.]

mono mezurashi sa 物珍らしさ

sin gi 신기(新奇)

xīn shì jiè 新世界 [n.]

shin sekai 新世界

sin se ge 신세계(新世界)

xīn wén jiè 新闻界 (新聞界) [n.]

hōdō kikan 報道機関

bo do gi gwan 보도기관(報道機關)

xīn yǐng 新颖 (新穎) [n.]

zanshin 斬新

cham sin 참신(斬新)

xīn shuǐ 薪水 [n.]

chingin 賃金

im geum 임금(賃金)

xìn fēng 信封 [n.]

fūtō 封筒

bong tu 봉투(封套)

xìn hào 信号 (信號) [n.]

shingō 信号

sin ho 신호(信號)

xìn lài 信赖 (信賴) [n.]

shinrai 信頼

sil roe 신뢰(信賴)

xìn niàn 信念 [n.]

shin'nen 信念

sin nyeom 신념(信念)

xìn tiáo 信条 (信條) [n.]

shinjō 信条

sin jo 신조(信條)

xìn xī 信息 [n.]

tayori 便り

gi byeol 기별(奇別)

xìn xī 信息 [n.]

dengon 伝言

jeo neon 전언(傳言)

xìn xīn 信心 [n.]

jishin 自信

ja sin 자신(自信)

xìn yang 信仰 [n.]

shinkō 信仰

si nang 신앙(信仰)

xìn yòng 信用 [n.]; [v.]

shin'yō 信用; shin'yō suru 信用する

si nyong 신용(信用); si nyong ha da 신용(信用)하다

xīng 星 [n.]

hoshi 星

byeol 별

xīng qí yī 星期一 [n.]

getsu yōbi 月曜日

wo ryo il 월요일(月曜日)

xīng qí èr 星期二 [n.]

kayōbi 火曜日

hwa yo il 화요일(火曜日)

171

xīng qí sān 星期三 [n.]

  suiyōbi 水曜日

  su yo il 수요일(水曜日)

xīng qí sì 星期四 [n.]

  moku yōbi 木曜日

  mo gyo il 목요일(木曜日)

xīng qí wǔ 星期五 [n.]

  kin'yōbi 金曜日

  geu myo il 금요일(金曜日)

xīng qí liù 星期六 [n.]

  doyōbi 土曜日

  to yo il 토요일(土曜日)

xīng qí tiān 星期天 [n.]

  nichi yōbi 日曜日

  i ryo il 일요일(日曜日)

xīng fèn 兴奋 (興奮) [n.]

  kōfun 興奮

  heung bun 흥분(興奮)

xíng dào shù lù 行道树路 (行道樹路) [n.]

  gairo ju no michi 街路樹の道

  ga ro su kkil 가로수(街路樹)길

xíng dòng 行动 (行動) [n.]; [v.]

  kōdō 行動; okonau 行なう

  haeng dong 행동(行動); haeng ha da 행(行)하다

xíng jìn 行进 (行進) [n.]

  kōshin 行進

  haeng jin 행진(行進)

xíng jūn 行军 (行軍) [n.]; [v.]

  kōgun 行軍; kōgun suru 行軍する

  haeng gun 행군(行軍); haeng gun ha da 행군(行軍)하다

xíng lǐ 行李 [n.]

  tenimotsu 手荷物

  su hwa mul 수화물(手貨物)

xíng rén 行人 [n.]

  hokō sha 歩行者

  haeng in 행인(行人)

xíng wéi 行为 (行為) [n.]

  kōi 行為

  haeng wi 행위(行爲)

xíng zhèng 行政 [n.]

  gyōsei 行政

  haeng jeong 행정(行政)

xíng fá 刑罚 (刑罰) [n.]

  keibatsu 刑罰

  hyeong beol 형벌(刑罰)

xíng shì 刑事 [n.]

  keiji 刑事

  hyeong sa 형사(刑事)

xíng fǎ 刑法 [n.]

  keihō 刑法

  hyeong bbeop 형법(刑法)

xìng 姓 [n.]

  sei 姓

  seong 성(姓)

xìng míng 姓名 [n.]

  seimei 姓名

  seong myoung 성명(姓名)

xìng shì 姓氏 [n.]

  seishi 姓氏

  seong ssi 성씨(姓氏)

xìng 性 [n.]

  sei 性

  seong 성(性)

xìng bié 性别 [n.]

  sei betsu 性別

  seong byeol 성별(性別)

xìng gé 性格 [n.]

seikaku 性格

seong kkyeok 성격(性格)

xìng jiāo 性交 [n.]

seikō 性交

seong gyo 성교(性交)

xìng xiàng 性向 [n.]

seikō 性向

seong hyang 성향(性向)

xìng zhì 性质 (性質) [n.]

seishitsu 性質

seong jil 성질(性質)

xìng fú 幸福 [n.]

kōfuku 幸福

haeng bok 행복(幸福)

xìng yùn 幸运 (幸運) [n.]

kōun 幸運

haeng un 행운(幸運)

xìng wèi 兴味 (興味) [n.]

kyōmi 興味

heung mi 흥미(興味)

xiōng 胸 [n.]

mune 胸

ga seum 가슴

xiōng wéi 胸围 (胸圍) [n.]

kyōi 胸囲

hyung wi 흉위(胸圍)

xiōng dì 兄弟 [n.]

kyōdai 兄弟

hyeong je 형제(兄弟)

xióng 雄 [n.]

osu 雄

su keot 수컷

xióng biàn 雄辩 (雄辯) [n.]

yūben 雄弁

ung byeon 웅변(雄辯)

xióng jī 雄鸡 (雄雞) [n.]

ondori 雄鶏

su tak 수탉

xióng yā 雄鸭 (雄鴨) [n.]

osu no ahiru 雄のアヒル

su o ri 수오리

xióng 熊 [n.]

kuma 熊

gom 곰

xiū chǐ 羞耻 (羞恥) [n.]

haji 恥じ

su chi 수치(羞恥)

xiū chuán chǎng 修船厂 (修船廠) [n.]

zōsen jo 造船所

jo seon so 조선소(造船所)

xiū gǎi 修改 [v.]

aratameru 改める

gae jeong ha da 개정(改正)하다

xiū jiǎn 修剪 [n.]; [v.]

seibi 整備; seibi suru 整備する

jeong bi 정비(整備); jeong bi ha da 정비(整備)하다

xiū lǐ 修理 [n.]; [v.]

shūri 修理; shūri suru 修理する

su ri 수리(修理); su ri ha da 수리(修理)하다

xiū nǚ 修女 [n.]

shūdō jo 修道女

su nyeo 수녀(修女)

xiū shàn 修缮 (修繕) [n.]; [v.]

shūzen 修繕; shūzen suru 修繕する

su seon 수선(修繕); su seon ha da 수선(修繕)하다

xiū shì　修饰 (修飾)　[n.]

　shūshoku　修飾

　su sik　수식(修飾)

xiū shì yǔ　修饰语 (修飾語)　[n.]

　shūshoku go　修飾語

　su si geo　수식어(修飾語)

xiū zhèng　修正　[n.]; [v.]

　shūsei　修正; shūsei suru　修正する

　su jeong　수정(修正); su jeong ha da　수정(修正)하다

xiū jià　休假　[n.]

　kyūka　休暇

　hyu ga　휴가(休暇)

xiū qì　休憩　[n.]; [v.]

　kyūkei　休憩; kyūkei suru　休憩する

　hyu sik　휴식(休息); hyu si ka da　휴식(休息)하다

xiū yǎng　休养 (休養)　[n.]; [v.]

　kyūyō　休養; kyūyō suru　休養する

　hyu yang　휴양(休養); hyu yang ha da　휴양(休養)하다

xiū zhǐ　休止　[n.]

　kyūshi　休止

　hyu ji　휴지(休止)

xiū zhǐ fú　休止符　[n.]

　shūshifu　終止符

　jong ji bu　종지부(終止符)

xiù　锈 (銹)　[n.]

　sabi　錆

　nok　녹

xiù　臭　[n.]

　nioi　匂い

　naem sae　냄새

xiù jué　嗅觉 (嗅覺)　[n.]

　kyūkaku　嗅覚

　hu gak　후각(嗅覺)

xiù kǒu　袖口　[n.]

　sode guchi　袖口

　so maet ppu ri　소맷부리

xiù zi　袖子　[n.]

　fuku no sode　服の袖

　o se so mae　옷의 소매

xū gòu　虚构 (虛構)　[n.]

　kyokō　虚構

　heo gu　허구(虛構)

xū róng　虚荣 (虛榮)　[n.]

　kyoei　虚栄

　heo yeong　허영(虛榮)

xū róng xīn　虚荣心 (虛榮心)　[n.]

　kyoei shin　虚栄心

　heo yeong sim　허영심(虛榮心)

xū shì　虚饰 (虛飾)　[n.]

　kyoshoku　虚飾

　heo sik　허식(虛飾)

xū wú　虚无 (虛無)　[n.]

　kyomu　虚無

　heo mu　허무(虛無)

xū yào　需要　[n.]

　juyō　需要

　su yo　수요(需要)

xú kě　许可 (許可)　[n.]; [v.]

　kyoka　許可; kyoka suru　許可する

　heo ga　허가(許可); heo ga ha da　허가(許可)하다

xú kě zhèng　许可证 (許可證)　[n.]

　kyoka shō　許可証

　heo ga jjeung　허가증(許可證)

xú xíng　徐行　[n.]; [v.]

　jokō　徐行; jokō suru　徐行する

　seo haeng　서행(徐行); seo haeng ha da　서행(徐行)하다

xù piān　续篇 (續篇)　[n.]

　zokuhen　続編

　sok pyeon　속편(續編)

xù shù　叙述 (敘述)　[n.]; [v.]

　jojutsu　叙述; jojutsu suru　叙述する

　seo sul　서술(敍述); seo sul ha da　서술(敍述)하다

xù shuǐ chí　蓄水池　[n.]

　chosuichi　貯水池

　jeo su ji　저수지(貯水池)

xù wén　序文　[n.]

　jobun　序文

　seo mun　서문(序文)

xù yán　序言　[n.]

　kantō gen　巻頭言

　meo ri mal　머리말

xuān chuán　宣传 (宣傳)　[n.]; [v.]

　senden　宣伝; senden suru　宣伝する

　seon jeon　선전(宣傳); seon jeon ha da　선전(宣傳)하다

xuān shì　宣誓　[n.]; [v.]

　sensei　宣誓; sensei suru　宣誓する

　seon seo　선서(宣誓); seon seo ha da　선서(宣誓)하다

xuān yán　宣言　[n.]

　sengen　宣言

　seo neon　선언(宣言)

xuán huí　旋回　[n.]; [v.]

　senkai　旋回; senkai suru　旋回する

　seon hoe　선회(旋回); seon hoe ha da　선회(旋回)하다

xuán lǜ　旋律　[n.]

　senritsu　旋律

　seon yul　선율(旋律)

xuǎn bá　选拔 (選拔)　[n.]; [v.]

　senbatsu　選抜; senbatsu suru　選抜する

　seon bal　선발(選拔); seon bal ha da　선발(選拔)하다

xuǎn jǔ　选举 (選擧)　[n.]; [v.]

　senkyo　選挙; senkyo suru　選挙する

　seon geo　선거(選擧); seon geo ha da　선거(選擧)하다

xuǎn mín　选民 (選民)　[n.]

　yūken sha　有権者

　yu kkwon ja　유권자(有權者)

xuǎn piào　选票 (選票)　[n.]

　tōhyō ken　投票権

　tu pyo kkwon　투표권(投票權)

xuǎn piào dān　选票单 (選票单)　[n.]

　tōhyō yōshi　投票用紙

　tu pyo yong ji　투표용지(投票用紙)

xuǎn zé　选择 (選擇)　[n.]; [v.]

　sentaku　選択; sentaku suru　選択する

　seon taek　선택(選擇); seon tae ka da　선택(選擇)하다

xuǎn zé zhī　选择肢 (選擇肢)　[n.]

　sentakushi　選択肢

　seon taek dae an　선택대안(選擇代案)

xuán shǒu　选手 (選手)　[n.]

　senshu　選手

　seon su　선수(選手)

xuē　靴　[n.]

　kutsu　靴

　gu du　구두

xuē jiǎn　削减 (削減)　[n.]; [v.]

　sakugen　削減; sakugen suru　削減する

　sak kkam　삭감(削減); sak kkam ha da　삭감(削減)하다

xué　穴　[n.]

　ana　穴

　gu meong　구멍

xué kē　学科 (學科)　[n.]

　gakka　学科

　hak kkwa　학과(學科)

xué kē kè chéng　学科课程（學科課程）　[n.]

　gakka katei　学科課程

　hak kkwa gwa jeong　학과과정(學科課程)

xué nián　学年（學年）　[n.]

　gakunen　学年

　hak nyeon　학년(學年)

xué qí　学期（學期）　[n.]

　gakki　学期

　hak kki　학기(學期)

xué sheng　学生（學生）　[n.]

　gakusei　学生

　hak ssaeng　학생(學生)

xué shēng sù shè　学生宿舍（學生宿舍）　[n.]

　gakusei ryō　学生寮

　gi suk ssa　기숙사(寄宿舍)

xué shuō　学说（學說）　[n.]

　gakusetsu　学説

　hak sseol　학설(學說)

xué wèi　学位（學位）　[n.]

　gakui　学位

　ha gwi　학위(學位)

xué wèi lùn wén　学位论文（學位論文）　[n.]

　gakui ronbun　学位論文

　ha gwi non mun　학위논문(學位論文)

xué wèn　学问（學問）　[n.]

　gakumon　学問

　hak mun　학문(學問)

xué xí　学习（學習）　[n.]; [v.]

　benkyō　勉強; **benkyō suru**　勉強する

　gong bu　공부(工夫); **gong bu ha da**　공부(工夫)하다

xué xí zhě　学习者（學習者）　[n.]

　gakushū sha　学習者

　hak sseup jja　학습자(學習者)

xué xiào　学校（學校）　[n.]

　gakkō　学校

　hak kkyo　학교(學校)

xué yuán　学员（學員）　[n.]

　seito　生徒

　saeng do　생도(生徒)

xué yuàn　学院（學院）　[n.]

　gaku in　学院

　ha gwon　학원(學院)

xué zhě　学者（學者）　[n.]

　gakusha　学者

　hak jja　학자(學者)

xué bù　学部（學部）　[n.]

　gakubu　学部

　hak ppu　학부(學部)

xuě　雪　[n.]

　yuki　雪

　nun　눈

xuè　血　[n.]

　chi　血

　pi　피

xuè guǎn　血管　[n.]

　kekkan　血管

　hyeol gwan　혈관(血管)

xuè tǒng　血统（血統）　[n.]

　kettō　血統

　hyeol tong　혈통(血統)

xuè yè　血液　[n.]

　ketsueki　血液

　hyeo raek　혈액(血液)

xūn zhāng　勋章（勳章）　[n.]

　kunshō　勲章

　hun jang　훈장(勳章)

xún huán 循环 (循環) [n.]; [v.]

junkan 循環; **junkan suru** 循環する

sun hwan 순환(循環); **sun hwan ha da** 순환(循環)하다

xùn liàn 训练 (**訓練**) [n.]; [v.]

kunren 訓練; **kunren suru** 訓練する

hul ryeon 훈련(訓練); **hul ryeon ha da** 훈련(訓練)하다

xùn liàn zhě 训练者 (訓練者) [n.]

kunren sha 訓練者

hul ryeon ja 훈련자(訓練者)

xùn sù 迅速 [n.]

jinsoku 迅速

sin sok 신속(迅速)

Y

yā 鸭 (鴨) [n.]

ahiru アヒル

o ri 오리

yā lì 压力 (壓力) [n.]

atsuryoku 圧力

ap nyeok 압력(壓力)

yā pò 压迫 (壓迫) [n.]; [v.]

appaku 圧迫; **appaku suru** 圧迫する

ap ppak 압박(壓迫); **ap ppa ka da** 압박(壓迫)하다

yā suō 压缩 (壓縮) [n.]; [v.]

asshuku 圧縮; **asshuku suru** 圧縮する

ap chuk 압축(壓縮); **ap chu ka da** 압축(壓縮)하다

yā yì 压抑 (壓抑) [n.]; [v.]

yokuatsu 抑圧; **yokuatsu suru** 抑圧する

eo gap 억압(抑壓); **eo ga pa da** 억압(抑壓)하다

yá 芽 [n.]

me 芽

ssak 싹

yá chǐ 牙齿 (牙齒) [n.]

ha 歯

i 이

yá shuā 牙刷 [n.]

haburashi 歯ブラシ

chit ssol 칫솔

yá tòng 牙痛 [n.]

shitsū 歯痛

chi tong 치통(齒痛)

yǎ ba 哑巴 (啞巴) [n.]

guchi no kike nai hito 口のきけない人

beong eo ri 벙어리

yà má 亚麻 (**亞**麻) [n.]

ama 亜麻

a ma 아마(亞麻)

yà má bù 亚麻布 (亞麻布) [n.]

ama nuno 亜麻布

a ma po 아마포(亞麻布)

yān tǒng 烟筒 (煙筒) [n.]

entotsu 煙突

yeon tong 연통(煙筒)

yān wù 烟雾 (煙霧) [n.]

kemuri 煙

yeon gi 연기(煙氣)

yán 岩 [n.]

iwa 岩

ba wi 바위

yán 盐 (**鹽**) [n.]

shio 塩

so geum 소금

yán 炎 [n.]

hono'o 炎

hwa yeom 화염(火焰)

177

yán àn 沿岸 [n.]

　engan 沿岸

　yeo nan 연안(沿岸)

yán hǎi 沿海 [n.]

　enkai 沿海

　yeo hae 연해(沿海)

yán cháng 延长 (延長) [n.]

　enchō 延長

　yeon jang 연장(延長)

yán qī 延期 [n.]; [v.]

　enki 延期; **enki suru** 延期する

　yeon gi 연기(延期); **yeon gi ha da** 연기(延期)하다

yán jiū 研究 [n.]; [v.]

　kenkyū 研究; **kenkyū suru** 研究する

　yeon gu 연구(研究); **yeon gu ha da** 연구(研究)하다

yán jiū suǒ 研究所 [n.]

　kenkyū jo 研究所

　yeon gu so 연구소(研究所)

yán zhòng 严重 (嚴重) [n.]

　genjyū 厳重

　eom jung 엄중(嚴重)

yán gé 严格 (嚴格) [n.]

　genkaku 厳格

　eom kkyouk 엄격(嚴格)

yán mì 严密 (嚴密) [n.]

　genmitsu 厳密

　eom mil 엄밀(嚴密)

yán jìn 严禁 (嚴禁) [n.]

　genkin 厳禁

　eom geum 엄금(嚴禁)

yǎn jì 演技 [n.]

　engi 演技

　yeon gi 연기(演技)

yán jiǎng 演讲 (演講) [n.]

　kōen 講演

　gang yeon 강연(講演)

yán jiǎng 演讲 (演講) [n.]; [v.]

　kōgi 講義; **kōgi suru** 講義する

　gang i 강의(講義); **gang i ha da** 강의(講義)하다

yǎn shuō 演说 (演說) [n.]; [v.]

　enzetsu 演説; **enzetsu suru** 演説する

　yeon seol 연설(演說); **yeon seol ha da** 연설(演說)하다

yǎn shuō zhě 演说者 (演說者) [n.]

　enzetsu sha 演説者

　yeon seol jja 연설자(演說者)

yǎn yuán 演员 (演員) [n.]

　engi sha 演技者, **haiyū** 俳優

　yeon gi ja 연기자(演技者), **bae u** 배우(俳優)

yǎn zòu 演奏 [n.]; [v.]

　ensō 演奏; **ensō suru** 演奏する

　yeon ju 연주(演奏); **yeon ju ha da** 연주(演奏)하다

yǎn zòu huì 演奏会 (演奏會) [n.]

　ensō kai 演奏会

　yeon ju hoe 연주회(演奏會)

yǎn jìng 眼镜 (眼鏡) [n.]

　megane 眼鏡

　an gyeong 안경(眼鏡)

yàn 燕 [n.]

　tsubame 燕

　je bi 제비

yàn huì 宴会 (宴會) [n.]

　enkai 宴会

　yeon hoe 연회(宴會)

yáng 羊 [n.]

　hitsuji 羊

　yang 양(羊)

yáng máo 羊毛 [n.]

　yōmō 羊毛

　yang mo 양모(羊毛)

yáng ròu 羊肉 [n.]

　hitsuji no niku 羊の肉

　yang go gi 양고기

yáng cōng 洋葱 (洋蔥) [n.]

　tamanegi 玉ねぎ

　yang pa 양파

yáng guāng 阳光 (陽光) [n.]

　hizashi 日差し

　haet ppit 햇빛

yǎng fèn 养分 (養分) [n.]

　eiyōso 栄養素

　yeong yang bun 영양분(營養分)

yáng lǎo jīn 养老金 (養老金) [n.]

　nenkin 年金

　yeon geum 연금(年金)

yǎng qì 氧气 (氧氣) [n.]

　sanso 酸素

　san so 산소(酸素)

yàng běn 样本 (樣本) [n.]

　mihon 見本

　gyeon bon 견본(見本)

yàng shì 样式 (樣式) [n.]

　yōshiki 様式

　yang sik 양식(樣式)

yāo 腰 [n.]

　koshi 腰

　heo ri 허리

yāo dài 腰带 (腰帶) [n.]

　koshi obi 腰帯

　yo dae 요대(腰帶), **heo ri tti** 허리띠

yāo jing 妖精 [n.]

　yōsei 妖精

　yo jeong 요정(妖精)

yāo shù 妖术 (妖術) [n.]

　yōjutsu 妖術

　yo sul 요술(妖術)

yáo lán 摇篮 (搖籃) [n.]

　yuri kago 揺りかご

　yo ram 요람(搖籃)

yǎo 咬 [n.]

　hito kuchi 一口

　han nip 한 입

yào diǎn 要点 (要點) [n.]

　yōten 要点

　yo jjeom 요점(要點)

yào jiàn 要件 [n.]

　yōken 要件

　yo kkeon 요건(要件)

yāo qiú 要求 [n.]; [v.]

　yōkyū 要求; **yōkyū suru** 要求する

　yo gu 요구(要求); **yo gu ha da** 요구(要求)하다

yào sài 要塞 [n.]

　yōsai 要塞

　yo sae 요새(要塞)

yào sù 要素 [n.]

　yōso 要素

　yo so 요소(要素)

yào zhǐ 要旨 [n.]

　yōshi 要旨

　yo ji 요지(要旨)

yào 药 (藥) [n.]

　kusuri 薬

　yak 약(藥)

179

yào fáng 药房（藥房）[n.]

　yakkyoku 薬局

　yak kkuk 약국(藥局)

yào pǐn 药品（藥品）[n.]

　yakuhin 薬品

　yak pum 약품(藥品)

yào shi 钥匙（鑰匙）[n.]

　kagi 鍵

　yeol ssoe 열쇠

yě mán **野蛮**（野蠻）[n.]

　yaban 野蛮

　ya man 야만(野蠻)

yě mán rén 野蛮人（野蠻人）[n.]

　yaban jin 野蛮人

　ya ma nin 야만인(野蠻人)

yě niú 野牛 [n.]

　yagyū 野牛

　deul sso 들소

yě shòu 野兽（野獸）[n.]

　yajū 野獣

　jim seung 야수(野獸)

yě tù 野兔 [n.]

　no usagi 野ウサギ

　san to kki 산토끼

yě xīn 野心 [n.]

　yashin 野心

　ya sim 야심(野心)

yě zhū 野猪 [n.]

　inoshishi 猪

　met ttae ji 멧돼지

yè **叶**（葉）[n.]

　ha 葉

　ip 잎

yè zi 叶子（葉子）[n.]

　kono ha 木の葉

　na mun nip 나뭇잎

yè **夜** [n.]

　yoru 夜

　bam 밤

yè jiān 夜间（夜間）[n.]

　yakan 夜間

　ya gan 야간(夜間)

yè jǐng 夜景 [n.]

　yakei 夜景

　ya gyoung 야경(夜景)

yè jì 业绩（業績）[n.]

　gyōseki 業績

　eop jjeok 업적(業績)

yè wù 业务（業務）[n.]

　gyōmu 業務

　eop mu 업무(業務)

yè tǐ **液体**（液體）[n.]

　ekitai 液体

　aek che 액체(液體)

yè huà 液化 [n.]

　ekika 液化

　ae kwa 액화(液化)

yè jīng 液晶 [n.]

　ekishō 液晶

　aek jjeong 액정(液晶)

yī fú **衣服** [n.]

　ifuku 衣服

　ui bok 의복(衣服)

yī fú fèng biān 衣服缝边（衣服縫邊）[n.]

　fuku no heri 服のへり

　o se ga jang ja ri 옷의 가장자리

yī lǐng　衣领 (衣領)　[n.]

　eri　襟

　ot kkit　옷깃

yī shang　衣裳　[n.]

　ishō　衣裳

　ui sang　의상(衣裳)

yī　一　[n.]

　ichi　一, hitotsu　一つ

　il　一, hana　하나

yì bǎ　一把　[n.]

　hito nigiri　一握り

　han jum　한 줌

yí bù　一步　[n.]

　ippo　一歩

　il bo　일보(一步)

yí bù fèn　一部分　[n.]

　ichi bubun　一部分

　il bu bun　일부분(一部分)

yì dǎng　一党　[n.]

　nakama　仲間

　il ttang　일당(一黨)

yì lián　一连 (一連)　[n.]

　ichiren　一連

　il lyeon　일련(一聯)

yì lóu　一楼 (一樓)　[n.]

　ikkai　一階

　il cheung　일층(一層)

yì piē　一瞥　[n.]

　ichibetu　一瞥

　il byeol　일별(一瞥)

yì quān　一圈　[n.]

　hito mawari　一回り

　han ba kwi　한 바퀴

yì shēng　一生　[n.]

　isshō　一生

　il ssaeng　일생(一生)

yí shùn jiān　一瞬间 (一瞬間)　[n.]

　isshunkan　一瞬間

　il ssun gan　일순간(一瞬間)

yí xiàn wēi guāng　一线微光 (一線微光)　[n.]

　kasuka na hikari　微かな光

　hi mi han bit　희미(稀微)한 빛

yì xiǎo shí　一小时 (一小時)　[n.]

　ichi jikan　一時間

　han si gan　한 시간(時間)

yì xíng　一行　[n.]

　ikkō　一行

　il haeng　일행(一行)

yí yuè　一月　[n.]

　ichi gatsu　一月

　il wol　일월(一月)

yì zhāng　一张 (一張)　[n.]

　kami ichi mai　紙一枚

　jong i han jang　종이 한 장

yì zhēn　一针 (一針)　[n.]

　hito hari　一針

　han ba neul　한 바늘

yí zhì　一致　[n.]

　itchi　一致

　il chi　일치(一致)

yì zhōu　一周 (一週)　[n.]

　isshū　一週; isshū　一周

　il jju　일주(一週); il jju　일주(一周)

yì zǔ　一组 (一組)　[n.]

　hito kumi　一組

　han ssang　한 쌍(雙)

yī cún　依存　[n.]; [v.]
　izon　依存; izon suru　依存する
　ui jon　의존(依存); ui jon ha da　의존(依存)하다

yī shī　医师 (醫師)　[n.]
　ishi　医師
　ui sa　의사(醫師)

yī xué　医学 (醫學)　[n.]
　igaku　医学
　ui hak　의학(醫學)

yī yuàn　医院 (醫院)　[n.]
　byōin　病院
　byeong won　병원(病院)

yí　瘀　[n.]
　dabokushō　打撲傷
　ta bak ssang　타박상(打撲傷)

yí dòng　移动 (移動)　[n.]; [v.]
　idō　移動; idō suru　移動する
　i dong　이동(移動); i dong ha da　이동(移動)하다

yí mín　移民　[n.]
　imin　移民
　i min　이민(移民)

yí mín zhě　移民者　[n.]
　imin sha　移民者
　i min ja　이민자(移民者)

yí jū　移居　[n.]; [v.]
　ijū　移住; ijū suru　移住する
　i ju　이주(移住); i ju ha da　이주(移住)하다

yí zhù　移住　[n.]
　ijū　移住
　i ju　이주(移住)

yí zhù zhě　移住者　[n.]
　ijū sha　移住者
　i ju ja　이주자(移住者)

yí fàn　疑犯　[n.]
　higi sha　被疑者
　pi i ja　피의자(被疑者)

yí huò　疑惑　[n.]
　giwaku　疑惑
　ui hok　의혹(疑惑)

yí wèn　疑问 (疑問)　[n.]
　gimon　疑問
　ui mun　의문(疑問)

yí wèn cí　疑问词 (疑問詞)　[n.]
　gimon shi　疑問詞
　ui mun sa　의문사(疑問詞)

yí xīn　疑心　[n.]; [v.]
　utagai　疑い; utagau　疑う
　ui sim　의심(疑心); ui sim ha da　의심(疑心)하다

yí hàn　遗憾 (遺憾)　[n.]
　ikan　遺憾
　yu gam　유감(遺憾)

yí jì　遗迹 (遺跡)　[n.]
　iseki　遺跡
　yu jeok　유적(遺跡)

yí shū　遗书 (遺書)　[n.]
　isho　遺書
　yu seo　유서(遺書)

yí wù　遗物 (遺物)　[n.]
　ibutsu　遺物
　yu mul　유물(遺物)

yí yán　遗言 (遺言)　[n.]
　yuigon　遺言
　yu eon　유언(遺言)

yí shì　仪式 (儀式)　[n.]
　gishiki　儀式
　ui sik　의식(儀式)

yí diǎn　仪典 (儀典)　[n.]

giten　儀典

ui jeon　의전(儀典)

yǐ　蚁 (蟻)　[n.]

ari　蟻

gae mi　개미

yǐ zi　椅子　[n.]

isu　椅子

ui ja　의자(椅子)

yì　艺 (藝)　[n.]

geinō　芸能

ye neung　예능(藝能)

yì rén　艺人 (藝人)　[n.]

geinōjin　芸能人

ye neung in　예능인(藝能人)

yì shù　艺术 (藝術)　[n.]

geijutsu　芸術

ye sul　예술(藝術)

yì shù jiā　艺术家 (藝術家)　[n.]

geijutsu ka　芸術家

ye sul ga　예술가(藝術家)

yì　翼　[n.]

tsubasa　翼

nal gae　날개

yì cháng　异常 (異常)　[n.]

ijō　異常

i sang　이상(異常)

yì jiào tú　异教徒 (異教徒)　[n.]

ikyōto　異教徒

i gyo do　이교도(異教徒)

yì yì　异议 (異議)　[n.]

igi　異議

i ui　이의(異議)

yì chū de　溢出的　[n.]

koboshi　こぼし

eop jji reum　엎지름

yì jiàn　意见 (意見)　[n.]

iken　意見

ui gyeon　의견(意見)

yì jiàn bù hé　意见不合 (意見不合)　[n.]

iken no shōtotsu　意見の衝突

ui gyeon chung dol　의견충돌(意見衝突)

yì shí　意识 (意識)　[n.]; [v.]

ishiki　意識; ishiki suru　意識する

ui sik　의식(意識); ui si ka da　의식(意識)하다

yì si　意思　[n.]

ishi　意思

ui sa　의사(意思)

yì tú　意图 (意圖)　[n.]

ito　意図

ui do　의도(意圖)

yì wèi　意味　[n.]

imi　意味

ui mi　의미(意味)

yì zhì　意志　[n.]

ishi　意志

ui ji　의지(意志)

yì huì　议会 (議會)　[n.]

gikai　議会

ui hoe　의회(議會)

yì lùn　议论 (議論)　[n.]; [v.]

giron　議論; giron suru　議論する

eui non　의논(議論); eui non ha da　의논(議論)하다

yì shì lù　议事录 (議事録)　[n.]

giji roku　議事録

ui sa rok　의사록(議事録)

yì tí 议题 (議題) [n.]

  gidai 議題

  eui je 의제(議題)

yì xí 议席 (議席) [n.]

  giseki 議席

  ui seok 의석(議席)

yì zhǎng 议长 (議長) [n.]

  gichō 議長

  ui jang 의장(議長)

yì shì 逸事 [n.]

  itsuwa 逸話

  il hwa 일화(逸話)

yì wù 义务 (**義務**) [n.]

  gimu 義務

  ui mu 의무(義務)

yì yáng 抑扬 (抑揚) [n.]

  yokuyō 抑揚

  eo gyang 억양(抑揚)

yì zhì 抑制 [n.]; [v.]

  yokusei 抑制; **yokusei suru** 抑制する

  eok jje 억제(抑制); **eok jje ha da** 억제(抑制)하다

yīn 音 [n.]

  oto 音

  so ri 소리

yīn jié 音节 (音節) [n.]

  onsetsu 音節

  eum jeol 음절(音節)

yīn liàng 音量 [n.]

  onryō 音量

  eum nyang 음량(音量)

yīn yuè 音乐 (音樂) [n.]

  ongaku 音楽

  eu mak 음악(音樂)

yīn yuè jiā 音乐家 (音樂家) [n.]

  ongaku ka 音楽家

  eu mak kka 음악가(音樂家)

yīn zhì 音质 (音質) [n.]

  onshitsu 音質

  eum jil 음질(音質)

yīn liáng chù 阴凉处 (**陰**涼處) [n.]

  hikage 日陰

  geu neul 그늘

yīn móu 阴谋 (陰謀) [n.]

  inbō 陰謀

  eum mo 음모(陰謀)

yīn sù 因素 [n.]

  yōin 要因

  yo in 요인(要因)

yīn guǒ 因果 [n.]

  inga 因果

  in gwa 인과(因果)

yín 银 (**銀**) [n.]

  gin 銀

  eun 은(銀)

yín bì 银币 (銀幣) [n.]

  ginka 銀貨

  eun hwa 은화(銀貨)

yín háng 银行 (銀行) [n.]

  ginkō 銀行

  eun haeng 은행(銀行)

yín háng jiā 银行家 (銀行家) [n.]

  ginkō ka 銀行家

  eun haeng ga 은행가(銀行家)

yín qì 银器 (銀器) [n.]

  gin shokki 銀食器

  eun sik kki 은식기(銀食器)

yín jiǔ 饮酒 (飲酒) [n.]; [v.]

  inshu 飲酒; nomu 飲む

  eum ju 음주(飲酒); ma si da 마시다

yǐn liào 饮料 (飲料) [n.]

  inryō 飲料

  eum nyo 음료(飲料)

yǐn shí 饮食 (飲食) [n.]

  inshoku 飲食

  eum sik 음식(飲食)

yǐn shí diàn 饮食店 (飲食店) [n.]

  inshoku ten 飲食店

  eum sik jjeom 음식점(飲食店)

yǐn yòng shuǐ 饮用水 (飲用水) [n.]

  inryō sui 飲料水

  eum nyo su 음료수(飲料水)

yǐn cáng 隐藏 (隱藏) [n.]; [v.]

  intoku 隱匿; intoku suru 隱匿する

  eun nik 은닉(隱匿); eun ni ka da 은닉(隱匿)하다

yín yǔ 隐语 (隱語) [n.]

  ingo 隱語

  eu neo 은어(隱語)

yín zhě 隐者 (隱者) [n.]

  inja 隱者

  eun ja 은자(隱者)

yín dǎo 引导 (引導) [n.]; [v.]

  hikiwatashi 引渡し; hikiwatasu 引渡す

  in do 인도(引渡); in do ha da 인도(引渡)하다

yǐn lì 引力 [n.]

  inryoku 引力

  il ryeok 인력(引力)

yǐn yòng 引用 [n.]

  inyō 引用

  i nyong 인용(引用)

yǐn yòng jù 引用句 [n.]

  in'yō ku 引用句

  i nyong gu 인용구(引用句)

yǐn yòu 引诱 (引誘) [n.]; [v.]

  yūin 誘引; yūin suru 誘引する

  yu in 유인(誘引); yu in ha da 유인(誘引)하다

yìn shuā 印刷 [n.]; [v.]

  insatsu 印刷; insatsu suru 印刷する

  in swae 인쇄(印刷); in swae ha da 인쇄(印刷)하다

yìn shuā chǎng 印刷厂 (印刷廠) [n.]

  insatsu ya 印刷屋

  in swae eop jja 인쇄업자(印刷業者)

yìn shuā jī 印刷机 (印刷機) [n.]

  insatsu ki 印刷機

  in swae gi 인쇄기(印刷機)

yìn shuā shù 印刷术 (印刷術) [n.]

  insatsu jutsu 印刷術

  in swae sul 인쇄술(印刷術)

yìn xiàng 印象 [n.]

  inshō 印象

  in sang 인상(印象)

yìn zhāng 印章 [n.]

  natsu'in 捺印

  na rin 날인(捺印)

yīng 婴 (嬰) [n.]

  akachan 赤ちゃん

  gat nan a gi 갓난아기

yīng ér chē 婴儿车 (嬰兒車) [n.]

  uba guruma 乳母車

  yu mo cha 유모차(乳母車)

yīng 鹰 (鷹) [n.]

  washi ワシ

  dok ssu ri 독수리

yīng gē 鹦哥 (鸚哥) [n.]

  oumu オウム

  aeng mu sae 앵무새

yīng guó 英国 (英國) [n.]

  igirisu イギリス, eikoku 英国

  yeong guk 영국(英國)

yīng guó rén 英国人 (英國人) [n.]

  igirisu jin イギリス人, eikokujin 英国人

  yeong gu gin 영국인(英國人)

yīng xióng 英雄 [n.]

  eiyū 英雄

  yeong ung 영웅(英雄)

yīng yǔ 英语 (英語) [n.]

  eigo 英語

  yeong eo 영어(英語)

yīng huā 樱花 (櫻花) [n.]

  sakura no ki 桜の木

  beot na mu 벚나무

yíng yè 营业 (營業) [n.]; [v.]

  eigyō 営業; eigyō suru 営業する

  yeong eop 영업(營業); yeong eo pa da 영업(營業)하다

yíng xiǎng 影响 (影響) [n.]

  eikyō 影響

  yeong hyang 영향(影響)

yǐng lóu 影楼 (影樓) [n.]

  shashin satsuei jo 写真撮影所

  sa jin chwa ryeong so 사진촬영소(寫眞撮影所)

yìng dá 应答 (應答) [n.]; [v.]

  ōtō 応答; ōtō suru 応答する

  eung dap 응답(應答); eung da pa da 응답(應答)하다

yìng yòng 应用 (應用) [n.]; [v.]

  ōyō 応用; ōyō suru 応用する

  eung yong 응용(應用); eung yong ha da 응용(應用)하다

yìng dù 硬度 [n.]

  kōdo 硬度, kata sa 硬さ

  gyeong do 경도(硬度), dan dan ham 단단함

yìng huà 硬化 [n.]

  kōka 硬化

  gyoung hwa 경화(硬化)

yōng bào 拥抱 (擁抱) [n.]; [v.]

  hōyō 抱擁; hōyō suru 抱擁する

  po ong 포옹(抱擁); po ong ha da 포옹(抱擁)하다

yōng lù 庸碌 [n.]

  heibon na koto 平凡な事

  pyeong beom han il 평범(平凡)한 일

yóng gǎn 勇敢 [n.]

  yūkan 勇敢

  yong gam 용감(勇敢)

yǒng qì 勇气 (勇氣) [n.]

  yūki 勇気

  yong gi 용기(勇氣)

yǒng shì 勇士 [n.]

  yūshi 勇士

  yong sa 용사(勇士)

yóng yuǎn 永远 (永遠) [n.]

  ei'en 永遠

  yeong won 영원(永遠)

yǒng jiǔ 永久 [n.]

  eikyū 永久

  yeong gu 영구(永久)

yòng fǎ 用法 [n.]

  shiyō hō 使用法

  sa yong ppeop 사용법(使用法)

yòng yǔ 用语 (用語) [n.]

  yōgo 用語

  yong eo 용어(用語)

yōu　忧 (憂)　[n.]; [v.]

　shinpai　心配; shinpai suru　心配する

　geok jjeong　걱정; geok jjeong ha da　걱정하다

yōu yù　忧郁 (憂鬱)　[n.]

　yūutsu　憂鬱

　u ul　우울(憂鬱)

yōu yù zhèng　忧郁症 (憂鬱症)　[n.]

　yūutsu shō　憂鬱症

　u ul jjeung　우울증(憂鬱症)

yōu diǎn　优点 (優點)　[n.]

　chōsho　長所, tsuyomi　強み

　jang jjeom　장점(長點), gang jjeom　강점(强點)

yōu xiù　优秀 (優秀)　[n.]

　yūshū　優秀

　u su　우수(優秀)

yōu yǎ　优雅 (優雅)　[n.]

　yūga　優雅

　u a　우아(優雅)

yōu líng　幽灵 (幽靈)　[n.]

　yūrei　幽靈

　yu ryeong　유령(幽靈)

yóu　油　[n.]

　abura　油

　gi reum　기름

yóu chāi　邮差 (郵差)　[n.]

　yūbin haitatsu nin　郵便配達人

　u pyeon mul jip ppae won　우편물 집배원(郵便物 集配員)

yóu fèi　邮费 (郵費)　[n.]

　sōryō　送料

　u song nyo　우송료(郵送料)

yóu jiàn　邮件 (郵件)　[n.]

　yūbin　郵便, yūbin butsu　郵便物

　u pyeon　우편(郵便), u pyeon mul　우편물(郵便物)

yóu piào　邮票 (郵票)　[n.]

　kitte　切手

　u pyo　우표(郵票)

yóu zhèng biān mǎ　邮政编码 (郵政編碼)　[n.]

　yūbin bangō　郵便番号

　u pyeon beon ho　우편번호(郵便番號)

yóu zhèng jú　邮政局 (郵政局)　[n.]

　yūbin kyoku　郵便局

　u che guk　우체국(郵遞局)

yóu zī　邮资 (郵資)　[n.]

　yūbin ryōkin　郵便料金

　u pyeon yo geum　우편요금(郵便料金)

yóu lái　由来 (由來)　[n.]

　yurai　由来

　yu rae　유래(由來)

yóu tou　由头 (由頭)　[n.]

　kōjitsu　口実

　gu sil　구실(口實)

yóu tài rén　犹太人 (猶太人)　[n.]

　yudaya jin　ユダヤ人

　yu tae in　유태인(猶太人), yu dae in　유대 인(人)

yóu xì　游戏 (遊戲)　[n.]; [v.]

　asobi　遊び; asobu　遊ぶ

　no ri　놀이; nol da　놀다

yóu yǒng　游泳　[n.]; [v.]

　suiei　水泳; oyogu　泳ぐ

　su yeong　수영(水泳); he eom chi da　헤엄치다

yóu yǒng chí　游泳池　[n.]

　suiei jō　水泳場

　su yeong jang　수영장(水泳場)

yóu hǎo　友好　[n.]

　yūkō　友好

　u ho　우호(友好)

yǒu qíng　友情　[n.]

　yūjō　友情

　u jeong　우정(友情)

yǒu jī tǐ　有机体 (有機體)　[n.]

　yūki tai　有機体

　yu gi che　유기체(有機體)

yǒu shēng diàn yǐng　有声电影 (有聲電影)　[n.]

　hassei eiga　発声映画

　bal sseong yeong hwa　발성영화(發聲映畵)

yǒu xiào xìng　有效性　[n.]

　yūkō sei　有効性

　yu hyo sseong　유효성(有效性)

yǒu yī tiān　有一天　[n.]

　ichi nichi　一日

　ha ru　하루

yǒu yòng xìng　有用性　[n.]

　yūyō sei　有用性

　yu yong sseong　유용성(有用性)

yǒu zuì　有罪　[n.]

　yūzai　有罪

　yu joe　유죄(有罪)

yǒu zuì pàn jué　有罪判决　[n.]

　yūzai hanketsu　有罪判決

　yu joe pan gyeol　유죄판결(有罪判決)

yòu cè　右侧 (右側)　[n.]

　migi gawa　右側

　u cheuk　우측(右側)

yòu yì　右翼　[n.]

　u'yoku　右翼

　u ik　우익(右翼)

yòu chóng　幼虫 (幼蟲)　[n.]

　yōchū　幼虫

　yu chung　유충(幼蟲)

yòu zhì　幼稚　[n.]

　yōchi　幼稚

　yu chi　유치(幼稚)

yòu ér　幼儿 (幼兒)　[n.]

　yōji　幼児

　yu a　유아(幼兒)

yòu ěr　诱饵 (誘餌)　[n.]

　esa　餌

　mi kki　미끼

yòu guǎi　诱拐 (誘拐)　[n.]; [v.]

　yūkai　誘拐; yūkai suru　誘拐する

　yu goe　유괴(誘拐); yu goe ha da　유괴(誘拐)하다

yòu huò　诱惑 (誘惑)　[n.]; [v.]

　yūwaku　誘惑; yūwaku suru　誘惑する

　yu hok　유혹(誘惑); yu ho ka da　유혹(誘惑)하다

yú　鱼 (魚)　[n.]

　sakana　魚

　mul kko gi　물고기

yú léi　鱼雷 (魚雷)　[n.]

　gyorai　魚雷

　eo roe　어뢰(魚雷)

yú fū　渔夫 (漁夫)　[n.]

　ryōshi　漁師

　eo bu　어부(漁夫)

yú mín　渔民 (漁民)　[n.]

　gyomin　漁民

　eo min　어민(漁民)

yú yè　渔业 (漁業)　[n.]

　gyogyō　漁業

　eo eop　어업(漁業)

yú chuán　渔船 (漁船)　[n.]

　gyosen　漁船

　eo seon　어선(漁船)

yú chǔn 愚蠢 (愚蠢) [n.]

  oroka sa 愚かさ

  eo ri seo geum 어리석음

yú mèi 愚昧 [n.]

  gumai 愚昧

  u mae 우매(愚昧)

yú dì 余地 (餘地) [n.]

  yochi 余地

  yeo ji 여지(餘地)

yú xiá 余暇 (餘暇) [n.]

  yoka 余暇

  yeo ga 여가(餘暇)

yú lè 娱乐 (娛樂) [n.]

  goraku 娯楽

  o rak 오락(娛樂)

yú tú 舆图 (輿圖) [n.]

  chizu chō 地図帳

  ji do chaek 지도책(地圖冊)

yǔ 雨 [n.]

  ame 雨

  bi 비

yǔ dī 雨滴 (雨滴) [n.]

  amatsubu 雨粒

  bit ppang ul 빗방울

yǔ yī 雨衣 [n.]

  amagi 雨着

  u i 우의(雨衣)

yǔ diào 语调 (語調) [n.]

  gochō 語調

  eo jo 어조(語調)

yǔ yán 语言 (言語) [n.]

  gengo 言語

  eo neo 언어(言語)

yǔ huì 语汇 (語彙) [n.]

  goi 語彙

  eo hwi 어휘(語彙)

yǔ háng yuán 宇航员 (宇航員) [n.]

  uchū hikōshi 宇宙飛行士

  u ju bi haeng sa 우주비행사(宇宙飛行士)

yǔ zhòu 宇宙 [n.]

  uchū 宇宙

  u ju 우주(宇宙)

yǔ zhòu fēi chuán 宇宙飞船 (宇宙飛船) [n.]

  uchūsen 宇宙船

  u ju seon 우주선(宇宙船)

yù bào 预报 (預報) [n.]

  yohō 予報

  ye bo 예보(豫報)

yù bèi 预备 (預備) [n.]; [v.]

  yobi 予備; **yobi suru** 予備する

  ye bi 예비(豫備); **ye bi ha da** 예비(豫備)하다

yù cè 预测 (預測) [n.]; [v.]

  yosoku 予測; **yosoku suru** 予測する

  ye cheuk 예측(豫測); **ye cheu ka da** 예측(豫測)하다

yù fáng 预防 (預防) [n.]; [v.]

  yobō 予防; **yobō suru** 予防する

  ye bang 예방(豫防); **ye bang ha da** 예방(豫防)하다

yù fáng duì cè 预防对策 (預防對策) [n.]

  yobō taisaku 予防対策

  ye bang chaek 예방대책(豫防對策)

yù suàn 预算 (預算) [n.]

  yosan 予算

  ye san 예산(豫算)

yù xiǎng 预想 (預想) [n.]; [v.]

  yosō 予想; **yosō suru** 予想する

  ye sang 예상(豫想); **ye sang ha da** 예상(豫想)하다

yù yán 预言（預言） [n.]; [v.]

yogen 予言; yogen suru 予言する

ye eon 예언(豫言); ye eon ha da 예언(豫言)하다

yù yán zhě 预言者（預言者） [n.]

yogen sha 予言者

ye eon ja 예언자(豫言者)

yù yuē 预约（預約） [n.]

yoyaku 予約

ye yak 예약(豫約)

yù huì zhě 与会者（與會者） [n.]

shusseki sha 出席者

chul sseok jja 출석자(出席者)

yù mǐ 玉米 [n.]

tōmorokoshi トウモロコシ

ok ssu su 옥수수

yù nàn chuán 遇难船（遇難船） [n.]

nanpa sen 難破船

nan pa seon 난파선(難破船)

yù pén 浴盆 [n.]

yokusō 浴槽

yok jjo 욕조(浴槽)

yù shì 浴室 [n.]

yokushitsu 浴室

yok ssil 욕실(浴室)

yù wàng 欲望（慾望） [n.]

yokubō 欲望

yok mang 욕망(慾望)

yù yán 寓言 [n.]

gūwa 寓話

u hwa 우화(寓話)

yuán 圆（圓） [n.]

en 円

won 원(圓)

yuán hú 圆弧（圓弧） [n.]

enko 円弧

won ho 원호(圓弧)

yuán zhù 圆柱（圓柱） [n.]

enchū 円柱

won ju 원주(圓柱)

yuán 缘（緣） [n.]

fuchi 縁

te 테

yuán dàn 元旦 [n.]

gantan 元旦

seol nal 설날

yuán qì 元气（元氣） [n.]

genki 元気

won gi 원기(元氣)

yuán sù 元素 [n.]

genso 元素

won so 원소(元素)

yuán gǎo 原稿 [n.]

genkō 原稿

won go 원고(原稿)

yuán lǐ 原理 [n.]

genri 原理

wol ri 원리(原理)

yuán liào 原料 [n.]

genryō 原料

wol ryo 원료(原料)

yuán wù 原物 [n.]

genbutsu 原物

won mul 원물(原物)

yuán xíng 原形 [n.]

genkei 原形

won hyeong 원형(原形)

yuán xíng 原型 [n.]

genkei 原型

won hyeong 원형(原型)

yuán yīn 原因 [n.]

gen'in 原因

wo nin 원인(原因)

yuán zé 原则 (原則) [n.]

gensoku 原則

won chik 원칙(原則)

yuán zǐ 原子 [n.]

genshi 原子

won ja 원자(原子)

yuán zǐ dàn 原子弹 (原子彈) [n.]

genshi bakudan 原子爆弾

won ja pok tan 원자폭탄(原子爆彈)

yuán quán 源泉 [n.]

gensen 源泉

won cheon 원천(源泉)

yuán yì 园艺 (園藝) [n.]

engei 園芸

wo nye 원예(園藝)

yuán yì shī 园艺师 (園藝師) [n.]

niwashi 庭師

jeong won sa 정원사(庭園師)

yuán zhù 援助 [n.]; [v.]

enjo 援助; enjo suru 援助する

won jo 원조(援助); won jo ha da 원조(援助)하다

yuàn zhēng 远征 (遠征) [n.]

ensei 遠征

won jeong 원정(遠征)

yuǎn zú 远足 (遠足) [n.]

ensoku 遠足

so pung 소풍(逍風)

yuàn 愿 (願) [n.]; [v.]

negai 願い; negau 願う

so mang 소망(所望); won ha da 원하다

yuàn hèn 怨恨 [n.]

enkon 怨恨, urami 恨み

won han 원한(怨恨)

yuàn zhǎng 院长 (院長) [n.]

gaku chō 学長

hak jjang 학장(學長)

yuē shù 约束 (約束) [n.]; [v.]

yakusoku 約束; yakusoku suru 約束する

yak ssok 약속(約束); yak sso ka da 약속(約束)하다

yuè 月 [n.]

tsuki 月

dal 달

yuè guāng 月光 [n.]

gekkō 月光

wol gwang 월광(月光)

yuè guì shù 月桂树 (月桂樹) [n.]

gekkeiju 月桂樹

wol ge su 월계수(月桂樹)

yuè kān 月刊 [n.]

gekkan 月刊

wol gan 월간(月刊)

yuè bīng 阅兵 (閱兵) [n.]; [v.]

eppei 閱兵; eppei suru 閱兵する

yeol byeong 열병(閱兵);yeol byeong ha da 열병(閱兵)하다

yuè qì 乐器 (樂器) [n.]

gakki 楽器

ak kki 악기(樂器)

yuè pǔ 乐谱 (樂譜) [n.]

gakufu 楽譜

ak bbo 악보(樂譜)

yún 云 (雲) [n.]

 kumo 雲

 gu reum 구름

yǔn shí 陨石 (隕石) [n.]

 inseki 隕石

 un seok 운석(隕石)

yùn 运 (運) [n.]

 un 運

 un 운(運)

yùn dòng 运动 (運動) [n.]; [v.]

 undō 運動; undō suru 運動する

 un dong 운동(運動); un dong ha da 운동(運動)하다

yùn dòng chǎng 运动场 (運動場) [n.]

 undō jō 運動場

 un dong jang 운동장(運動場)

yùn dòng jiā 运动家 (運動家) [n.]

 undō ka 運動家

 un dong ga 운동가(運動家)

yùn dòng jiā jīng shén 运动家精神 (運動家精神)[n.]

 undō ka seishin 運動家精神

 un dong ga jeong sin 운동가정신(運動家精神)

yùn dòng jìng jì 运动竞技 (運動競技) [n.]

 undō kyōgi 運動競技

 un dong gyeong gi 운동경기(運動競技)

yùn fèi 运费 (運費) [n.]

 unchin 運賃

 u nim 운임(運賃)

yùn hé 运河 (運河) [n.]

 unga 運河

 un ha 운하(運河)

yùn mìng 运命 (運命) [n.]

 unmei 運命

 un myeong 운명(運命)

yùn shū 运输 (運輸) [n.]

 un'yu 運輸

 un su 운수(運輸)

yùn shū gōng sī 运输公司 (運輸公司) [n.]

 un'yu kaisha 運輸会社

 un su hoe sa 운수회사(運輸會社)

yùn zhuǎn 运转 (運轉) [n.]; [v.]

 unten 運転; unten suru 運転する

 un jeon 운전(運轉); un jeon ha da 운전(運轉)하다

yùn wén 韵文 (韻文) [n.]

 inbun 韻文

 un mun 운문(韻文)

yùn lǜ 韵律 (韻律) [n.]

 inritsu 韻律

 un ryul 운율(韻律)

Z

zá cǎo 杂草 (雜草) [n.]

 zassō 雑草

 jap cho 잡초(雜草)

zá huò 杂货 (雜貨) [n.]

 zakka rui 雑貨類

 nyo ja pwa ryu 잡화류(雜貨類)

zá huò diàn 杂货店 (雜貨店) [n.]

 zakka ten 雑貨店

 ja pwa jeom 잡화점(雜貨店)

zá huò shāng 杂货商 (雜貨商) [n.]

 zakka shō 雑貨商

 ja pwa sang 잡화상(雜貨商)

zá yì 杂役 (雜役) [n.]

 tsukai 使い

 sim bu reum 심부름

192

zá yīn 杂音 (雜音) [n.]

zatsuon 雑音

ja beum 잡음(雜音)

zá zhì 杂志 (雜誌) [n.]

zasshi 雑誌

jap jji 잡지(雜誌)

zāi hài 灾害 (災害) [n.]

saigai 災害

jae hae 재해(災害)

zāi nàn 灾难 (災難) [n.]

sainan 災難

jae nan 재난(災難)

zài jiàn 再建 [n.]

saiken 再建

jae geon 재건(再建)

zài sheng 再生 [n.]

saisei 再生

jae saeng 재생(再生)

zài jiàn 再见 (再見) [n.]

sayonra さよなら

an nyeong hi ga se yo (ge se yo) 안녕히 가세요 (계세요)

zài wèi 在位 [n.]

zai'i 在位

jae wi 재위(在位)

zài yé dǎng 在野党 (在野黨) [n.]

yatō 野党

ya dang 야당(野黨)

zàn chéng 赞成 (贊成) [n.]; [v.]

sansei 贊成; sansei suru 贊成する

chan seong 찬성(贊成);chan seong ha da 찬성(贊成)하다

zàn měi shī jí 赞美诗集 (贊美詩集) [n.]

sanbika shū 贊美歌集

chan song ga jip 찬송가집(讚頌歌集)

zāng 赃 (臟) [n.]

ryaku datsu hin 略奪品

yak tal pum 약탈품(掠奪品)

zàng lǐ 葬礼 (葬禮) [n.]

sōshiki 葬式

jang nye 장례(葬禮)

zàng yí 葬仪 (葬儀) [n.]

sōgi 葬儀

jang eui 장의(葬儀)

zǎo fàn 早饭 (早飯) [n.]

chōshoku 朝食

jo ban 조반(早飯)

zào yīn 噪音 [n.]

sōon 騒音

so eum 소음(騷音)

zé rèn 责任 (責任) [n.]

sekinin 責任

chae gim 책임(責任)

zēng jiā 增加 [n.]; [v.]

zōka 增加; zōka suru 增加する

jeung ga 증가(增加); jeung ga ha da 증가(增加)하다

zēng qiáng 增强 (增強) [n.]; [v.]

zōkyō 增強; zōkyō suru 增強する

jeung gang 증강(增強); jeung gang ha da 증강(增強)하다

zēng wù 憎恶 (憎惡) [n.]; [v.]

zō'o 憎悪; nikumu 憎む

jeung o 증오(憎惡); jeung o ha da 증오(憎惡)하다

zèng pǐn 赠品 (贈品) [n.]

keihin 景品

gyeong pum 경품(景品)

zèng yǔ 赠与 (贈與) [n.]; [v.]

zōyo 贈与; zōyo suru 贈与する

jeung yeo 증여(贈與); jeung yeo ha da 증여(贈與)하다

zhā 喳 [n.]

　saezuri goe さえずり声

　jjaek jjaek so ri 짹짹 소리

zhà dàn 炸弹 (炸彈) [n.]

　bakudan 爆弾

　pok tan 폭탄(爆彈)

zhāi yào 摘要 [n.]

　tekiyō 摘要

　jeok yo 적요(摘要)

zhài quàn 债券 (債券) [n.]

　saiken 債券

　chae kkwon 채권(債券)

zhài quán 债权 (債權) [n.]

　saiken 債権

　chae kkwon 채권(債權)

zhài quán rén 债权人 (債權人) [n.]

　saiken sha 債権者

　chae kkwon ja 채권자(債權者)

zhān tiē 粘贴 (粘貼) [n.]

　nori 糊

　pul 풀

zhǎn lǎn 展览 (展覽) [n.]

　tenran 展覧

　jeol ram 전람(展覽)

zhán lǎn guǎn 展览馆 (展覽館) [n.]

　tenji kan 展示館

　jeon si gwan 전시관(展示館)

zhán lǎn huì 展览会 (展覽會) [n.]

　tenran kai 展覧会

　jeol ram hoe 전람회(展覽會)

zhán pǐn 展品 [n.]

　tenji hin 展示品

　jeon si pum 전시품(展示品)

zhǎn shì 展示 [n.]; [v.]

　tenji 展示; tenji suru 展示する

　jeon si 전시(展示); jeon si ha da 전시(展示)하다

zhǎn shì jià 展示架 [n.]

　kazari dana 飾り棚

　jang sik jjang 장식장(裝飾欌)

zhǎn wàng 展望 [n.]; [v.]

　tenbō 展望; tenbō suru 展望する

　jeon mang 전망(展望); jeon mang ha da 전망(展望)하다

zhàn 站 [n.]

　eki 駅

　yeok 역(驛)

zhàn dòu 战斗 (戰鬥) [n.]

　sentō 戦闘

　jeon tu 전투(戰鬪)

zhàn dòu jī 战斗机 (戰鬥機) [n.]

　sentō ki 戦闘機

　jeon tu gi 전투기(戰鬪機)

zhàn lì 战栗 (戰慄) [n.]

　senritsu 戦慄

　jeo nyul 전율(戰慄)

zhàn lì pǐn 战利品 (戰利品) [n.]

　senri hin 戦利品

　jeol ri pum 전리품(戰利品)

zhàn shì 战士 (戰士) [n.]

　senshi 戦士

　jeon sa 전사(戰士)

zhàn zhēng 战争 (戰爭) [n.]

　sensō 戦争

　jeon jaeng 전쟁(戰爭)

zhàn lǐng 占领 (佔領) [n.]; [v.]

　senryō 占領; senryō suru 占領する

　jeom nyeong 점령(占領); jeom nyeong ha da 점령(占領)하다

zhàn yǒu 占有 (佔有) [n.]; [v.]

　sen'yū 占有; **sen'yū suru** 占有する

　jeo myu 점유(占有); **jeo myu ha da** 점유(占有)하다

zhāng 章 [n.]

　shō 章

　jang 장(章)

zhāng lì 张力 (張力) [n.]

　hippari 引っ張り

　jang ryeok 장력(張力)

zhǎng guān 长官 (**長**官) [n.]

　chōkan 長官

　jang gwan 장관(長官)

zhàng 杖 [n.]

　tsue 杖

　ji pang i 지팡이

zhàng ài wù 障碍物 (障礙物) [n.]

　shōgai butsu 障害物

　jang ae mul 장애물(障碍物)

zhàng dān 账单 (**賬單**) [n.]

　seikyū sho 請求書

　cheong gu seo 청구서(請求書)

zhàng hù 账户 (賬戶) [n.]

　kōza 口座

　ge jwa 계좌(計座)

zhàng fū 丈夫 [n.]

　otto 夫

　nam pyeon 남편(男便)

zhàng rén 丈人 [n.]

　gifu 義父

　jang in 장인(丈人)

zhàng mǔ 丈母 [n.]

　gibo 義母

　jang mo 장모(丈母)

zhāo 朝 [n.]

　asa 朝

　a chim 아침

zhāo dài 招待 [n.]; [v.]

　shōtai 招待; **shōtai suru** 招待する

　cho dae 초대(招待); **cho dae ha da** 초대(招待)하다

zhāo pìn 招聘 [n.]; [v.]

　shōhei 招聘; **shōhei suru** 招聘する

　cho bing 초빙(招聘); **cho bing ha da** 초빙(招聘)하다

zhāo pái 招牌 [n.]

　kanban 看板

　gan pan 간판(看板)

zhǎo 沼 [n.]

　numa 沼

　neup 늪

zhào gu 照顾 (照顧) [n.]; [v.]

　hairyo 配慮; **hairyo suru** 配慮する

　bae ryeo 배려(配慮); **bae ryeo ha da** 배려(配慮)하다

zhào huì 照会 (照會) [n.]

　shōkai 照会

　jo hoe 조회(照會)

zhào míng 照明 [n.]

　shōmei 照明

　jo myeong 조명(照明)

zhào huàn 召唤 [n.]; [v.]

　shōkan 召喚; **shōkan suru** 召喚する

　so hwan 소환(召喚); **so hwan ha da** 소환(召喚)하다

zhào jí 召集 [n.]; [v.]

　shōshū 招集; **shōshū suru** 招集する

　so jip 소집(召集); **so ji pa da** 소집(召集)하다

zhē bì 遮蔽 [n.]; [v.]

　inpei 隠蔽; **inpei suru** 隠蔽する

　eun pe 은폐(隱蔽); **eun pe ha da** 은폐(隱蔽)하다

zhē duàn　遮断 (遮斷)　[n.]; [v.]

　shadan　遮断; shadan suru　遮断する

　cha dan　차단(遮斷); cha dan ha da　차단(遮斷)하다

zhé xué　哲学 (哲學)　[n.]

　tetsugaku　哲学

　cheol hak　철학(哲學)

zhé xué jiā　哲学家 (哲學家)　[n.]

　tetsugaku sha　哲学者

　cheol hak jja　철학자(哲學者)

zhé bàn　折半　[n.]

　hanbun　半分

　jeol ban　절반(折半)

zhè gū　鷓鴣 (鷓鴣)　[n.]

　yama uzura　やまうずら

　bansi　반시

zhēn　针 (針)　[n.]

　hari　針

　ba neul　바늘

zhēn chá　侦察 (偵察)　[n.]; [v.]

　teisatsu　偵察; teisatsu suru　偵察する

　jeong chal　정찰(偵察); jeong chal ha da　정찰(偵察)하다

zhēn tàn　侦探 (偵探)　[n.]; [v.]

　tantei　探偵; sagashi dasu　探し出す

　tam jeong　탐정(探偵); cha ja nae da　찾아내다

zhēn dì　真谛 (真諦)　[n.]

　yōtei　要諦

　yo che　요체(要諦)

zhēn kōng　真空　[n.]

　shinkū　真空

　jin gong　진공(眞空)

zhēn lǐ　真理　[n.]

　shinri　真理

　jil ri　진리(眞理)

zhēn shí　真实 (真實)　[n.]

　shinjitsu　真実

　jin sil　진실(眞實)

zhēn zhū　真珠　[n.]

　shinju　真珠

　jin ju　진주(眞珠)

zhēn zhuó　斟酌　[n.]; [v.]

　suiryō　推量; suiryō suru　推量する

　jim jak　짐작(斟酌); jim ja ka da　짐작(斟酌)하다

zhěn　枕　[n.]

　makura　枕

　be gae　베개

zhèn dòng　振动 (振動)　[n.]

　shindō　振動

　jin dong　진동(振動)

zhèn zuò　振作　[n.]

　shinsaku　振作

　jin jak　진작(振作)

zhèn yǔ　阵雨 (陣雨)　[n.]

　niwaka ame　にわか雨

　so na gi　소나기

zhèn dì　阵地 (陣地)　[n.]

　jinchi　陣地

　jin ji　진지(陣地)

zhēng diǎn　争点 (爭點)　[n.]

　sōten　争点

　jaeng jjeom　쟁점(爭點)

zhēng lùn　争论 (爭論)　[n.]

　ronsō　論争

　non jaeng　논쟁(論爭)

zhēng fú　征服　[n.]; [v.]

　seifuku　征服; seifuku suru　征服する

　jeong bok　정복(征服); jeong bo ka da　정복(征服)하다

zhēng fú zhě　征服者　[n.]

　seifuku sha　征服者

　jeong bok jja　정복자(征服者)

zhēng hòu　征候 (徵候)　[n.]

　chōkō　兆候

　jing hu　징후(徵候)

zhēng qì　蒸汽　[n.]

　jōki　蒸気

　jeung gi　증기(蒸氣)

zhēng qì jī　蒸汽机 (蒸汽機)　[n.]

　jōki kikan　蒸気機関

　jeung gi gi gwan　증기기관(蒸氣機關)

zhěng dùn　整顿 (整頓)　[n.]; [v.]

　seiton　整頓; seiton suru　整頓する

　jeong don　정돈(整頓); jeong don ha da　정돈(整頓)하다

zhéng lǐ　整理　[n.]; [v.]

　seiri　整理; seiri suru　整理する

　jeong ni　정리(整理); jeong ni ha da　정리(整理)하다

zhèng cān　正餐　[n.]

　seisan　正餐

　jeong chan　정찬(正餐)

zhèng fāng xíng　正方形　[n.]

　seihōkei　正方形

　jeong bang hyeong　정방형(正方形)

zhèng què　正确 (正確)　[n.]

　seikaku　正確

　jeong hwak　정확(正確)

zhèng què xìng　正确性 (正確性)　[n.]

　seikaku sei　正確性

　jeong hwak sseong　정확성(正確性)

zhèng wǔ　正午　[n.]

　shōgo　正午

　jeong o　정오(正午)

zhèng yì　正义 (正義)　[n.]

　seigi　正義

　jeong i　정의(正義)

zhèng zhí　正直　[n.]

　shōjiki　正直

　jeong jik　정직(正直)

zhèng cè　政策　[n.]

　seisaku　政策

　jeong chaek　정책(政策)

zhèng dǎng　政党 (政黨)　[n.]

　seitō　政党

　jeong dang　정당(政黨)

zhèng fǔ　政府　[n.]

　seifu　政府

　jeong bu　정부(政府)

zhèng zhì　政治　[n.]

　seiji　政治

　jeong chi　정치(政治)

zhèng zhì jiā　政治家　[n.]

　seiji ka　政治家

　jeong chi ga　정치가(政治家)

zhèng zhì xué　政治学 (政治學)　[n.]

　seiji gaku　政治学

　jeong chi hak　정치학(政治學)

zhèng jù　证据 (證據)　[n.]

　shōko　証拠

　jeung geo　증거(證據)

zhèng míng　证明 (證明)　[n.]; [v.]

　shōmei　証明; shōmei suru　証明する

　jeung myeong　증명(證明);jeung myeong hada　증명(證明)하다

zhèng míng shū　证明书 (證明書)　[n.]

　shōmei sho　証明書

　jeung myeong seo　증명서(證明書)

zhèng rén　证人（證人）［n.］

　shōnin　証人

　jeung in　증인(證人)

zhèng shū　证书（證書）［n.］

　shōsho　証書

　jeung seo　증서(證書)

zhèng yán　证言（證言）［n.］

　shōgen　証言

　jeung eon　증언(證言)

zhèng zhuàng　症状（症狀）［n.］

　shōjō　症状

　jeung sang　증상(症狀)

zhèng hòu qún　症候群［n.］

　shōkōgun　症候群

　jeung hu gun　증후군(症候群)

zhī　汁［n.］

　shiru　汁

　jeup　즙(汁)

zhī bù　支部［n.］

　shibu　支部

　ji bu　지부(支部)

zhī chí　支持［n.］；［v.］

　shiji　支持; shiji suru　支持する

　ji ji　지지(支持); ji ji ha da　지지(支持)하다

zhī chí zhě　支持者［n.］

　shiji sha　支持者

　ji ji ja　지지자(支持者)

zhī chū　支出［n.］；［v.］

　shishutsu　支出; shishutsu suru　支出する

　ji chul　지출(支出); ji chul ha da　지출(支出)하다

zhī diàn　支店［n.］

　shiten　支店

　ji jeom　지점(支店)

zhī fù　支付［n.］；［v.］

　shiharai　支払い; shiharau　支払う

　ji bul　지불(支拂); ji bul ha da　지불(支拂)하다

zhī liú　支流［n.］

　shiryū　支流

　ji ryu　지류(支流)

zhī pèi　支配［n.］；［v.］

　shihai　支配; shihai suru　支配する

　ji bae　지배(支配); ji bae ha da　지배(支配)하다

zhī pèi zhě　支配者［n.］

　shihai sha　支配者

　ji bae ja　지배자(支配者)

zhī piào　支票［n.］

　kogitte　小切手

　su pyo　수표(手票)

zhī zhù　支柱［n.］

　shichū　支柱

　ji ju　지주(支柱)

zhī fáng　脂肪［n.］

　shibō　脂肪

　ji bang　지방(脂肪)

zhī jī　织机（織機）［n.］

　shokki　織機

　be teul　베틀

zhī wù　织物（織物）［n.］

　orimono　織物

　jik mul　직물(織物)

zhī shi　知识（知識）［n.］

　chishiki　知識

　ji sik　지식(知識)

zhī shi fèn zǐ　知识分子（知識分子）［n.］

　chishiki jin　知識人

　ji si gin　지식인(知識人)

198

zhī xìng 知性 [n.]

  chisei 知性

  ji seong 지성(知性)

zhī zhū 蜘蛛 [n.]

  kumo クモ

  geo mi 거미

zhí bǐ 执笔 (**執**筆) [n.]; [v.]

  shippitsu 執筆; **shippitsu suru** 執筆する

  jip pil 집필(執筆); **jip pil ha da** 집필(執筆)하다

zhí niàn 执念 (**執**念) [n.]

  shūnen 執念

  jip nyeom 집념(執念)

zhí xíng 执行 (執行) [n.]; [v.]

  shikkō 執行; **shikkō suru** 執行する

  ji paeng 집행(執行); **ji paeng ha da** 집행(執行)하다

zhí zhào 执照 (執照) [n.]

  menkyo 免許

  myeon heo 면허(免許)

zhí jiǎo 直角 [n.]

  chokkaku 直角

  jik kkak 직각(直角)

zhí jìng 直径 (直徑) [n.]

  chokkei 直径

  jik kkyeong 직경(直徑)

zhí lì 直立 [n.]

  choku ritsu 直立

  jik nip 직립(直立)

zhí mín dì 殖民地 [n.]

  shokumin chi 植民地

  sik min ji 식민지(植民地)

zhí nǚ 侄女 (**姪**女) [n.]

  mei 姪

  jil nyeo 질녀(姪女), **jo ka ttal** 조카딸

zhí zi 侄子 (姪子) [n.]

  oi 甥

  jo ka 조카

zhí wù 植物 [n.]

  shoku butsu 植物

  sik mul 식물(植物)

zhí wù xué 植物学 (植物學) [n.]

  shokubutsu gaku 植物学

  sik mul hak 식물학(植物學)

zhí wù 职务 (**職**務) [n.]

  shokumu 職務

  jik mu 직무(職務)

zhí xián 职衔 (職衔) [n.]

  katagaki 肩書き

  ji kam 직함(職衔)

zhí yè 职业 (職業) [n.]

  shokugyō 職業

  ji geop 직업(職業)

zhí yuán 职员 (職員) [n.]

  shokuin 職員

  ji gwon 직원(職員)

zhǐ 纸 (紙) [n.]

  kami 紙

  jong i 종이

zhǐ bì 纸币 (紙幣) [n.]

  shihei 紙幣

  ji pe 지폐(紙幣)

zhǐ biāo 指标 (指標) [n.]

  shihyō 指標

  ji pyo 지표(指標)

zhǐ dǎo 指导 (指導) [n.]; [v.]

  shidō 指導; **shidō suru** 指導する

  ji do 지도(指導); **ji do ha da** 지도(指導)하다

zhǐ dǎo shǒu cè 指导手册 (指導手冊) [n.]

  ryokō an'nai sho 旅行案内書

  yeo haeng an nae seo 여행안내서(旅行案內書)

zhǐ dǎo zhě 指导者 (指導者) [n.]

  shidō sha 指導者

  ji do ja 지도자(指導者)

zhǐ dìng 指定 [n.]; [v.]

  shitei 指定; shitei suru 指定する

  ji jeong 지정(指定); ji jeong ha da 지정(指定)하다

zhǐ huī 指挥 (指揮) [n.]; [v.]

  shiki 指揮; shiki suru 指揮する

  ji hwi 지휘(指揮); ji hwi ha da 지휘(指揮)하다

zhǐ huī guān 指挥官 (指揮官) [n.]

  shiki kan 指揮官

  ji hwi gwan 지휘관(指揮官)

zhǐ huī quán 指挥权 (指揮權) [n.]

  shiki ken 指揮権

  ji hwi kkwon 지휘권(指揮權)

zhǐ jia 指甲 [n.]

  te no tsume 手の爪

  son top 손톱

zhǐ nán 指南 [n.]; [v.]

  an'nai 案内; an'nai suru 案内する

  an nae 안내(案內); an nae ha da 안내(案內)하다

zhǐ shì 指示 [n.]; [v.]

  shiji 指示; shiji suru 指示する

  ji si 지시(指示); ji si ha da 지시(指示)하다

zhǐ shù 指数 (指數) [n.]

  shisū 指数

  ji su 지수(指數)

zhǐ zhēn 指针 (指針) [n.]

  shishin 指針

  ji chim 지침(指針)

zhǐ huī zhě 指挥者 (指揮者) [n.]

  shiki sha 指揮者

  ji hwi ja 지휘자(指揮者)

zhì 质 (質) [n.]

  shitsu 質

  jil 질(質)

zhì sù 质素 (質素) [n.]

  shisso 質素

  geom so 검소(儉素)

zhì wèn 质问 (質問) [n.]; [v.]

  shitsumon 質問; shitsumon suru 質問する

  jil mun 질문(質問); jil mun ha da 질문(質問)하다

zhì cái 制裁 [n.]; [v.]

  seisai 制裁; seisai suru 制裁する

  je jae 제재(制裁); je jae ha da 제재(制裁)하다

zhì dù 制度 [n.]

  seido 制度

  je do 제도(制度)

zhì fú 制服 [n.]

  seifuku 制服

  je bok 제복(制服)

zhì zhǐ 制止 [n.]; [v.]

  seishi 制止; seishi suru 制止する

  je ji 제지(制止); je ji ha da 제지(制止)하다

zhì huì 智慧 [n.]

  chie 知恵

  ji he 지혜(智慧)

zhì liáo 治疗 (治療) [n.]; [v.]

  chiryō 治療; chiryō suru 治療する

  chi ryo 치료(治療); chi ryo ha da 치료(治療)하다

zhì yù 治愈 (治癒) [n.]; [v.]

  chiyu 治癒; chiyu suru 治癒する

  chi yu 치유(治癒); chi yu ha da 치유(治癒)하다

zhì liú 滞留 [n.]; [v.]

  tairyū 滞留; **tairyū suro** 滞留する

  che ryu 체류(滯留); **che ryu ha da** 체류(滯留)하다

zhì nà 滞纳 (滯納) [n.]; [v.]

  tainō 滯納; **tainō suro** 滯納する

  che nap 체납(滯納); **che na pa da** 체납(滯納)하다

zhì pǐn 制品 (製品) [n.]

  seihin 製品

  je pum 제품(製品)

zhì zào 制造 (製造) [n.]; [v.]

  seizō 製造; **seizō suru** 製造する

  je jo 제조(製造); **je jo ha da** 제조(製造)하다

zhì zào yè zhě 制造业者 (製造業者) [n.]

  seizō gyōsha 製造業者

  je jo eop jja 제조업자(製造業者)

zhì zuò zhě 制作者 (製作者) [n.]

  seisaku sha 製作者

  je jak jja 제작자(製作者)

zhì xí 窒息 [n.]; [v.]

  chissoku 窒息; **chissoku saseru** 窒息させる

  jil ssik 질식(窒息); **jil ssik si ki da** 질식(窒息)시키다

zhì yuàn 志愿 (志願) [n.]

  shigan 志願

  ji won 지원(志願)

zhì yuàn zhě 志愿者 (志願者) [n.]

  shigan sha 志願者

  ji won ja 지원자(志願者)

zhōng 钟 (鐘) [n.]

  kane 鐘

  jong 종(鐘)

zhōng shēng 钟声 (鐘聲) [n.]

  kane no ne 鐘の音

  jong sso ri 종(鐘)소리

zhōng chéng 忠诚 (忠誠) [n.]

  chūsei 忠誠

  chung seong 충성(忠誠)

zhōng gào 忠告 [n.]; [v.]

  chūkoku 忠告; **chūkoku suru** 忠告する

  chung go 충고(忠告); **chung go ha da** 충고(忠告)하다

zhōng gào zhě 忠告者 [n.]

  chūkoku sha 忠告者

  chung go ja 충고자(忠告者)

zhōng duàn 中断 (中斷) [n.]; [v.]

  chūdan 中断; **chūdan suru** 中断する

  jung dan 중단(中斷); **jung dan ha da** 중단(中斷)하다

zhōng guó 中国 (中國) [n.]

  chūgoku 中国

  jung guk 중국(中國)

zhōng guó rén 中国人 (中國人) [n.]

  chūgoku jin 中国人

  jung gu gin 중국인(中國人)

zhōng jiān 中间 (中間) [n.]

  chūkan 中間, **man'naka** 真ん中

  jung gan 중간(中間), **han ga un de** 한가운데

zhōng lì 中立 [n.]

  chūritsu 中立

  jung nip 중립(中立)

zhōng lì guó 中立国 (中立國) [n.]

  chūritsu koku 中立国

  jung nip kkuk 중립국(中立國)

zhōng wǔ 中午 [n.]

  mahiru 真昼

  han nat 한낮

zhōng xīn 中心 [n.]

  chūshin 中心

  jung sim 중심(中心)

zhōng yāng　中央　[n.]

　chūō　中央

　jung ang　중앙(中央)

zhōng jié　终结（終結）　[n.]; [v.]

　shūketsu　終結; shūketsu suru　終結する

　jong gyeol　종결(終結); jong gyeol ha da　종결(終結)하다

zhōng shēn　终身（終身）　[n.]

　shūshin　終身

　jong sin　종신(終身)

zhǒng lèi　种类（種類）　[n.]

　shurui　種類

　jong ryu　종류(種類)

zhòng zhí yuán　种植园（種植園）　[n.]

　saibai chi　栽培地

　jae bae ji　재배지(栽培地)

zhǒng zǐ　种子（種子）　[n.]

　tane　種

　jong ja　종자(種子)

zhǒng zú　种族（種族）　[n.]

　shuzoku　種族

　jong jok　종족(種族)

zhòng lì　重力　[n.]

　jūryoku　重力

　jung nyeok　중력(重力)

zhòng liàng　重量　[n.]

　jūryō　重量

　jung nyang　중량(重量)

zhòng yào　重要　[n.]

　jūyō　重要

　jung yo　중요(重要)

zhòng yào xìng　重要性　[n.]

　jūyō sei　重要性

　jung yo sseong　중요성(重要性)

zhòng yīn　重音　[n.]

　kyōsei　強勢

　gang se　강세(強勢)

zhōu　粥　[n.]

　kayu　粥

　juk　죽(粥)

zhōu　州　[n.]

　shū　州

　ju　주(州)

zhōu zhī shì　州知事　[n.]

　shū chiji　州知事

　ju ji sa　주지사(州知事)

zhōu　周（週）　[n.]

　shū　週

　ju　주(週)

zhōu kān　周刊（週刊）　[n.]

　shūkan　週刊

　ju gan　주간(週刊)

zhōu mò　周末（週末）　[n.]

　shūmatsu　週末

　ju mal　주말(週末)

zhōu zhī　周知（週知）　[n.]

　shūchi　周知

　ju ji　주지(周知)

zhōu biān　周边（周邊）　[n.]

　shūhen　周辺

　ju byeon　주변(周邊)

zhōu wéi　周围（周圍）　[n.]

　shū'i　周囲

　ju wi　주위(周圍)

zhōu wéi huán jìng　周围环境（周圍環境）　[n.]

　mawari no kankyō　周りの環境

　ju wi hwan kyeong　주위환경(周圍環境)

zhǒu 肘 [n.]

  hiji 肘

  pal kkum chi 팔꿈치

zhòu méi 皱眉（皺眉）[n.]

  shikameta kao しかめた顔

  jjing geu rin eol gul 찡그린 얼굴

zhòu wén 皱纹（皺紋）[n.]

  shiwa しわ

  ju reum 주름

zhòu wén de pí fū 皱纹的皮肤（皺紋的皮膚）[n.]

  hada no shiwa 肌のしわ

  pi bu ju reum 피부(皮膚)주름

zhòu yǔ 咒语（咒語）[n.]

  jumon 呪文

  ju mun 주문(呪文)

zhū bǎo 珠宝（珠寶）[n.]

  hōseki rui 宝石類

  bo seok nyu 보석류(寶石類)

zhú 竹 [n.]

  take 竹

  dae na mu 대나무

zhǔ chí rén 主持人 [n.]

  shikai sha 司会者

  sa hoe ja 사회자(司會者)

zhú dǎo 主导（主導）[n.]; [v.]

  shudō 主導; **shudō suru** 主導する

  ju do 주도(主導); **ju do ha da** 주도(主導)하다

zhǔ fù 主妇（主婦）[n.]

  shufu 主婦

  ju bu 주부(主婦)

zhǔ jiào 主教 [n.]

  shikyō 司教

  ju gyo 주교(主敎)

zhǔ quán 主权（主權）[n.]

  shuken 主権

  ju kkwon 주권(主權)

zhǔ rén 主人 [n.]

  shujin 主人

  ju in 주인(主人)

zhǔ tí 主题（主題）[n.]

  shudai 主題

  ju je 주제(主題)

zhǔ xí 主席 [n.]

  iin chō 委員長

  wi won jang 위원장(委員長)

zhǔ xiū 主修 [n.]

  senkō kamoku 専攻科目

  jeon gong gwa mok 전공과목(專攻科目)

zhǔ yì 主义（主義）[n.]

  shugi 主義

  ju i 주의(主義)

zhǔ zhāng 主张（主張）[n.]; [v.]

  shuchō 主張; **shuchō suru** 主張する

  ju jang 주장(主張); **ju jang ha da** 주장(主張)하다

zhù 助 [n.]

  tasuke 助け

  do um 도움

zhù shǒu 助手 [n.]

  joshu 助手

  jo su 조수(助手)

zhù jiào 助教 [n.]

  jokyō 助教

  jo gyo 조교(助敎)

zhù lì 助力 [n.]

  joryoku 助力

  jo ryeok 조력(助力)

zhù 柱 [n.]

hashira 柱

gi dung 기둥

zhù bì 铸币 (鑄幣) [n.]

tsūka 鋳貨

ju hwa 주화(鑄貨)

zhù xíng 铸型 (鑄型) [n.]

igata 鋳型

ju hyeong 주형(鑄型)

zhù fú 祝福 [n.]; [v.]

shukufuku 祝福; shukufuku suru 祝福する

chuk ppok 축복(祝福); chuk ppo ka da 축복(祝福)하다

zhù hè 祝贺 (祝賀) [n.]; [v.]

oiwai お祝い; iwau 祝う

chu ka 축하(祝賀); chu ka ha da 축하(祝賀)하다

zhù hù 住户 (住戶) [n.]

setai 世帯

se dae 세대(世帯)

zhù sù 住宿 [n.]

shukusho 宿所

suk sso 숙소(宿所)

zhù zhái 住宅 [n.]

jūtaku 住宅

ju taek 주택(住宅)

zhù zhǐ 住址 (住址) [n.]

jūsho 住所

ju so 주소(住所)

zhù mù 注目 [n.]; [v.]

chūmoku 注目; chūmoku suru 注目する

ju mok 주목(注目); ju mo ka da 주목(注目)하다

zhù shì 注视 (注視) [n.]; [v.]

chūshi 注視; chūshi suru 注視する

ju si 주시(注視); ju si ha da 주시(注視)하다

zhù yì 注意 [n.]; [v.]

chūi 注意; chūi suru 注意する

ju i 주의(注意); ju I ha da 주의(注意)하다

zhù yá 蛀牙 (蛀牙) [n.]

mushiba no ana 虫歯の穴

chung chi kku meong 충치(蟲齒)구멍

zhù zhě 著者 [n.]

chosha 著者

jeo ja 저자(著者)

zhù zuò 著作 [n.]

chosaku 著作

jeo jak 저작(著作)

zhù shù 著述 [n.]

chojutsu 著述

jeo sul 저술(著述)

zhuǎ 爪 [n.]

ashi no tsume 足の爪

bal top 발톱

zhuān 砖 (磚) [n.]

renga 煉瓦

byeok ttol 벽돌

zhuān jiàng 砖匠 (磚匠) [n.]

renga kō 煉瓦工

byeok ttol gong 벽돌공

zhuān gōng 专攻 (專攻) [n.]

senkō 専攻

jeon gong 전공(專攻)

zhuān kē yī shēng 专科医生 (專科醫生) [n.]

senmon i 専門医

jeon mu ni 전문의(專門醫)

zhuān lì zhèng shū 专利证书 (專利證書) [n.]

tokkyo shō 特許証

teu keo jjang 특허장(特許狀)

zhuān mài 专卖 (專賣) [n.]

  senbai 専売

  jeon mae 전매(專賣)

zhuān mén 专门 (專門) [n.]

  senmon 専門

  jeon mun 전문(專門)

zhuǎn bò 转播 (轉播) [n.]

  sai hōsō 再放送

  jae bang song 재방송(再放送)

zhuǎn huàn 转换 (轉換) [n.]; [v.]

  kirikae 切り替え; kirikaeru 切り替える

  jeon hwan 전환(轉換); jeon hwan ha da 전환(轉換)하다

zhuǎn xíng 转型 (轉型) [n.]

  hentai 変態

  byeon tae 변태(變態)

zhuàn jì 传记 (傳記) [n.]

  denki 伝記

  jeon gi 전기(傳記)

zhuāng bèi 装备 (裝備) [n.]

  sōbi 装備, shitaku 支度

  jang bi 장비(裝備), chae bi 채비

zhuāng chuán 装船 [n.]

  funazumi 船積み

  seon jeok 선적(船積)

zhuāng pèi 装配 (裝配) [n.]; [v.]

  kumitate 組立; kumitateru 組み立てる

  jo rip 조립(組立); jo ri pa da 조립(組立)하다

zhuāng shì 装饰 (裝飾) [n.]; [v.]

  sōshoku 装飾; sōshoku suru 装飾する

  jang sik 장식(裝飾); jang si ka da 장식(裝飾)하다

zhuāng shì jiā 装饰家 (裝飾家) [n.]

  sōshoku ka 装飾家

  jang sik kka 장식가(裝飾家)

zhuāng shì pǐn 装饰品 (裝飾品) [n.]

  sōshoku hin 装飾品

  jang sik pum 장식품(裝飾品)

zhuāng shì tóu fà 装饰头发 (裝飾頭髮) [n.]

  kazari ke 飾り毛

  jang sik teol 장식(裝飾)털

zhuāng zhì 装置 (裝置) [n.]

  sōchi 装置

  jang chi 장치(裝置)

zhuàng dà 壮大 (壯大) [n.]

  sōdai 壮大

  jang dae 장대(壯大)

zhuàng guān 壮观 (壯觀) [n.]

  sōkan 壮観

  jang gwan 장관(壯觀)

zhuàng kuàng 状况 (狀況) [n.]

  jōkyō 状況

  sang hwang 상황(狀況)

zhuàng tài 状态 (狀態) [n.]

  jōtai 状態

  sang tae 상태(狀態)

zhuī jiā 追加 [n.]; [v.]

  tsuika 追加; tsuika suru 追加する, kuwaeru 加える

  chu ga 추가(追加); chu ga ha da 추가(追加)하다

zhuī qiú 追求 [n.]; [v.]

  tsuikyū 追求; tsuikyū suru 追求する

  chu gu 추구(追求); chu gu ha da 추구(追求)하다

zhuī suí zhě 追随者 (追隨者) [n.]

  tsuishō sha 追従者

  chu jong ja 추종자(追從者)

zhuī zōng 追踪 [n.]; [v.]

  tsuiseki 追跡; tsuiseki suru 追跡する

  chu jeok 추적(追跡); chu jeo ka da 추적(追跡)하다

zhǔn bèi　准备（準備）　[n.]; [v.]

　junbi　準備; junbi suru　準備する

　jun bi　준비(準備); jun bi ha da　준비(準備)하다

zhuō mí cáng　捉迷藏（捉迷藏）　[n.]

　kakurenbo　隠れん坊

　sum ba kkok jjil　숨바꼭질

zhuó lù　着陆（着陸）　[n.]; [v.]

　chakuriku　着陸; chakuriku suru　着陸する

　chak nyuk　착륙(着陸); chak nyu ka da　착륙(着陸)하다

zhuó zhuāng　着装（着裝）　[n.]; [v.]

　chakuyō　着用; chakuyō suru　着用する

　cha gyong　착용(着用); cha gyong ha da　착용(着用)하다

zhuó yuè　卓越　[n.]

　takuetsu　卓越

　ta gwol　탁월(卓越)

zī běn　资本（資本）　[n.]

　shihon　資本

　ja bon　자본(資本)

zī gé　资格（資格）　[n.]

　shikaku　資格

　ja gyeok　자격(資格)

zī liào　资料（資料）　[n.]

　shiryō　資料

　ja ryo　자료(資料)

zī yuán　资源（資源）　[n.]

　shigen　資源

　ja won　자원(資源)

zī shì　姿势（姿勢）　[n.]

　shisei　姿勢

　ja se　자세(姿勢)

zǐ　姊（姉）　[n.]

　ane　姉

　eon ni, nu na　언니, 누나

zǐ mèi　姊妹（姉妹）　[n.]

　shimai　姉妹

　ja mae　자매(姉妹)

zǐ sè　紫色　[n.]

　murasaki iro　紫色

　ja saek　자색(紫色)

zǐ sūn　子孙（子孫）　[n.]

　shison　子孫

　ja son　자손(子孫)

zǐ yīn　子音　[n.]

　shi'in　子音

　ja eum　자음(子音)

zì bái　自白　[n.]

　jihaku　自白

　ja baek　자백(自白)

zì jué　自觉（自覺）　[n.]

　jikaku　自覚

　ja gak　자각(自覺)

zì lì　自立　[n.]; [v.]

　jiritsu　自立; jiritsu suru　自立する

　ja rip　자립(自立); ja ri pa da　자립(自立)하다

zì míng zhōng　自鸣钟（自鳴鐘）　[n.]

　mezamashi tokei　目覚し時計

　ja myeong jong　자명종(自鳴鐘)

zì rán　自然　[n.]

　shizen　自然

　ja yeon　자연(自然)

zì shā　自杀（自殺）　[n.]; [v.]

　jisatsu　自殺; jisatsu suru　自殺する

　ja sal　자살(自殺); ja sal ha da　자살(自殺)하다

zì shēn　自身　[n.]

　jishin　自身

　ja sin　자신(自身)

zì xíng chē 自行车（自行車）[n.]

　jitensha 自転車

　ja jeon geo 자전거

zì yóu 自由 [n.]

　jiyū 自由

　ja yu 자유(自由)

zì zhì 自制 [n.]

　jisei 自制

　ja je 자제(自制)

zì zhì 自治 [n.]

　jichi 自治

　ja chi 자치(自治)

zì zhì lǐng 自治领（自治領）[n.]

　jichiryō 自治領

　ja chi ryeong 자치령(自治領)

zì zūn xīn 自尊心 [n.]

　jison shin 自尊心

　ja jon sim 자존심(自尊心)

zì shǒu 字首 [n.]

　settō ji 接頭辞

　jeop ttu sa 접두사(接頭辭)

zì diǎn 字典 [n.]

　jiten 字典

　ja jeon 자전(字典)

zōng jiào 宗教 [n.]

　shūkyō 宗教

　jong gyo 종교(宗敎)

zōng jiào yí shì 宗教仪式（宗教儀式）[n.]

　shūkyō gishiki 宗教儀式

　jong gyo ui sik 종교의식(宗敎儀式)

zǒng dū 总督（總督）[n.]

　sōtoku 総督

　chong dok 총독(總督)

zǒng é 总额（總額）[n.]

　sōgaku 総額

　chong aek 총액(總額)

zóng tǒng 总统（總統）[n.]

　daitōryō 大統領

　dae tong nyeong 대통령(大統領)

zǒng jì 总计（總計）[n.]

　sōkei 総計

　chong ge 총계(總計)

zū lìn 租赁（租賃）[n.]

　shakuyō keiyaku 借用契約

　cha yong ge yak 차용계약(借用契約)

zū jiè 租借 [n.]

　soshaku 租借

　jo cha 조차(租借)

zú 足 [n.]

　ashi 足

　bal 발

zú qiú 足球 [n.]

　sakkā サッカー

　chuk kku 축구(蹴球)

zú zhǐ 阻止 [n.]; [v.]

　soshi 阻止; **soshi suru** 阻止する

　jeo ji 저지(沮止); **jeo ji ha da** 저지(沮止)하다

zǔ fù 祖父 [n.]

　ojiisan おじいさん; **sofu** 祖父

　ha ra beo ji 할아버지; **jo bu** 조부(祖父)

zǔ fù mǔ 祖父母 [n.]

　sofubo 祖父母

　jo bu mo 조부모(祖父母)

zú mǔ 祖母 [n.]

　sobo 祖母

　jo mo 조모(祖母)

zǔ xiān　祖先　[n.]

　senzo　先祖; sosen　祖先

　seon jo　선조(先祖); jo sang　조상(祖上)

zǔ zhī　组织 (組織)　[n.]; [v.]

　soshiki　組織; soshiki suru　組織する

　jo jik　조직(組織); jo ji ka da　조직(組織)하다

zǔ hé　组合 (組合)　[n.]

　kumi ai　組合

　jo hap　조합(組合)

zǔ zhòu　诅咒 (詛咒)　[n.]; [v.]

　noroi　呪い; norou　呪う

　jeo ju　저주(詛呪); jeo ju ha da　저주(詛呪)하다

zuàn zi　钻子 (鑽子)　[n.]

　kiri　錐

　song got　송곳

zuì　罪　[n.]

　tsumi　罪

　joe　죄(罪)

zuì è　罪恶 (罪惡)　[n.]

　zaiaku　罪惡

　joe ak　죄악(罪惡)

zuì rén　罪人　[n.]

　zainin　罪人

　joe in　죄인(罪人)

zuì yì shí　罪意识 (罪意識)　[n.]

　tsumi no ishiki　罪の意識

　joe i sik　죄의식(罪意識)

zuì chà　最差　[n.]

　saiaku　最悪

　choe ak　최악(最惡)

zuì chū　最初　[n.]

　saisho　最初

　choe cho　최초(最初)

zuì dī　最低　[n.]

　saitei　最低

　choe jeo　최저(最低)

zuì dī diǎn　最低点 (最低點)　[n.]

　saitei ten　最低点

　choe jeo jjeom　최저점(最低點)

zuì dī xiàn dù　最低限度　[n.]

　saishōgen　最小限

　choe so han　최소한(最小限)

zuì hǎo　最好　[n.]

　nozomashi sa　望ましさ

　ba ram ji kam　바람직함

zuì hòu　最后 (最後)　[n.]

　saigo　最後

　choe hu　최후(最後)

zuì shàn　最善　[n.]

　saizen　最善

　choe seon　최선(最善)

zūn jìng　尊敬　[n.]; [v.]

　sonkei　尊敬; sonkei suru　尊敬する

　jon gyeong　존경(尊敬); jon gyeong ha da　존경(尊敬)하다

zūn róng　尊容　[n.]

　kaotsuki　顔付き

　saeng gim sae　생김새

zūn zhòng　尊重　[n.]; [v.]

　sonchō　尊重; sonchō suru　尊重する

　jon jung　존중(尊重); jon jung ha da　존중(尊重)하다

zūn shǒu　遵守　[n.]; [v.]

　junshu　遵守; junshu suru　遵守する

　jun su　준수(遵守); jun su ha da　준수(遵守)하다

zūn shǒu zhě　遵守者　[n.]

　junshu sha　遵守者

　jun su ja　준수자(遵守者)

zūn yú 鳟鱼 (鱒魚) [n.]

  masu 鱒

  song eo 송어(松魚)

zuǒ 左 [n.]

  hidari 左

  oen jjok 왼쪽

zuǒ yòu 左右 [n.]

  sayū 左右

  jwa u 좌우(左右)

zuó shǒu 左手 [n.]

  hidarite 左手

  oen jjok son 왼쪽 손

zuǒ cè 左侧 (左側) [n.]

  hidarigawa 左側

  jwa cheuk 좌측(左側)

zuǒ bian 左边 (左邊) [n.]

  sahen 左辺

  jwa byeon 좌변(左邊)

zuò jiā 作家 [n.]

  sakka 作家

  jak kka 작가(作家)

zuó liào 作料 [n.]

  ajitsuke 味付け

  yang nyeom 양념

zuò pǐn 作品 [n.]

  sakuhin 作品

  jak pum 작품(作品)

zuò qǔ 作曲 [n.]; [v.]

  sakkyoku 作曲; sakkyoku suru 作曲する

  jak kkok 작곡(作曲); jak kko ka da 작곡(作曲)하다

zuò qǔ jiā 作曲家 [n.]

  sakkyoku ka 作曲家

  jak kkok kka 작곡가(作曲家)

zuò wén 作文 [n.]; [v.]

  sakubun 作文; sakubun suru 作文する

  jak mun 작문(作文); jak mun ha da 작문(作文)하다

zuò yè 作业 (作業) [n.]

  sagyō 作業

  ja geop 작업(作業)

zuò yòng 作用 [n.]

  sayō 作用

  ja gyong 작용(作用)

zuò xí 座席 [n.]

  zaseki 座席

  jwa seok 좌석(坐席)

zuò tán 座谈 (座談) [n.]

  zadan 座談

  jwa dam 좌담(座談)

zuò yòu míng 座右铭 (座右銘) [n.]

  zayūmei 座右銘

  jwa u myeong 좌우명(座右銘)

Made in the USA
Las Vegas, NV
14 October 2022

57271309R00122